江苏省重点教材项目立项（2021年）
项目编号：2021-2-142

创意、视觉、营销、传播
——理解广告

CHUANGYI
SHIJUE
YINGXIAO
CHUANBO
LIJIE GUANGGAO

胡明宇　主编

苏州大学出版社
Soochow University Press

图书在版编目（CIP）数据

创意、视觉、营销、传播：理解广告 / 胡明宇主编．—苏州：苏州大学出版社，2022.10（2024.7重印）
ISBN 978-7-5672-4122-0

Ⅰ.①创… Ⅱ.①胡… Ⅲ.①广告学-教材 Ⅳ.①F713.80

中国版本图书馆 CIP 数据核字（2022）第 224694 号

书　　名	：创意、视觉、营销、传播——理解广告
	CHUANGYI、SHIJUE、YINGXIAO、CHUANBO——LIJIE GUANGGAO
主　　编	：胡明宇
责任编辑	：征　慧
助理编辑	：黄　路
装帧设计	：吴　钰
出版发行	：苏州大学出版社（Soochow University Press）
社　　址	：苏州市十梓街 1 号　邮编：215006
网　　址	：www.sudapress.com
邮　　箱	：sdcbs@suda.edu.cn
印　　装	：苏州市古得堡数码印刷有限公司
邮购热线	：0512-67480030　销售热线：0512-67481020
网店地址	：https：//szdxcbs.tmall.com/（天猫旗舰店）
开　　本	：787 mm×1 092 mm　1/16　印张：13.75　字数：278 千
版　　次	：2022 年 10 月第 1 版
印　　次	：2024 年 7 月第 2 次印刷
书　　号	：ISBN 978-7-5672-4122-0
定　　价	：50.00 元

凡购本社图书发现印装错误，请与本社联系调换。服务热线：0512-67481020

- 第一章 广告：营销传播 / 001
  - 第一节 广告的定义、分类与基本原则 / 002
  - 第二节 广告的研究对象与功能 / 015
  - 第三节 现代广告的发展因素与趋势分析 / 021

- 第二章 广告策划：从静态到动态 / 029
  - 第一节 广告策划的概念与内涵 / 030
  - 第二节 广告策划涉及的内容 / 032
  - 第三节 "互联网+"背景下广告策划的创新 / 048

- 第三章 广告创意与创新思维：一个系统工程 / 055
  - 第一节 广告创意概述 / 056
  - 第二节 广告创新思维与方法 / 063
  - 第三节 广告创新的发展趋向 / 067

- 第四章 互动广告：创新设计 / 073
  - 第一节 互动广告的产生与发展 / 074
  - 第二节 互动广告的特征与类型 / 077
  - 第三节 互动广告与传统广告之比较 / 081
  - 第四节 大数据时代下互动营销的创意与设计 / 084

- 第五章 比较广告：比什么与怎么比 / 091
  - 第一节 比较广告的概念、类型及适用情况 / 092

第二节　比较广告的优势和风险 / 095

第三节　比较广告的法律规制 / 096

第四节　比较广告：到底应该怎么做？ / 100

第六章　植入式营销：创新与挑战 / 111

第一节　植入式营销的定义、形成与分类 / 112

第二节　植入式营销创新传播的策略与发展 / 119

第三节　植入式营销面临的挑战 / 129

第七章　新媒体广告传播：技术与创意的融合 / 133

第一节　新媒体技术与传播 / 134

第二节　广告新媒体 / 144

第三节　新媒体广告传播案例 / 151

第八章　数字营销：数字分析与行为洞察 / 161

第一节　什么是数字营销？ / 162

第二节　大数据、人工智能、深度学习技术驱动新媒体营销 / 164

第三节　数字分析——埃森哲的数字营销解决方案 / 170

第四节　行为洞察——特赞的内容资产生命周期的产品矩阵 / 174

第五节　数字营销的发展趋势——数字广告效果最大化 / 180

第九章　行动力：公益广告的未来 / 187

第一节　公益广告概述 / 188

第二节　我国公益广告的产生与发展 / 190

第三节　中外公益广告运作与管理模式的差异 / 193

第四节　我国公益广告的运作与管理 / 197

第五节　我国公益广告的未来 / 203

第六节　中国特色公益广告品牌——央视春晚插播公益广告案例分析 / 206

参考文献 / 211

后记 / 214

第一章
广告：营销传播

本章内容提要：广告学作为一门独立的学科，有着其完整的理论体系。本章将主要围绕"营销（marketing）"和"传播（communication）"两个关键词，就广告的定义和分类、现代广告的主要特点、现代广告的发展轨迹等问题展开论述。学习者应该认识到：广告是以大众传播为主体、多种传播形式相结合的传播行为；营销或促销是商业广告的本质特征。

第一节　广告的定义、分类与基本原则

一、什么是广告？

自从人类有了物品生产与商品交换，就有了广告。随着商品经济的发展、科技的进步和社会文化生活的不断丰富，广告已然渗透到我们生活的每个角落。特别是移动互联媒体的发展与普及，让广告更加无时不有、无处不在，对此，甚至有人夸张地说："我们呼吸的空气是由氧气、氮气和广告组成的。"无疑，在现代社会中，广告成了我们生活的一部分，并深刻地影响和改变着我们的日常生活和思想观念。

与此同时，迅速发展的广告业也给年轻的广告学科研究不断带来新的课题和挑战。概念的厘清是我们认识和建构学科知识框架的基础，对于"广告"，用简单的"广而告之"来解释未免显得太过稚嫩。学科的研究和发展，向来是一个历史的积累过程，我们不妨站在前人的肩膀上，从广告的词源和定义的演变入手，在回顾与探索中，不断接近广告的本质。另外，由于商业广告是广告的主要形式，而且其更能体现广告的本质特征，因此本文出现的有关广告的讨论一般围绕商业广告而展开。

（一）广告的词源和定义的演变

1."广告"的词源

"广告"是英文"Advertising"的译名。这个英文单词来源于拉丁文的"Advertere"，意思是：唤起大众对某种事物的注意，并诱导大众向一定方向的一种手段。[①] 中古英语时代（约 1300—1475 年），其演变为"Advertise"，含义衍化为"使某人注意到某件事"，或"通知别人某件事，以引起他人的注意"。17 世纪末，由于英国工业革命的兴起和发展，大规模的商业活动开始普及，进而由静态的 Advertise 演进为动态的 Advertising（广告活动），这才具有了现代广告的含义。在当时的报纸上，有关商业信息的标题中就经常出现"Advertisement"字样，表示"通告，以引起读者注意"的意思。需要指出的是，从词性角度来看，一般认为，Advertisement（名词）指一则具体的广告作品，而 Advertising（进行时）是指一系列的完整的广告活动。

据考证，约在 1872—1877 年（日本明治五年至十年）期间，日本就已经使用"广告"这个词了。[②] 而在我国，"广告"是一个"舶来品"，在古代汉语中，《康熙

[①] 丁俊杰，康瑾. 现代广告通论 [M]. 2 版. 北京：中国传媒大学出版社，2007：2.
[②] 晁钢令，周立公. 现代广告策略与艺术 [M]. 北京：经济科学出版社，1994：2.

字典》和《辞源》都没有收录"广告"这个词条。"Advertising"一词大约在20世纪初到20年代才被翻译、引入中国。在现代汉语词汇中，最初，把Advertising多译成"告白""告贴"等，用作"广告"一词最早出现在1907年的《政治官报章程》，[①]但其只是"广泛地告知"的意思，并不具备今天"广告"的丰富含义。我国著名学者徐百益先生认为，"广告"是近代的名称，这两个字很可能来自日本。[②]

在初步了解了"广告"一词的来源之后，我们需要进一步挖掘广告的内涵演变。

2. 定义的演变

随着广告学的兴起，人们不再从字面上来理解"广告"，专家学者们纷纷为广告定义，可谓众说纷纭，见仁见智。迄今为止，有关广告的定义至少也有上百种。由于不同时期不同社会背景对个人视野的历史局限，以及人们探究广告的角度和侧重点各有不同，理论界也形成了不同的流派，对于广告的定义至今尚无定论。事实上，广告的定义向来是一个动态发展的过程，这些不同的定义也恰好从各个侧面向我们描绘出了广告的基本轮廓，有助于更科学地理解广告的本质含义。在这里，我们选取各个时期不同国家具有代表性的侧重点不尽相同的几种定义，以窥其间的共性与差异，详见表1-1。

表1-1 广告的定义

国家/地区	传播宣传型	劝诱说服型	促销手段型	其他（社会文化、营销传播活动……）
美国		1932年，美国专业广告杂志《广告时代》，公开向社会征求广告的定义，得票最多的定义是："由广告主支付费用，通过印刷、书写、口述或图画等，公开表现有关个人、商品、劳务或运动等信息，用以达到影响并促成销售、使用、投票或赞同的目的。"	1. 1894年，被誉为"美国现代广告之父"的拉斯克尔说："广告是印刷形态的推销手段（salesmanship in print）。" 2. 1905年，被誉为"美国广告之父"的约翰·肯尼迪提出一个著名的广告定义：广告是"纸上推销术"。 3. 1948年至1963年，美国营销协会的定义委员会对广告的定义几经修改，提出"广告是由可确认的广告主，对其观念或服务所做之任何方式付款的非人员性的陈述与推广"的定义。	1. 1919年，马歇尔：广告有斗争性的广告和建设性的广告。一般企业所做的斗争性的广告是为了使自己的产品能够销售，不顾人们需要与否，千方百计让消费者购买，这种广告结果造成浪费。建设性广告是给买卖双方都提供方便的方法，当人们对商品有需求、潜藏着极大购买力时，新产品的广告用各种手段去宣传是必要的，这样的广告是人们所希望的建设性广告。 2. 1981年，美国《管理手册》："广告是一种传播工具，能有助于推广商品、劳务或观念。单凭广告本身并不能达到销售的目的。最好的广告是和产品开发、分销渠道、定价、包装、人员销售、调研和售后服务等环节相互影响和互相补充的。因此，广告是全

---

① 曾振华，胡国华，黄清华. 广告学原理 [M]. 广州：暨南大学出版社，2006：4.
② 徐百益. 广告学入门 [M]. 上海：上海文化出版社，1988：1-2.

续表

	传播宣传型	劝诱说服型	促销手段型	其他（社会文化、营销传播活动……）
美国			4. 美国《小百科全书》的解释是："广告是一种销售形式，它推动人们去购买商品、劳务或接受某种观点。" 5. 美国广告主协会认为："广告是付费的大众传播，其最终目的为传递信息，转变人们对广告商品的态度，诱发消费行为从而让广告主得到利益。"	面市场营销的一部分，广告的商品或劳务能满足客户的需要时，它会有最好的结果。" 3. 威廉·阿伦斯在《当代广告学》中提出："广告（advertising）是由可识别的出资人通过各种媒介进行的有关产品（商品、服务和观念）的、有偿的、有组织的、综合的、劝服性的非人员的信息传播活动。"
欧洲	1. 1890 年以前，西方社会对广告较为公认的定义为：广告是"有关商品或服务的新闻"。英文的原文为：News about Productor Service。广告在这一时期被看成一种起告知作用、与新闻报道相类似的传播手段，并不带有太多的"劝服"或"诱导"色彩。 2. 1985 年版《简明不列颠百科全书》中解释说："广告是传播信息的一种方式，其目的在于推销商品、劳务，影响舆论，博得政治支持，推进一种事业或引起刊登广告者所希望的其他反应。广告信息通过各种宣传工具，其中包括报纸、杂志、电视、无线电广播、张贴广告及直邮接送等，传递给它所想要吸	英国广告家罗赛尔·科里提出："广告是一种收费的大众传播。其最终目的在于传达信息，创造对广告主（一般为商品及劳务的销售者）的有利态势，进而诱使其采取某种行动。"		

续表

	传播宣传型	劝诱说服型	促销手段型	其他（社会文化、营销传播活动……）
欧洲	引的观众和听众。广告不同于其他传递信息的形式，它必须由登广告者付给传播信息的媒介以一定的报酬。"			
日本	《广告用语事典》："广告是以广告主的名义，向不特定大众传播对象，告知商品及服务的存在、特征与便利性等，使其产生理解、好感乃至购买行为，或是对广告主产生信赖的一种有偿传播活动。"	1924年，日本学者中山静提出："广告宣传的目的是劝诱人们对某一特定的事情产生或增强信心，使他们赞成或坚决执行。要达到这个目的与广告宣传的次数有关系，如果使用的方式、方法和时机选择得适当，即使广告的次数少一些，也会得到满意的效果。广告是通过宣传商标达到销售的目的。"		日本电通公司总裁吉田秀雄从宏观上提出："广告是推销，广告是服务，广告是文化，广告是宜人，广告既是科学，又是艺术。"
中国	1. 1980年版《辞海》："向公众介绍商品、报道服务内容或文娱节目等的一种宣传方式。一般通过报刊、电台、电视台、招贴、电影、幻灯、橱窗布置、商品陈列等形式来进行。" 2. 2000年版的《辞海》："通过媒体向公众介绍商品、劳务和企业信息等的一种方式。一般指商业广告。从广义来说，凡是向公众传播社会人事动态、文化娱乐、宣传观念的都属于广告范畴。"			著名报学史专家戈公振的《中国报学史》(1926)："广告为商业发展之史乘，亦即文化进步之记录。人类生活，因科学之发明日趋于繁密美满，而广告即有促进人生与指导人生之功能。……故广告不仅为工商界推销出品之一种手段，实负有宣传义化与教育群众之使命也。"

通过对表1-1中不同时期、不同国家或地区的几种不同的广告观的归类梳理，不难得出以下结论：

（1）传播宣传型的观点认为广告的基本性质就是传播，起到一种告知宣传作用，而宣传内容的侧重点在商业信息上。但是在传播过程中，这种观点忽略了传播效果一环，并未注意到个体差异性所可能带来的信息传播的无效状况，这很可能使整个广告活动失去意义。

（2）劝诱说服型的观点则更倾向于把广告看成一种劝诱过程，认为广告的目的在于广泛地影响公众，从而使他们认同广告所倡导的价值观念或商品服务，沿着广告主所期盼的轨道进行社会、消费活动。这种观点突出了广告主在整个广告活动中的主导支配地位，揭示出了广告的本质意图——说服与劝导。

（3）促销手段型的观点把广告更直接地看作一种促进销售的重要工具和手段，其目的在于帮助广告主获得商业利益。然而，这种广告观也易使广告陷入商业至上的某种局限中。

（4）从时间发展的纵向角度来看，以美国为例，广告的定义经历了告知（传播）—说服（推销）—全面沟通（营销传播）这样一个内涵和外延不断丰富及扩展的演变过程。当然，移动终端时代，广告的定义又有了进一步的发展，表现形式越发多元，内涵也发生了变化。相关内容可详见本书第七章和第八章。

（二）广告的定义和要素

通过以上的梳理和分析，不难看出，要给广告下一个众人都认可的定义绝非易事，但是不管是从哪个角度来理解广告，对其基本的认识还是相同的。借鉴前人的意见，从共性出发，并结合当代广告的发展现状，从信息传播角度，我们给出的广告的定义是：广告，是由可识别的出资人，通过各种媒介向一定的目标人群传递有关商品（观念、产品和服务）的信息，从而达到改变、强化消费者认知或促成其购买的，通常是有偿的、有组织的、综合的和劝服性的非人员信息营销传播活动。

从这个定义出发，我们可以看出，现代广告的定义由以下七个核心要素构成：

1. 广告必须有明确的可识别的出资人（广告主）

可识别的出资人即通常意义上的"广告主"，是广告不可缺少的主体，我们可以从以下三个方面来理解。

（1）广告主的构成

广告主不仅仅指企业，还可以是政府和非营利组织，或者个人。虽然我们平时见得最多的是企业广告，其实许多政府公告、公益广告等就是由政府和非营利组织来出资筹划的。寻人、征婚、挂失等启事形式的个人广告也比比皆是。

(2) 广告主的控制主导性

这是广告与公关活动、新闻报道等传播活动的主要区别之一。由于广告是由广告主出资，所以广告主在广告发布的全过程中，主导性较强，有一定程度的控制权，但这种控制权必须在符合国家各项法规政策的规范内行使。

(3) 广告主的职责性

在广告中，广告主往往会针对产品质量或者某种服务对消费者做出某种程度的"承诺"，广告主必须对这些"承诺"负责，不可弄虚作假或过度"承诺"，广告主必须对消费者的权益负责，消费者的权益也必须受法律保护。

2. 广告通常是借助媒介传播的非人员信息传播活动

现代广告与人员销售的最大区别在于广告不是"一对一"的人员销售模式，而是通常借助媒介的辐射力和影响力，"一对多"地面向广大公众宣传，从而达到强化认知、促进购买目的的"非人员"传播，既可以借助大众媒体，也可以借助面向社会大众的促销宣传活动。由于可操控性强、传播速度快、影响范围广、接受者平均费用低等特点，媒体传播深受企业青睐，成为企业推销产品、树立形象的重要途径。

3. 广告是对特定目标群体进行的传播活动

一般来说，广告的传播对象并不是所有公众。现代社会中，由于市场竞争激烈和信息超载严重，市场在不断细分，广告必须选择出特定的目标市场，通过对目标市场人群数量、心理特征、媒介接触习惯等指标的分析，确立恰当的广告主题，制定合理的媒介组合策略来开展广告活动。这样才能更准确地击中目标消费者，获得理想的广告效果，同时可以减少企业的开支，提高广告的效益。

4. 广告既传递产品信息，也传播服务信息和消费观念

现代广告的传播内容，并不局限于有形的产品信息，还包括服务和消费观念等无形信息。产品和服务广告是最常见的宣传内容，一般具有短期性、促销性特点。而消费观念和形象广告，相对来说是广告中更为深刻的传播内容，一般基于长远的发展目标，旨在倡导某种新观念或者树立企业形象。

5. 广告是一种讲究传播技巧的说服性沟通活动

广告的目的在于通过信息的有效传播，让人们在认知的基础上产生认同感，从而导致购买行为的发生，所以，在广告活动过程中，必须讲究一定的传播说服技巧。一方面，要深入研究目标消费者的特性，迎合不同消费者的心理需求，积极调动起消费者的兴趣；另一方面，要在广告制作上注重艺术加工，用独特的创意使广告脱颖而出。目前的广告市场，广告的竞争也可以看作是注意力的竞争，面对林林总总、纷繁复杂的广告信息，消费者的抵触心理增强，视而不见、充耳不闻的"功力"逐渐深厚，所以，如何提高广告传播的策略性应作为一个十分重要的问题来对待。

6. 广告是一种有偿的付费营销传播活动

广告属于有偿性服务，这是广告与新闻报道等大众媒介内容相区别的重要特征之一。因为广告本身亦是一种经济行为，广告主必须向为其代理广告的广告公司和为其刊播广告信息的媒介支付费用。如今，广告收入已经成为媒体的主要经济来源。广告主希望通过广告宣传来提高知名度，从而提高收益，收回投资成本。广告费通常会计入产品或服务的成本，所以，消费者通常是在为企业的广告费买单。

7. 广告是一个动态的、系统的传播活动

人们对广告的认识经历了一个从片面到科学的过程。随着现代广告的不断发展，静态的广告作品只是广告的组成部分，并不能等同于整个广告活动，真正意义上的广告是由一系列有组织的、综合的、动态的活动组成的，它包括市场调查、广告目标定位、广告创意和表现、媒介的选择和组合及广告效果测评等多个环节。美国《广告时代》专栏作家、著名广告评论人威廉·泰勒对这一点的认识是：广告的成功，实在有赖于始终不懈及重复实施，而很少依赖创作方面的零星的灵光闪现。而成功的广告，不但在技术上要完美地表现，在战略上，也要有系统地规划。①

二、广告的分类与特征

在分析了广告的内涵后，再来从广告的外延入手，对广告进行一定的分类。虽然广告的分类标准多种多样，但是通过比较和鉴别，还是可以帮助我们从不同侧面对广告进行多角度的透视，加深对研究对象的具体了解，把握不同广告类型的特点，从而帮助我们正确选择和使用自己需要的广告形式。总的来说，对于广告的划分标准，人们常常基于对广告本身的认识和实际运用的需要这两点来进行。当然，由于参考标准之间没有绝对界限，有时也可能在分类时出现重叠的地方。

本书主要从以下几点入手来对广告进行分类。

（一）按广告的内容划分

由于广告的内容涉及广泛，几乎涉及社会生活的各个层面，一一列举说明必定会让人感到索然无味，好在不同内容的广告所肩负的使命不同，所以我们以广告的目的为分类标准，来看一下广告究竟由哪些内容构成。

1. 按广告的最终目的，分为商业广告和非商业广告

广告有广义和狭义之分，广义的广告包括非经济广告和经济广告。狭义的广告仅指经济广告，又称商业广告。

商业广告在广告形式中占主导地位。其目的在于通过宣传推销商品或劳务来获

---

① 丁俊杰，康瑾. 现代广告通论 [M]. 2版. 北京：中国传媒大学出版社，2007. 4.

取利润。它通常是商品生产者、经营者和消费者之间沟通信息的重要手段，或企业占领市场、推销产品、提供劳务的重要形式。无论其采取何种表现形式，只要是为企业的商业目的服务的都被纳入商业广告范围。

非商业广告是不以营利为目的，通过一定媒体发布的，旨在倡导某种社会观念，呼吁人们关注公益事业或某些政治问题，培养和促进良好的社会风尚的广告。其包括的范围很广泛，如公益广告、政府和社会团体的公告、美国总统的竞选广告，以及个人的挂失声明、寻人启事、征婚启事等都属于非商业广告。

2. 按广告的直接目的，分为商品推销和企业形象的广告

商品推销广告主要是指广告全方位介绍商品或服务的质量、特点、功能、优势和品牌等，旨在通过直接、反复的刺激方式促使购买的实现，是一种直接销售方式。

企业形象广告则侧重于向消费者展现企业形象和企业文化理念等，运用创造性的构思赋予企业独特的气质形象和文化底蕴。这种广告虽然没有直接推销产品，却可以在潜移默化中美化和提升企业在消费者心目中的形象和地位，改变消费者固有的观念，从而促进购买的实现。这是一种基于长远利益考虑的达到间接销售的广告形式。

（二）按广告的诉求对象划分

总的来说，广告诉求对象主要有两大类型：消费者和企业。那么，根据诉求对象的不同，我们可以把广告划分为消费者广告和商务广告。

消费者广告又称商业零售业广告，其诉求对象是产品或服务的最终消费者，他们不会将产品或服务应用到再生产的过程中。这类广告在整个广告活动中占绝大部分。广告主多是生产和销售日常及耐用消费品的企业或零售业主。

而商务广告（也有人译作行业广告）正是相对于消费者广告而言的，其主要是针对工业用户、中间商或者职业团体专业人员而进行的宣传广告，常常采取报道式的诉求方式。

其中，针对工业的广告称为产业广告，其诉求对象往往是生产厂家或社会团体、政府机关等，广告内容以生产资料和办公用品为主。而针对中间商的广告，其诉求对象往往是批发企业、批发商或零售商，主要内容为生产厂家向中间商推销其生产或经营的产品，也叫作贸易广告。另外还有一种广告旨在向某职业团体或专业人员（医生、美容师、建筑设计人员等）推销某种产品，借助其在专业方面的权威性和影响力，促成消费者的购买决心，从而达到间接销售的目的，这种广告称为媒介性广告或中间用户广告，如药品广告的受众往往不是病人而是医生、医院。

（三）按广告使用的媒介划分

由于媒介的形态多种多样，我们根据媒介的技术形态将之分为四大传统媒体广告、新媒体广告和其他媒体广告三大类。

四大媒体广告具体指报纸广告、杂志广告、广播广告、电视广告。这是最主要的也是最传统的几种广告形式。根据这四大媒体的不同特征，四大媒体广告亦有各自的优势与局限。报纸、杂志广告：易保存，复读率高，信息量大，但表现形式单一；广播广告：传播速度快，范围广，收听随意，成本低廉；电视广告：声画兼容，生动感人，效果强烈，但广播和电视传播的广告信息稍纵即逝。

新媒体广告"主要是指在报刊、广播、电视等传统媒体以后发展起来的，具有新特征的媒体形态"，"是利用数字技术、网络技术，通过互联网、宽带局域网、无线通信网、卫星等渠道，以及电脑、手机、数字电视机等终端，向用户提供信息和娱乐服务的传播形态"，如楼宇电子屏广告、手机广告、事件体验及活动广告、网络广告［动漫传播、IPTV 网络社区传播、播客/博客（blog）传播、电子杂志传播、Web 2.0 网站、Myspace 和 YouTube 传播］等。基于先进的技术支持，这类广告因针对性强、可计量性和不受时空限制等特点已经越来越受到业界的重视。

其他媒体广告主要有户外广告、交通工具广告、邮寄广告、销售现场广告（POP 广告）、赠品广告和包装广告等。其中，户外广告媒体主要分平面和立体两大部类。平面广告有路牌广告、招贴广告、海报等，立体广告有霓虹灯广告、灯箱广告及各种悬浮式广告等。

随着广告自身的发展和科学技术的进步，广告媒体的类型也在不断增多，甚至还有人体广告出现，在这里就不一一赘述。

（四）按广告的传播范围划分

按广告的传播范围可以将广告分为地方性广告、全国性广告和全球性广告。

地方性广告的传播范围往往局限在市县或者乡镇，广告主主要是商业零售业企业和地方性工业企业，消费群体目标相对明确、集中，主要通过地方媒体和户外广告等来传递相关信息，目的在于促使公众使用地方性产品或者认店购买。

全国性广告通常覆盖多个地区，选择在全国性广告媒介，如《人民日报》、中央广播电视总台、新浪网等知名主流媒体上进行刊播的广告，其目的是激起全国范围的消费者的普遍反响，扩大产品的知名度，树立品牌形象，从而促进消费者对产品的认购。广告主多为实力雄厚的企业主或社会团体。

国际性广告是着眼于世界各地，以配合国际营销为目的的广告。随着经济全球化的发展，面对文化与消费差异较大的不同受众，国际性广告的运作面临不小的挑战。企业为应对这些挑战，一般会采取三类策略：全球统一的标准化策略、尊重差异的本地化策略、适当兼顾标准化和本地化的折中策略。①

(五) 按广告的诉求方式划分

按照广告的诉求方式来划分，主要有形象诉求、理性诉求、情感诉求和潜意识诉求这四种方式。可以说，任意一则广告都需要有其独特的表现方式才能挑起消费者的购买欲望并采取购买行动。当然，这四种诉求方式也不是完全割裂开来的，作为表现的方式、方法，常常被综合使用到现代广告中。

形象诉求广告往往注重商品、服务或企业的形象展示，通过精美的包装、优质的服务、明星代言及整体的品牌形象给消费者留下深刻的印象，有利于消费者品牌偏向性和忠诚度的建立。

理性诉求广告主要是指广告采取理性的说服方法，如提供数据、前后对比等，有理有据地直接论证企业、产品或服务的客观情况，让消费者通过概念、判断、推理等思维过程，理智地得出结论，做出决定，重在以理服人。

情感诉求广告则主要采取感性的说服方法，以情打动消费者，使消费者产生共鸣，从而产生心理认同感。这类广告往往注重环境氛围的营造和人们内心情感的挖掘。

潜意识诉求广告往往是通过阈下刺激或者潜意识诉求（如象征、情绪、本能表达等）方式，针对人们的潜意识而制作的广告，由于潜意识本身的复杂性，此种广告的效果很难测定，缺乏足够的科学依据。

(六) 按商品的生命周期来划分

任何一个商品（产品、服务或观念）从进入市场到最终退出市场都要经历导入、成长、成熟和衰退四个阶段，这一过程又称为商品的生命周期。我们以此为参照，可以将不同时期的广告分为告知性广告、竞争性广告、维持性广告和铺垫性广告。

在商品导入期，企业多采用告知性广告，其主要侧重于介绍新产品、新服务或倡导某种新观念，以期引起目标消费群体关注。

在商品成长期，新商品已经被目标消费群体接受，但此时的竞争对手也逐步增多，企业在广告策略上以占领市场为目标而进行的广告即竞争性广告。这类广告注重介绍本身的优势和品牌信誉的建立。竞争性广告也可用于商品的成熟期和衰退期。

当商品进入成熟期，无论是认知度还是销售量都达到顶峰，此时所做的广告旨在提示和维持商品在目标消费群体心目中的地位，侧重于用品牌标示、品牌口号来提醒消费者进行持续购买。维持性广告也可用于商品衰退期。

---

① 丁俊杰，康瑾. 现代广告通论 [M]. 2版. 北京：中国传媒大学出版社，2007：8.

而当商品步入衰退期，更新换代在所难免，转换包装形式就成为企业常用的一种更新策略。所以在此时，有关新产品信息的一些广告便会出现在现有的广告内容中，这种广告形式就是铺垫性广告。这种广告形式与维持性广告的区别在于其更着眼于未来。

三、广告的基本原则

广告是商品经济的产物。广告的发展程度标志着商品经济的发展水平。由于商业广告在所有广告形式中的比重最大，更多地参与到市场经济的各个环节，所以我们主要讨论的也就是商业广告在市场运行和传播过程中应该遵循的基本原则。

（一）真实性原则

由于世界各国的文化传统、民族观念、宗教信仰，以及经济发展水平和科技手段等状况不同，各国广告法律对广告所遵循的准则做出的规定不尽相同。但是，广告的真实性均被各国无一例外地列为广告应遵循的基本准则。

在我国，1987年国务院颁布了《广告管理条例》，该条例的第三条规定，广告内容必须真实、健康、清晰、明白，不得以任何形式欺骗用户和消费者。从1995年2月1日起，我国正式实施《中华人民共和国广告法》（以下简称《广告法》），维护广告的真实性更成为该法的首要的和基本的原则。《广告法》中，总则的第三条、第四条和第五条，都集中规定了广告的真实性问题。由此可见，广告的真实性原则的重要地位十分突出。2015年9月1日起，修订后的《广告法》（以下称新《广告法》）开始实施。新《广告法》中"总则"部分的第三条和第四条都突出强调了广告的真实性。第三条明确"广告应当真实、合法，以健康的表现形式表达广告内容，符合社会主义精神文明建设和弘扬中华民族优秀传统文化的要求"，第四条强调了"广告不得含有虚假或者引人误解的内容，不得欺骗、误导消费者。广告主应当对广告内容的真实性负责"。从真实性原则出发，新《广告法》第二十八条对"虚假广告"以列举的方式进行了界定：

> 广告以虚假或者引人误解的内容欺骗、误导消费者的，构成虚假广告。
>
> 广告有下列情形之一的，为虚假广告：
>
> （一）商品或者服务不存在的；
>
> （二）商品的性能、功能、产地、用途、质量、规格、成分、价格、生产者、有效期限、销售状况、曾获荣誉等信息，或者服务的内容、提供者、形式、质量、价格、销售状况、曾获荣誉等信息，以及与商品或者服务有关的允诺等信息与实际情况不符，对购买行为有实质性影响的；
>
> （三）使用虚构、伪造或者无法验证的科研成果、统计资料、调查结果、

文摘、引用语等信息作证明材料的；

（四）虚构使用商品或者接受服务的效果的；

（五）以虚假或者引人误解的内容欺骗、误导消费者的其他情形。

人们常说，新闻的生命在于真实。其实，作为一种面向公众的信息传递活动形式，广告与新闻一样，真实亦是其存在的意义所在。广告必须对公众负责，必须向公众传达真实可靠的产品或服务信息，只有这样，才能促成消费者行为的持续发生，从而最终实现广告的商业目标。广告的真实性原则要求我们无论是在广告产品或服务各项承诺方面，还是在广告发布后使得消费者产生的感受方面，都努力做到客观、准确和真实，不过分夸张，不以次充好，不以偏概全，讲究信誉，从而树立起良好的企业形象。

诚信为本是商家与消费者交流和培养感情的基础所在。商家若为了短期的利益而采取夸张失实的欺骗行为，不仅会损害公众利益，而且会损害企业自身的形象和声誉，失去消费者的信赖和支持，最终会被市场所淘汰，情节严重的还会因扰乱社会秩序，受到法律的制裁。

（二）大众性原则

由于广告的传播和营销属性，广告主当然希望广告的传达范围越广越好，能够传达到的目标消费群体的基数越大越好，说服效果实现程度越强越好。所以，大众性原则是现代广告的基本原则之一。

从广告作品来看，整体上要求广告作品本身通俗易懂，易于接受，曲高和寡的广告在传播效果上必然大打折扣。具体到广告的各个构成部分，广告主题必须简明扼要，重点突出；广告语言则力求简单明了，精准恰当；广告设计和构思要有创造性，符合人们的审美习惯，可以为目标群体所认同。而故弄玄虚则会让人对广告失去兴趣，造成广告资源的浪费。此外，在广告作品中亦可加入消费者感兴趣的内容，让人们在接受产品或服务信息的同时增加相关的生活常识或一定的科普知识。

从广告过程来看，无论是事前的市场调查、广告主题的确定及广告整体策略的制定，还是具体广告计划的实施，都需要深入了解和尊重受众的需求和习惯，最大限度地契合目标受众的购买心理，培养忠诚的消费者，从而促进广告目标的实现。

（三）科学性原则

广告现代化的重要标志之一就是强调科学性。

随着媒介技术的发展及相关学科知识融合的程度不断加深，现代广告活动在具体实践中，通常综合运用多种学科知识（营销学、心理学、传播学、社会学、统计学、美学等）和研究方法。其科学性具体体现在以下几个方面：

1. 广告活动筹划周密

如同前面我们在广告的核心要素里提到的一样，现代广告不再只是静态的广告作品，更是一系列带有劝服特性的传播营销活动的组合。从前期的目标市场调查到广告目标、主题的制订，再到选用恰当的媒介组合和广告策略的执行，以及最终的效果测评，这是一个动态的整体策划执行过程。整个过程都需要借助其他学科知识和研究方法，同时讲究整个活动步骤和程序环环相扣的系统科学性。比如在初期的市场调查阶段，资料信息的搜集过程就必须借助消费者心理学、市场营销学、统计学等学科知识和方法，必须严格遵守各个学科的科学规律。

2. 广告诉求攻心为上

业内知名的经典广告理论"AIDMA"法则向我们揭示了受众接受广告信息，需要经过注意（Attention）—兴趣（Interest）—欲望（Desire）—记忆（Memory）—行动（Action）五个层次的心理过程。广告表达常常从表达主题到诉求方式上都扣准目标受众群的消费心理，以期达到预期的广告效果，而只有运用科学的调查研究方法才能真正把握消费者心理。

3. 广告技术日新月异

技术的发展为广告发展带来积极的影响。这主要表现在：现代广告在单幅作品的表现形式上更加灵活多样；同时依托信息技术的发展和传播手段的支持，广告活动的流程得到简化，使得广告信息传导效率提高，资源运用更合理，成本大大降低。

（四）效益性原则

商业广告说到底是一种经济行为，广告主的投资必须得到一定的收益回报。所以效益性原则也是广告的基本原则之一。

广告的经济效益主要是指广告主都希望以最小的投入得到最大的利润回报，期望广告信息能够击中更多的目标人群。广告效益与媒介费用主要是看媒介传播评估的量和质的价值比率大小，其中媒介覆盖的范围和受者的人数即为"量"的价值；而"质"的价值是指媒介对公众的影响力及心理效能。广告人在选择媒介传播及制订广告预算时，必须充分考虑广告费用的投入产出比，量力而为。

与此同时，由于广告面向公众传播，对消费行为起着直接的引导作用，商业广告不仅要以经济效益为目的，而且要兼顾社会效益，必须以法律为准绳，遵循相关法律原则，对社会和公众负责。

（五）艺术性原则

在广告学界，广告究竟是艺术还是科学的争论由来已久，先不管答案究竟如何，从争论点来看，不可否认，广告作为消费社会中一种面向大众的审美对象，艺术性是广告魅力的集中体现。广告传播必须讲究一定的表现技巧，遵从艺术性原则，以期带给人们美的享受。

广告常常通过绘画、摄影、文字、音乐、表演等艺术表现形式，塑造出生动而富有创意的艺术形象来表现广告的内容，使受众在愉悦中认知和接受广告信息的传播，并从中获得艺术的欣赏和美的享受。

具体来说，广告的艺术性主要体现在以下两个方面：

（1）形式与内容的统一。一则成功的商业广告，必须讲求艺术性与真实性的完美结合，将有关商品或服务的经济信息与文化要素有机地结合在一起，使受众在娱乐性、趣味性、欣赏性的享受中得到启迪并产生购买行为。

（2）综合多样的表现手法。广告作为一门综合艺术，在表现手法上比较自由，应鼓励其创造出极具个性化的画面、妙趣横生的文案或情节，从而给目标消费者或者潜在顾客留下深刻而美好的印象。

总而言之，艺术性给广告传播附加以审美价值，赋予广告作品旺盛的生命力。广告的艺术形象越鲜明，越具有创造力，就越会感染社会公众，从而产生更大的广告效益。

第二节　广告的研究对象与功能

一、广告的研究对象

广告是人类社会经济发展中较早产生的一种现象，但广告学作为一门研究广告活动和规律的学科，其本身还非常"年轻"，从其问世至今，才不过半个多世纪。它是人们通过长期实践，在经济学、市场学、心理学、传播学、社会学、美学等跨学科发展的基础上逐渐形成和发展起来的。

关于广告学的研究对象，人们常从广告理论、广告历史、广告应用三个层面来划分。虽然这样划分在逻辑上准确无误，但不免稍显笼统宽泛，为了让大家对广告具体的研究对象有更直观和准确的认识，我们把视角重点放在广告本身，从广告本体、广告主体、广告客体三个层面，来分析现代广告学的研究对象。

（一）广告本体——广告活动、广告作品

从广告本体角度来看，可以将广告分为静态的广告作品和动态的广告活动。在现代广告中，广告作品已经融入广告活动的范畴中，是整个活动中重要组成部分。当我们把两者分别作为研究对象时，其考察的重点有所不同。

首先，对一则广告作品而言，广告可以是一张海报招贴画，可以是一幅报纸广

告,可以是一则 15 秒或 30 秒的电视广告片,也可以是 30 秒的录音广播节目,亦可以只是一块普通的路牌广告。其次,就一则广告作品中的时空限度而言,我们需要注重的是广告作品本身对公众甚至目标消费者的影响力,如广告主题是否鲜明、广告创意是否独特、广告诉求点是否准确、广告表现力是否突出等,这些具体问题与广告能否吸引目标消费者眼球和诱发受众注意力有直接联系。

诚然,一则广告的成功往往凝结着人们为整个广告活动所付出的心血。美国营销大师唐·E. 舒尔茨(又译作丹·E. 舒尔茨)认为,广告活动最简单的方式至少包括四个要点,即制定出适当的销售讯息;使此讯息达到适当的观众;选择适当的时机;花费合理的成本。① 由此可以看出,广告活动更着眼于宏观层面,从广告调查策划到广告作品表现,再到媒体的选择与组合,直至最后的广告效果测评,整体上是一个动态的过程,并且要根据各个环节的变换,始终处于能动的、可调节的状态之中。

所以说,现代意义上的广告已经不再局限于单幅作品,一个具有完美表现力的广告作品固然重要,但不一定能保证广告效果的实现。因为广告发展至今,广告作品的传播、展现已经是一个动态的过程。

(二)广告主体——广告主、广告代理公司、广告媒介

有学者曾这样描述:"广告主发号施令,广告公司提建议,媒体请求下达托刊(播)单,而市场调查人员则冷眼旁观,这就是广告世界的缩影。"的确,若要考察广告活动,我们不难发现广告主、广告代理公司和广告媒介是整个活动的主体。从传者与受者的关系来看,在消费者接收到广告信息之前,必须经过广告主、广告代理商和广告媒介三方面的相互合作。

我们还是先看看广告主体中,广告主、广告代理商和广告媒介三者在整个广告活动中的分工。

广告主是指为推销商品或者提供服务,自行或者委托他人设计、制作、发布广告的法人、其他经济组织或者个人。其负责向广告公司提供市场或产品资料信息,监督广告代理公司的运作并验收广告成品,对整个广告活动有一定的控制权。

广告代理公司专门从事广告策划与执行,并起到沟通广告主和广告媒介的桥梁作用。

广告媒介则是指负责刊播广告内容和提供媒体数据的媒介机构。

在现代广告活动中,三者并不是完全独立开来的三种机构,也会有所交融,比如有些广告主本身就是媒介机构,有些广告主本身机构内就有下属广告代理公司,

---

① 丹·E. 舒尔茨,丹尼斯·马丁,威廉·P. 布朗. 广告运动策略新论(上)[M]. 刘毅志,译. 北京:中国友谊出版公司,1991:导言.

甚者有可能三种主体统一于一个庞大的机构中。

另外，我们还需要认识到，在整个广告活动中广告代理公司处于核心主导地位。这是因为无论是从广告的前期策划到方案提出，还是从广告最后发布的媒介选择和购买过程来看，都是在广告代理公司的积极主导下逐一实现和完成的。

在市场经济的不断培育过程中，广告主、广告代理公司及广告媒介三者的关系仍在不断完善和发展之中，并将随着广告行业的日益成熟，其分工将日益明确，从而促进广告业健康快速地发展。

（三）广告客体——受众、消费者

广告客体是相对于广告主体而言的，是指广告作用的对象。现代广告通过大众媒介向社会广泛传播，每个接触到广告的人都是广告传播的受者，但实际上又并不是每个人都是广告活动针对的那个目标群体中的一员。所以，广告作用对象本身角色的双重性，让我们可以分别从市场营销的对象和传播的对象两个视角入手，来认识和把握广告的客体。

1. 作为受众的广告客体

从广告对客体发生作用的过程和方式来看，广告传者与广告受者实际上是一种传播行为关系。广告主和广告代理公司将制作好的广告作品，通过各种媒介刊播出来并传达到接触媒体的受众，这就是一个完整的传播过程。虽然，在此过程中不是每个受众都是广告的目标消费者，但通过对传播过程的控制和目标锁定，我们可以提高广告信息传播的针对性和精准性，也可以在保证一定到达率的基础上培养潜在消费者。所以，要使得广告信息得到有效的传播，需要我们对受众群体进行研究，了解广告受众对媒介有什么特殊需求，有着怎样的媒介接触习惯和广告接受心理，并以此作为广告活动中编制广告符码、媒体选择组合及选择恰当发布时机的重要依据。

2. 作为消费者的广告客体

科学的广告观念告诉我们，广告是针对特定的目标消费者进行诉求的一种劝说性传播活动。由于广告传播针对的是特定目标消费群体，因此研究消费者的需求、心理和行为就成了广告客体研究的重要内容，这是广告策划如何确定广告主题、广告诉求点的重要依据。这里应该强调的是，消费者的需求心理和购买行为是一个不断变化的过程，广告要针对目标消费群体观念和行为的变迁程度，及时调整说服策略来积极引导消费行为。

应该说，广告客体中的受众也许是广告的消费者，但未必能够成为商品的直接购买者和消费者。然而，使广告消费的受者最终成为产品消费的消费者，即广告受众（可能是潜在消费者）日后成为某个品牌的积极消费者，这正是广告活动的目标和广告研究的核心内容。

二、广告的功能

广告的功能是指广告的基本效能，也就是指广告传播的内容对其传播的对象和社会环境所产生的作用和影响。研究广告的功能实际上就是研究广告能达到什么目的。美国历史学家波特（David M. Potter）在其著作《富足的人民》（*People of Plenty*）中这样叙述：广告在社会中影响之大，可以和学校及教会等传统制度相匹敌。广告具有支配媒体、创造流行的巨大力量。在这一意义上，广告是能调控社会的少数几个制度之一。把广告对社会的影响力和学校及教会制度的影响相提并论，虽然乍听起来有夸张的嫌疑，但仔细思考一下，其实不无道理。现代广告凭着自身极强的渗透力和重复性，借着全球经济和媒体技术不断向前发展的东风，已经在社会经济、社会文化方面扮演了越来越重要的角色。

下面我们就从社会经济和社会文化两方面来看一下现代广告的功能和作用。

（一）广告的社会经济功能

广告起源于商品经济发展的需要，是为商品生产与商品交换服务的。虽然随着社会生活的发展，广告这种形式逐步被运用到社会生活的其他方面，或者说，人们把社会生活其他方面类似于广告的活动也视为广告，如政府的公告、个人信息的社会发布等，广告这才有了更广泛一些的内容和含义。但即使到了现代，商业广告依然是广告的一种最主要的形式。所以广告的社会经济功能是广告最重要也是最基本的功能。广告的经济功能主要体现在以下两个方面。

1. 促进商品流通，刺激消费欲望，指导消费行为

从广告信息的传播性质来看，作为联系产、供、销和消费者及潜在消费者之间的信息传播的纽带，广告担负着传递商品经济社会商业信息的重要使命，特别是在竞争异常激烈的今天，企业必须依靠这样一根纽带来与目标消费者沟通，以保证产销的一致性，从而顺利实现销售目标。广告是企业营销中所必需的、最常采用的，而且是最为节省、极为重要的一种营销推广手段，通过广告信息的传递，能够加快商品的流通并扩大商品销售的规模和区域，使企业在满足消费者消费需求的过程中，实现尽可能大的商业利润，间接起到了促进商品的生产和再生产，以及繁荣市场、发展经济的作用。

另外，从广告传播的目的性来看，广告有关商品和服务的信息传达，并非以简单告知来满足消费者对消费信息的需求，实际上是在不断引导和刺激消费者超乎生理需要之上更高层级的消费欲求，是一种劝诱和说服的信息传播过程，使消费者逐渐理解、认同并接受广告信息，直至消费行为产生。美国奥美广告公司的创始人大

卫·奥格威说："我写广告，我并不要你告诉我，你觉得它有新意。我是要你觉得它很有意思，而使你买了那种产品。"一个广告的成功与否或是否达到创意的目标，首先要使这一广告引起消费者的注意，此后在内心牢牢记住这种广告产品的名称，最后导致消费者产生购买行动。所以在商业高度发达的今天，广告就不只是有推销产品的作用，而且有指导消费者行动的导购作用，并由此造成社会消费的扩大和增长，从而促进社会经济的发展。

2. 促进竞争，塑造企业形象，完善经营管理

西方广告界有句格言："推销产品不做广告，犹如黑夜之中暗送秋波。"由此可见，广告是企业参与市场竞争的重要手段。一方面，广告产品和服务信息的传递可以提高产品的知名度，扩大市场占有率，促进产品销售；亦可让广告主了解市场上此类商品的价格及竞争对手信息，并以此为依据进行自我改进，改善自身的经营管理策略，在稳固现有市场的基础上不断采取新技术来争夺更广阔的市场。可以说，广告带动了企业的良性竞争，在竞争中胜出的企业，规模效益提升，并且产品或服务的美誉度和认可度大大提高，品牌在竞争中得到成长，良好的企业形象也由此树立。另一方面，随着科技水平的发展，同类产品和服务的同质化现象比较普遍，企业形象包装就成为企业生存和发展的支柱之一，成为企业重要的无形资产。由此，很多企业也在广告中有意识地突出企业标志或企业文化、企业理念来塑造企业的良好形象，从理念、行为和视觉等全方位入手来扩大企业的整体影响力，以增强消费者对品牌的信赖。

正因为广告具有上述两方面功用，当它被纳入社会的整体经济运行之中时，便在宏观上成为社会经济运行中的有机构成部分，着力协调社会生产与社会消费，成为联结社会生产与消费的重要桥梁与纽带，成为社会经济发展强有力的驱动力与润滑剂。

（二）广告的社会文化功能

当今社会，广告既是一种经济行为，也是一种独特的社会文化现象。正如内尔·M.阿普莱斯顿在《日常生活中的广告》中所说，广告是蒙在社会之墙上的壁纸，在我们每日的生活和梦境之中出现。现代广告已经深入社会文化的各个领域，对人们的生活产生了深远的影响，主要体现在以下三个方面。

1. 促进社会教化，改变生活方式

传播学理论告诉我们，教化功能是媒体的重要功能之一。广告作为一种依靠媒体传播的传播形式，从其主题、内容到表现形式，或多或少、或隐或显、或直接或曲折地对人们的价值观念、行为规范、生活方式等产生一种潜移默化的教化作用。在消费社会的现实环境中，人们日常生活的兴趣、爱好、理想和行为模式不可避免

地要受到广告的影响，对于青少年来说尤为显著。比如，"动感地带"的广告语"我的地盘听我的"就成了当时很多年轻人标榜自我的个人签名，体现了一种追求个性化自我的心理。

广告主、广告人和媒介作为广告活动的主体，必须意识到广告的这种功能，主动担负起广告的社会教化的责任，在介绍商品、劳务等各类信息的同时，融入正确的教育内容，倡导积极向上的生活态度和健康的生活方式，以促进社会向更高层次发展。对非商业广告中的公益广告来说，这个功能就体现得更加明显。

2. 丰富大众文化，美化生活形态

现代广告作为一种独特的文化形式，为了实现其最本质的促销功能，常常介入社会文化中，通过不断丰富大众文化的形式作用于人们的感官，继而影响人们的价值观念。1986 年 5 月，在芝加哥举行的第 30 届世界广告大会上，美国广告界知名人士迪诺·贝蒂·范德努特指出：如果没有人做广告，谁能创造今天的文化？你又能从哪儿为文化活动找到一种比广告媒介更生动的宣传方式呢？……我们应该承认我们确实影响了世界的文化，因为广告工作是当代文化整体中的一部分，是文化传播的传播者和创造者。[1] 在与社会文化的相互作用中，广告有着自己鲜明的时代性、民族性和商业性，广告倡导的内容主要通过流行文化和品牌文化两种形式表现出来。人们在对流行和品牌的追逐中，满足自身的心理需求超过了对商品使用价值的需求。同时，由于广告赞助商的支持，各种体育比赛和文娱表演等文体活动精彩纷呈，极大地丰富了公众的文化生活。

广告是一种文化，是科学与艺术的结合。广告通常采用艺术的表现手法来传播信息。艺术形象在广告中是必不可少的，由于广告与生俱来的艺术特质，各式各样的户外广告已经成为城市中一道亮丽的风景线。广告的文化品位和艺术审美价值，使广告受众在接受广告信息的同时，得到美的熏陶和艺术的享受，这对于广告的传播和美化生活、陶冶情操等功用都能起到极好的促进作用。

3. 促进传播媒介的发展

如今，媒介生存和传媒经济都离不开广告的支撑。我们先来了解媒介经营与广告的关系。媒介的盈利需要经过两次销售过程：首先，媒介通过制作内容，以低廉的价格将内容销售给受众，形成一次销售；继而将自己的受众资源出售给广告商，完成二次销售。这便是传统大众媒介的盈利流程，流程中的二次销售正是传统大众媒介经济赖以生存的基础。因此我们可以看出广告在媒体中的重要地位，作为媒介经济收入的重要来源，广告被更多的媒体所倚重。就我国目前的传媒状况而言，广

---

[1] 胡晓云，张健康. 现代广告学 [M]. 杭州：浙江大学出版社，2007：27.

告收入一般占到媒介经营收入的 50%—60%，有的高达 90% 以上，甚至 100%。①正是因为广告在媒介经济收入中占有如此之大的比例，所以，传播媒介机构为了争夺到比较理想的市场份额，就必须在传播内容上贴近消费者生活，形式上新颖独特，注重提升信息质量，从而得到较好的发行量或收视率，进而赢得广告主青睐。这在客观上引发了传播媒介的竞争，促进了传媒产业的发展。不过，广告的发展也与传播媒介的发展是一个相辅相成的互动过程，传播媒介的发展反过来也会促进广告业的进一步繁荣。

这里需要指出的是：广告好比一把双刃剑，作为一种社会现象，既有积极的影响，也有消极的影响。除了发挥其强大的正面功能外，其负面功能也不容忽视。如在经济利益驱使下，大量的虚假广告和低俗广告扰乱了社会秩序，污染了公众眼球，损害了人们的身心健康。无疑，这就要求我们必须在广告活动中，努力发挥广告的积极功能和作用，正视和最大限度地消除其负面影响，以利于维护社会进步，推动广告良性发展。

第三节　现代广告的发展因素与趋势分析

美国著名学者威廉·阿伦斯在《当代广告学》中，从经济角度将广告发展历程划分为四个时期——前工业化时期（19 世纪以前）、工业化时期（19 世纪初到 19 世纪末）、工业时期（20 世纪初到 20 世纪 70 年代）和后工业时期（20 世纪 80 年代以后）。对照国内学者对广告发展阶段的划分不难发现，人类真正进入现代广告时期，是从进入工业时期即 20 世纪初开始的。

这一时期，一是传播技术又有了新的突破性进展，广播、电视、计算机等科学技术的发明，电子广告横空出世；二是广告经营逐步走向现代化和规范化，开始注重广告调查和广告策略的运用，广告行业性组织和广告法规开始建立。

一、媒体传播技术的动因

人类社会的每次变革都与传播技术的发展密切相关，人类发展的历史亦可看作人类传播手段不断革新的历史。语言的产生使人类进入了口语传播时代；而文字的出现让信息保存得以实现，使人类文明进入了文字传播时代；伴随造纸术和印刷术的发明，印刷传播时代的信息开始可以批量复制，信息普及率大大提高；电子技术的兴起和发展揭开了电子传播时代的序幕，除可以记录转瞬即逝的影像信息和实现

---

① 邱颖. 现代广告学 [M]. 北京：中国财政经济出版社，2004：85.

信息的远距离快速传播外，同时还促进了计算机的发明，使人类进入了一个全新的、前所未有的信息社会。

现代广告作为社会经济生活的重要组成部分，从孕育期开始到今天的繁荣每一步都离不开传播技术的推动。从历史上看，媒介技术的每一次革新都很快被广告业所利用，并推动了广告传播活动质的飞跃。1450年前后，德国人谷登堡发明活字金属印刷术，从而促进了报业的繁荣，使得最初仅作为报刊的附庸出现的广告得到长足发展。直至报业的大众化后，广告才随着现代传播的脚步真正进入了大众传播时代，印刷复制技术为后来现代广告的产生储备了技术能量。

20世纪初，电子技术的产生和运用是人类信息传播史上的第三次革命。在新的传播技术的推动下，广告也进入了现代广告的发展新时期。20世纪80年代以来，伴随互联网和数字技术的发展，新媒体广告成为新兴的广告形式。新媒体主要借助于数字媒体技术，以数字媒体为载体传播与发布信息，广告也充分利用了各种最新的数字媒体传播技术，不仅在广告形式上不断创新，还赋予了广告传播更多的交互性、实时性和针对性的特点。这里需要指出的是，新媒体是相对于传统媒体而言的，其特征和形式将随着技术的发展而不断扩充。常见的数字广告有网络广告、流媒体广告、虚拟广告、无线广告、数字电视广告、数字游戏广告等。

（一）广播、电视广告的产生和影响

1920年11月2日，美国威斯汀豪斯公司在宾夕法尼亚匹兹堡市创办的KAKA广播电台开始播音，这是世界上公认的第一家正式广播电台。1922年，第一家商业广播电台WAAF在美国创建，开始向广告商出售空中时间，成为最早开展广告业务的电台。1926年建立的美国全国广播公司（NBC）是美国最早的广播网。广播广告凭借其传播速度快、传播范围广、不受时空限制、表现形式生动、制作简便、费用低廉等优势成为仅次于报纸的第二大广告媒体，但同时也存在信息不易保存、缺乏视觉感、听众分散、效果不易测定等缺点。

而电视的正式开播始于英国。1936年，英国广播电视公司（BBC）在伦敦亚历山大宫建立了世界上第一座公众电视发射台。美国于1939年由NBC在纽约首次正式播出电视节目。1941年7月1日，美国联邦通信委员会（FCC）准许开办商业电视台，即准许电视台开播广告。① 二战后，电视事业发展迅猛，特别是彩色电视发明后，电视凭借其声画并茂、传播速度快、覆盖率广等优势一跃成为最大的广告媒体之一。

可以说，广播、电视的产生和普及在很大程度上改变了广告活动的运作方式，

---

① 陈培爱. 现代广告学概论［M］. 3版. 北京：首都经济贸易大学出版社，2013：44.

也为广告提供了更好的声画并茂的展现平台。广告信息的传播得以更快、更广,让广告以更生动的形式贴近了人们的日常生活,特别是电视广告,即使在新媒体不断冲击传统媒体的今天,仍是许多广告主的首选媒体。总的来说,广播、电视广告赋予了广告从业人员更多的表现空间,有力地推动了广告业的繁荣与发展。

(二) 新媒体对现代广告的影响

如今,互联网和数字技术的使用又将把现代广告的发展推向一个更新的阶段。新媒体广告,顾名思义,即通过新的(相对于传统形式而言)媒体而产生的广告。由于新媒体本身的复杂和多变,目前学界对此并未给出确切的定义。依据新媒体是否依赖数字技术,我们可以将新媒体划分为两个层次:一是依赖覆盖新时空而产生的广告形式,如楼宇电子屏广告、移动电视广告等;二是以技术进步为基础的能够实现双向互动的广告形式,如网络广告、流媒体广告、无线广告等。今天新媒体对广告的影响主要表现在以下几个方面。

1. 谁都可以是广告主

借助互联网的力量,广告主可以绕开广告代理公司和传统媒体,在国家法律法规允许的范围内,依赖计算机和一定的网络技术知识就可以自由地发布广告。这便打破了广告行业三大主体(广告主、广告代理公司、媒体)的原有分工,从而对广告的经营模式有了间接的影响。

2. 增强了广告的表现力、互动性、实时性

一方面,借助新媒介技术,广告的呈现不再受到只能选择文字、声音或影像三者之一的表现方式的限制,而是可以通过超文本、多媒体等形式,把各种传统广告的优势结合到一起来进行广告主题的诉求,大大增强了广告的表现性。另一方面,广告从"你播我看"到"我点击你播放",互动性大大提高,受众的选择性增强,反馈速度加快,从而赋予了广告实时性的特点。

3. 挖掘接触点媒体,优化传播效果

新媒介技术的产生和发展丰富了广告媒体的形式,使得广告变得更无处不在,无时不有。新媒体形式的多样化,为媒介组合带来了更多选择和组合的方式,20世纪80年代在欧美兴起和流行的整合营销观念,就提出了把各种接触点有机结合起来进行广告传播,身边任何一样道具都可以为整体营销做出贡献,使得广告的传播效果得到优化。在中国,楼宇电子屏广告是受众广告的经典代表作,还有诸如厕所广告、窨井盖广告等灵感,亦是源于对受众接触媒体点的深层次细分和对接收信息心理状态的进一步挖掘。尽管新媒体主要还是传统广告的表现形式,但有时也必须借助新媒体技术的支持来更完美地展现创意。

总之,与传统媒体相比,新媒体广告可以满足每个人发布信息的欲望,广告媒

体和广告表现形式也更多样,同时,在广告传播和接收方式上具有互动的特质,目标市场的测定更加精确化,在广告媒体的整合上也更优化。但是,由于新媒体本身的复杂性和第三方评测机构的缺失,对于其究竟会带来何种影响及影响程度我们还无法估计,但我们有理由相信新的媒介技术将给现代广告业带来新的变革,将为广告业的发展带来新的机遇和挑战。

二、广告行业的发展

在前面我们已经对广告的研究对象从本体、主体、客体三重角度进行了分析,不难看出,现代广告业是按照一定的组织、功能和规则运营的。由于广告活动是由广告主、广告代理、广告发布媒介和广告目标受众、广告效果测量等多个环节构成的,因此,广告业是各种媒介机构、广告媒介组织及其各种经营性业务的总称。其主要包括广告公司(广告代理)、广播、电视、报纸、杂志、互联网等大众传播机构的广告经营部分,以及以各种公共场所、交通工具等为媒介发布广告的经营机构。

当然,广告公司(广告代理)应该是广告活动的运作主体。其业务活动和经营管理是整个广告运作中的核心。大多数学者认同这样一个观点:广告代理在现代广告及其他经济活动的发展中都扮演了比较重要的角色。广告代理制的发展历程也普遍被认为是广告市场规范化和专业化模式。

广告代理业发展的过程其实就是广告行业发展过程的历史轨迹。从1841年在美国费城诞生世界上第一家广告"代理店"以来,广告代理的功能和职责都发生了很大的变化,主要经历了从媒介代理到客户代理,从单纯的媒介版面购买到提供全方位的综合专业服务代理的发展变迁过程。我们不妨就以世界广告业的诞生之地美国为例来说明广告代理制的发展历程,从中我们可以看出现代广告业的发展轨迹。

(一)媒介直接销售版面阶段

世界广告代理业的初始阶段是作为媒体的附庸而出现的。其基本方式是替报社招揽广告,从报社所收广告主的广告费中获取佣金。1729年,本杰明·富兰克林在美国创办了《宾夕法尼亚日报》,并把广告栏放在创刊号第一版社论的前头,向广告客户出售报纸版面。[①] 这一时期,广告的经营意识还很缺乏,影响报社收入主要来源的还是报纸的销售情况,只是由媒介来单纯地贩卖版面。

(二)媒介版面揽客阶段(单纯的媒介代理)

17世纪后,报刊业有了长足发展,办报人开始意识到广告对于媒体持续发展的重要性,但因为无法对广告主的支付能力做有把握的判断故不愿意冒险,另外有关

---

① 陈培爱. 现代广告学概论 [M]. 北京:首都经济贸易出版社,2004:44.

广告版面形式没有统一的标准，这都给企业和媒体的沟通带来障碍。1841年伏尔尼·帕尔默（Volney Palmer）在美国费城开办了史上第一家广告公司，为各种报纸统一兜售广告版面给企业，并从中抽取25%的佣金，广告文字及广告设计工作仍由报刊承担。这就开启了广告代理业的先河，进入了广告代理史上单纯的媒介代理阶段。

（三）技术性广告服务阶段

随着市场经济的快速发展，广告市场的格局发生了变化：版面掮客之间的竞争激烈；一些大型百货店开始自己制作宣传广告，需要与广告掮客完全不同的服务；同时广告掮客在媒介购买阶段的资费不透明开始受到广告主和媒介的抵制。在这种背景下，广告公司的经营者们也纷纷开始寻找自己的新的定位和新的发展空间，把业务中心从为媒体推销版面转到为广告客户服务上。1869年，弗兰西斯·W. 艾尔（Francis W. Ayer）开办了艾尔父子广告公司，这是历史上第一家具有现代意义的广告公司。在其他代理商一直对广告价格严格保密，而客户从来就不知道基本出版发行价格的时候，艾尔把媒介返还的代理费或广告主支付的酬金固定在15%。这就使广告客户在透明化的交易中获得好处。同时，他们还为广告主提供广告设计、撰写文案、选择媒体等各种服务，从而奠定了今天广告代理费的基础，也开创了广告技术性服务的新时代。

（四）综合的专业服务代理阶段

在工业革命的促进下，美国经济进入高速成长阶段，由于买方市场逐渐取代了卖方市场的现状，很多企业开始把重点瞄准对市场和消费者的研究上，经营理念也从"推销"走向了"销售"。广告代理公司为了适应这一市场新形势的变化，必须在功能上有所转变，广告代理业务开始向多元化发展，主要包括：把广告调查作为重要的市场信息搜集手段，帮助广告主搜集市场信息，为广告主制订详细的广告计划和广告策略，负责广告制作和文案撰写，以及对广告效果进行测评，等等。广告代理业开始从单纯的媒介代理向综合、全面、专业的现代广告代理业过渡，其标志是一些大型综合性的广告公司的出现。

（五）广告代理的整合营销传播阶段

进入20世纪80年代，整合营销传播的观念开始在业界得到关注和广泛接受。市场的碎片化和受众的零散化的现状使不少大型广告代理公司面临市场的竞争压力，它们开始注重以"一种声音"作为企业向外传递产品或服务信息的内在支持点，使广告信息在不同时间、不同地区、不同媒体中都保持一致，从而保证广告传播的一致性。除此之外，广告活动还注重与促销的结合，一些展览、赞助活动、销售推广等非传统意义上的广告活动开始由广告代理公司统一筹划安排。由此，广告代理进入了整合营销传播的服务时代。

以上是广告代理业的五个阶段发展历程，从中可以看出，从媒介代理向综合代理的转变，并不是依据人们的主观意愿，而是经过长期的发展和激烈的竞争逐步形成的过程，是由不断变化发展的媒介环境和市场环境共同决定的。

伴随着广告代理业的发展，广告的经营逐步走向现代化和规范化：广告调查的应用为广告活动提供了更科学的依据；广告的经典理论如 USP 理论、品牌形象理论、定位理论、整合营销传播理论的涌现，在不同历史时期都为广告行业的进一步发展提供了有力的智力支持；而各类广告行业组织和广告法规的建立为广告行业创建了良性的生态发展环境。

三、现代广告发展趋势

现代广告正处于一个新的发展时期。随着经济全球化的进程，人们的消费形式和观念出现巨大变化，越来越国际化、趋同化。消费者的受教育程度和自身素质的提高、就业状况的变化、人口流动性增大等因素，使得原先的消费者群体结构正在重新组合。对于广告经营企业而言，重新认识消费群体和消费层次，重新细分市场至关重要。广告经营企业纷纷改变了经营理念，整合营销传播的思想深入人心。同时，随着外资进入中国广告业，广告市场的竞争进一步激化，广告业务出现分流与拓展的趋势。随着广告传播媒体的多样化，广告的表现力进一步增强。现代广告表现出全新的发展趋势。

（一）广告经营理念的更新

由于消费者群体和市场的变化，广告经营企业的经营战略有了新的调整，经营理念也有了更新。整合营销传播理论自 20 世纪 90 年代中期以来，一直被企业看好，整合营销传播的理论和实务也随之得到加强。如日本最大的广告公司电通，近几年就一直强调自己是信息交流公司，要为企业进行综合的信息交流服务，这与整合营销传播理论的核心观点——沟通（交流）是不谋而合的。美国的广告业面对新的竞争环境，特别重视全方位的沟通，加强整合传播。

（二）广告市场竞争的激化

跨入 21 世纪，伴随着广告经营企业经营理念的更新，以及市场的进一步开放与经济改革的深入发展，广告市场的竞争呈现出日益激烈的态势。竞争的激化集中体现为：广告公司、广告媒体迫于生存压力，为争夺广告客户进行激烈竞争。2000年，中国已经成为世界五大广告市场之一。不过，随着低起点、高速度时代的终结，广告营业额、广告经营单位的数量、广告从业人员的数量，都已出现增长放缓的趋势。今天的广告业已经成为一个门槛渐高、竞争激烈、投资失误或是经营不善都可能导致血本无归的行当。优胜劣汰的竞争本质引发了中小广告公司、中小广告媒介间的价格战,对此,广告公司不惜推出"零代理";中小媒介则是竞相折价,令媒介报价表形同虚设。

(三)广告业务的拓展与分流

20世纪80年代以来,国际化潮流催生出若干规模巨大的广告企业集团,如WPP、奥姆尼康(Omnicom)等。它们以资本为纽带,对大量的综合代理型广告公司进行了兼并、重组。而综合代理型广告公司的业务经过此番分流合并,产生出规模巨大的"专业媒介购买公司",如萨奇(Saatchi&Saatchi)与达彼思(Bates)合并的实力媒体(Zenith Media),奥美(O&M)与智威汤逊(JWT)合并的传力(Mindshare),等等。自1996年实力媒体在北京宣告成立以来,海外"专业媒介购买公司"纷纷在华开展业务,扩张之势如火如荼。与此同时,专业咨询公司、公关公司也正积极介入中国市场。随着海外专业媒介购买公司的业务扩张和专业咨询公司、公关公司的登场,本土广告公司开始出现业务分流。为此,大量本土广告公司相时而动,逐步调整自己的业务领域,借助原有的媒体资源优势,积极向"媒介购买""媒介推广""媒介经营"和"体育营销""文化产品营销"等多个领域发展。

(四)广告传播媒体的多样化

新媒体加入广告传播使得广告传播活动发生了革命性的转变。新媒体的出现,不仅使传播媒体的种类更加丰富,而且促使传统媒体出现变革。新旧媒体的相互渗透使广告信息传播的时间和空间得到拓展,受众(消费者)有了更多接触和选择广告信息的机会。同时,新媒体的出现,是伴随着受众(消费者)生活形态而变化的,这使得媒体与受众(消费者)之间的互动性进一步增强。

(五)广告表现力进一步增强

20世纪90年代以来,高科技成果,特别是计算机技术、数字化的运用,使广告创作、设计表现更有力度,广告制作更有发挥的空间。无论是平面印刷广告,还是视听电子广告,或是看板、霓虹灯、灯箱等各种广告形式,都能得到充分的表现,广告表现力进一步增强。

(六)广告管理更加科学和严密

与日益发展的广告业相适应,广告管理也进入了新的层次,更加严密和科学。各国政府都加强了对广告行业的管理,通过立法,或通过行业协会自律等手段,确保广告活动规范化。随着广告法规更加细化、广告行业自律更加严格,广告活动的开展,不仅注重经济效益,更关注和追求社会效益,这已逐渐成为共识。

● 思考与练习

1. 广告的定义中包括哪些核心要素？广告的研究对象和功能是什么？

2. 查找厦门大学黄合水教授等人的论文《广告的演变及其本质——基于1622条教科书广告定义的语义网络分析》（《新闻与传播研究》，2019年第12期），结合本章内容，具体分析在原始口语、印刷媒介、电子媒介和数字媒介四个时期，广告传播要素的变与不变。

3. 广告传播与媒体形态和技术进步的关系是什么？

4. 广告媒体传播与营销活动的互动关系是什么？

5. 如何看待新媒体广告与大众媒体广告的关系？

第二章
广告策划：从静态到动态

本章内容提要：广告策划是广告流程中至关重要的内容。本章从广告策划的概念出发，主要解读了广告策划的实质、依据、流程与内容；介绍了"互联网+"背景下广告策划的变化与趋势走向。学习者应该认识到：在实践应用中广告策划的涵盖内容、注意事项，以及对广告营销的重要意义。

第一节 广告策划的概念与内涵

一、广告策划的概念

"策划"一词,在我国古典文献中,最早见于《后汉书·隗嚣列传》:"是以功名终申,策画复得。""策"最早指的就是计谋、谋略;"画"指的是设计、谋划。两者合而为一,"画"与"划"相通,"策画"即"策划",就是指筹划、计划的过程。在《礼记·中庸》中"凡事预则立,不预则废"同样表明策划的重要性。

近代广告策划的概念发展,主要受到营销观念发展变化的影响。20世纪20年代,美国统计学家乔治·盖洛普(George Callup)把市场调查的方法引入广告策划中,其后这一方法得到了普遍运用,从而使得现代广告策划在操作中更加趋于科学化和规范化。20世纪50年代,"策划"作为一个明确的概念被提出。在1955年爱德华·波纳斯(Edward L. Bernays)① 撰写的一本名为《策划同意》的著作中,首先提出了"策划"的概念。其后伦敦BMB广告公司的创始人斯坦利·波利坦于20世纪60年代在广告领域中率先提出"广告策划"的概念,他将"广告策划"视为企业策划的核心内容,并且不遗余力地加以推行,使之很快普及开来。

广告策划作为一个引进的概念,在英文中与之对应的词有plan(计划)、strategy(策略)、campaign(战略)等,在中文表述中基本上都称之为"策划"和"企划"。从它所对应的几个英文词语理解,广告策划是一种包括了广告运动方式和广告运作策略的严格的计划程序,相对于一般广告活动来讲,广告策划是一种经过精心设计和周密谋划的广告计划,其基本内容是发展广告策略,并寻求实施策略的方法。具体言之,广告策划是根据广告主的营销目标与广告目标,在进行科学的市场调查后,制订出与市场情况、目标消费者、产品状态等相适应的有效的广告计划方案,实施并检验其效果,从而为企业的经营发展提供良好的服务。

中国的广告业始于20世纪80年代中期,得益于改革的春风与西方营销观念的渗透,逐渐建立了"以策划为主体,以创意为中心"的为客户提供全面服务的广告经营管理体系。在今天的广告领域,"策划"已经成为一个受到广泛运用的专业术语,可以说整个广告活动的绝大部分工作都是围绕着"策划"进行的。在近四十年的发展和衍变中,广告策划经历了不同发展阶段,并呈现出许多重要特征。

---

① 又译作爱德华·伯内斯,美国公共关系学学者。

二、广告策划的特征

（一）目的性

广告策划是广告活动的先导，有着明确的目的性。只有以明确的目的作为策划的基点，广告策划才能有的放矢地开展。企业与广告公司应对广告目标进行管理。为了保证广告目标顺利实现，需要在广告策划中把整个广告活动的各个部分统一协调起来，以各阶段明确的目标为依据，指导广告中的具体活动，以达成整体目标的实现。

（二）整体性

广告策划是一项超前性的广告指导活动，是对广告运作的统筹规划的表现。它从市场调查开始，根据市场调查结果分析市场营销需求、竞争对手情况、目标消费者的消费心理等，从而确定广告目标，制订广告主题，完成全局性的事先设想与活动规划，并对全部活动的各个部分的具体运作过程进行协调与指导。因此，广告策划有着很强的整体性和系统化功能。

（三）预见性

广告策划是从市场经济规律下的市场营销实际出发，运用广告学的科学原理，经过集思广益后制订出的切合实际的广告计划。在进行广告策划时，应对广告活动中可能碰到的问题和困难事先做出充分估计，提出相应的解决办法，以确保广告活动顺利完成。在广告策划中运用战略眼光从客观上预测与把握广告目标的实现，以及商品品牌对占领后的市场的巩固与知名度的提升等，会使企业的广告活动在知己知彼的情况下开展，达到意想不到之效果。

（四）动态性

广告策划是一个不断变化与发展的过程，伴随着国民经济的不断增长和人民生活水平、消费水平的提高，消费者对产品的要求在不断变化，企业与产品在消费者心中所占的地位也发生着变化。广告策划活动须瞄准不断变化的形势，及时调整广告战略以适应复杂多变的市场需求，实现品牌占领与营销市场的巩固，不断扩大和提升品牌知名度与好感度。

三、广告策划的观念转变

美国哈佛企业管理丛书编纂委员会指出：策划是一种程序，在本质上是一种运用脑力的理性行为，策划是对未来要发生的事做出当前的决策。而广告策划，指的是对广告活动进行整体的系统性预测和决策的过程，即在企业营销战略的指导下，依据企业的营销计划与广告战略目标，在市场调查研究的基础上，对企业的广告活动进行整体的规划和控制设计，制订一个与市场、产品、消费者及社会环境相适应的、经济有效的广告活动方案的过程。

因此，广告策划的观念是随着市场、产品、消费者及社会环境变动的。传统的策划观念以企业自身为出发点，关注经济效益；而现代的策划观念则是以消费者的需求为出发点，关注企业、消费者与社会三者之间的关系，在关注经济效益之外，还关注社会效益，以及人们的心理效益的协调。传统广告策划观念指导下的广告策划活动属于"后知后觉"式的对策性营销活动，即针对产品产量或产品销量制订的策划活动，这种策划活动具有滞后性、单一性、被动性等缺点；而现代广告策划观念指导下的广告策划活动则属于"先知先觉"式的策划活动，这种广告策划活动则具有前瞻性、整体性、主动性等优点。

广告策划使广告调查、广告目的的确定、广告对象的确定、广告媒体的确定、广告创造、广告发布、广告效果测定等各项工作的开展具有目标性、系统性、全局性。广告策划的开展既是现代市场经济发展的产物，也是广告活动规范化、科学化的标志之一。①

第二节　广告策划涉及的内容

从广告策划的定义我们可以看出，现代策划是一个系统性工程。策划在整个广告活动中处于指导地位，贯穿于广告活动的各个阶段，涉及广告活动的各个方面。可以说，广告策划是整个广告运动的核心与灵魂。

广告策划的流程分为：解读营销策略、调研与策划、制订营销目标、确定营销对象、制订广告策略、确定广告预算与媒介排期、测定广告效果。一份完整的广告策划流程如图2-1所示：

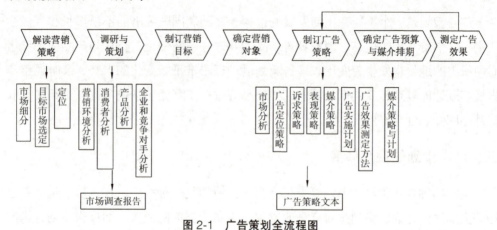

图 2-1　广告策划全流程图

---

① 孙亿文，王焱，傅洁，等. 广告创意与策划 [M]. 北京：人民邮电出版社，2015：83.

一、解读营销策略

广告活动不是独立存在的，它是企业营销活动的组成部分，因此首先要分析企业的营销战略，通过与企业的沟通，充分了解广告主的营销战略，理解广告主将要达到什么样的目标、他们打算如何实现目标广告、广告在企业营销组合中处在什么位置等问题。在了解了广告主营销战略的基础上，有针对性地进行广告策划，这样才能保证广告活动不偏离广告主的目标。

成熟的企业都有明确的营销战略，营销战略及其核心内容由三个紧密联系的环节组成，它们是市场细分、目标市场选择和定位[①]。

（一）市场细分

市场细分（market segmentation）是美国营销学者温德尔·R. 史密斯（Wendell R. Smith）在 20 世纪 50 年代中期提出的概念。市场细分是按照消费者欲望与需求，将总体市场划分成若干个具有共同特征的子市场的一个过程，而那些可识别的具有相同欲望、购买能力、地理位置、购买态度和购买习惯的人群构成细分市场（market segment）。

企业之所以要把市场划分成不同的细分市场并加以区别对待，一方面是由于市场上确实存在着差异化的需求，另一方面则是出于竞争的考虑。因为相对于大众市场，细分市场战略能够创造出针对目标受众的、更加适合他们的产品或者服务，更便于选择分销渠道和传播渠道，从而使企业在特定的细分市场中面对较少的竞争。现实当中，市场是由成千上万的消费者构成的，每一个用户的"画像"又不尽相同，在得到所有人的"画像"之后，我们会发现其中有一些人看起来彼此相像；与此同时，他们和群体之外的其他人又有明显的差别。对企业而言，市场细分实际上就是去努力发现存在于消费者中间的一个个具有相似特征的群体。

细分消费者市场的方法有许多种，概括起来有如下两类：第一种，与消费者的固有特征有关，包括人口统计细分、地理细分、心理细分；第二种，与消费者消费某类产品时的行为特征有关，称为行为细分。

（二）目标市场选择

经过市场细分环节，企业便可以进入目标市场选择环节。

任何产品都不可能打动所有的消费者，任何企业也不可能独占全部市场。因此，企业要评估每一个细分市场，并选择最具潜力同时与企业的优势和能力最匹配的一个或者几个市场。这些被选定的细分市场，我们称之为企业的目标市场，而企业包

[①] 闫国庆. 国际市场营销学 [M]. 4 版. 北京：清华大学出版社，2021：136.

括广告活动在内的所有营销活动都应该针对目标市场上的消费者而展开。

(三)定位

一旦选定了目标市场,企业就要在目标市场上进行定位活动。定位(positioning)是一个内涵非常丰富的概念,最早由美国著名营销专家艾尔·里斯(AlReis)和杰克·特劳特(Jack Trout)在二十世纪六七十年代提出。简单来说,定位是通过各种营销手段的综合运用,使目标市场顾客能理解和正确认识到本企业有别于其他竞争者的特征,并在目标顾客心目中为本企业及其产品塑造形象。

定位主题是定位活动的关键,它为广告创意和表现指明方向。定位主题有多种形式,具体选择哪一种,要视企业的内外部条件而定。一般而言,定位主题有如下三类。

1. 利益型定位

利益型定位强调产品或服务能给消费者提供的好处,包括功能利益、情感利益和自我表现利益。例如,西门子冰箱"零度不结冰,长久保持第一天的新鲜"的主题强调的是功能利益。

2. 用户型定位

用户型定位不以产品的属性和优点为中心,而是把树立目标消费者的特定形象、身份或角色当作定位战略的核心。例如海澜之家的定位主题为"海澜之家,男人的衣柜"。

3. 竞争型定位

竞争型定位通常将自己的品牌与其他品牌进行比较,以突出自己的优势。选择竞争型定位策略的品牌通常是市场上的挑战者,借着与领导品牌的比较来提升自己的形象,同时突出自己独有的优势。例如艾维斯汽车租赁公司"我们是老二,所以更努力"的广告就是竞争性定位。

二、调研与策划

了解广告主的营销战略,广告公司就能深刻理解客户委托的目的。但营销战略中提供的资讯是不充分的,因此还需要通过调查和分析进一步为广告策划活动做具体的准备。广告调查是广告策划的重要组成部分,它包括为制订完善而有效的广告决策而进行的环境调查、消费者行为研究和产品研究。

(一)环境调查

广告环境是指影响广告活动、企业市场、竞争对手和消费者的那些因素,主要有自然环境、经济环境、政治环境、社会文化环境、法规环境、产业环境、企业环境、产品环境等,这些环境因素对广告活动具有极大的制约与导向作用。虽然在广告活动开始之前,这些因素可以得到相对准确的预测,但这些环境因素是构成广告活动的不可控因素。因此,广告策划必须考虑到这些不可控因素,采取适当的措施以适应周围的环境力量。

通常,企业的营销环境可以分为六个方面。

1. 人文统计环境

人文统计环境主要关注人口的数量,市场中人口是增加还是减少;人口的年龄结构,一般把人口分为六个年龄组,即学龄前儿童、学龄儿童、少年、青年、中年、老年,观察这六个组的变化情况,比如学龄前儿童是否出现新的问题;民族市场,观察一个市场中民族的构成情况;教育问题,观察社会中人口教育程度的变化;家庭,观察家庭的类型和结构是不是发生了变化;人口的地理迁移,随着城市化脚步的加快,农村人口大量向城市迁移,这一情况造就了新的市场机会。人文统计环境的观察对广告目标市场策划具有非常重要的意义。

2. 经济环境

经济环境主要观察社会的收入分配情况及储蓄、借贷等方面的情况。有时候还需要观察一个地区总体的经济发展水平和经济运行情况是否正常。这对广告目标市场策划是相当重要的。比如2020年是我国全面建成小康社会目标实现之年,国家支持"三农"领域发展,在这种情况下,消费者对"三农"领域信心增强。中国邮政储蓄银行发布了品牌形象广告片《美好生活之路 进步与您同步》,展现了其坚持服务"三农"、城乡居民和中小企业的定位,以及全力服务经济社会发展和满足人民美好生活需要的形象,并在广告中强调其支持"三农"领域的专业服务,以吸引和打动消费者。

3. 自然环境

随着经济的发展,自然环境发生了一系列明显的变化,环境的污染、原料的短缺、能源成本的上升等一系列问题日益成为整个社会的焦点。自然环境的观察可以给广告策划的定位问题及目标市场问题提供帮助。比如,面对全球气候变暖的情况,台湾地区奥美广告团队在为台湾大众银行制作广告时就把握了这一环境的变化,在"生命树篇"引出了"不平凡的平凡大众"广告语,展现了一位爱护环境的老人,并借此呼吁民众都来抬头看看提供氧气、提供美好生存环境的树木。广告播出后吸引了许多关注社会环境问题的消费者,引发受众强烈反馈和共鸣。

4. 技术环境

改变人类命运最戏剧化的因素就是技术,技术提高改善了人们的生活水平,同时也造成了一系列的问题。在现代社会,技术进步的脚步明显加快,新产品层出不穷,移动通信、互联网技术的普及改变着人们的生活空间,改变着人们对外部信息的感知方式。这对广告媒体策划及广告定位中的产品定位都提出了新的思路和解决问题的方式。

5. 政治法律环境

企业的销售活动受到国家政治法律因素的直接制约，但有时候这些法律或政治因素可以为企业创造新的机会。例如2022年第24届冬季奥林匹克运动会后，冰雪运动的讨论热度很高，张家口崇礼区借着冬奥会热度，依托丰富的滑雪资源，大力发展"后奥运经济"。

6. 社会文化环境

人们赖以成长和生活的社会形成了人们基本的信仰、价值观念和生活准则。这些信仰、价值观念和生活准则塑造着人们的行为，社会文化环境的扫描就在于获得这部分资源，以达到与消费者沟通的目的。

除这六个方面以外，企业分析和竞争对手分析也是了解企业营销环境必不可少的因素。

企业分析是企业自我评估的重要方法。企业分析通常包括企业的研发能力、企业的营销能力、企业的财务能力、企业的组织管理能力、企业的销售活动能力分析等。我们将在后面详细介绍用于分析企业的常见方法。

竞争对手是企业市场活动的重要营销力量，广告策划的目的从一定意义上说就是为了和竞争对手展开有效的竞争，因此，竞争对手分析是广告策划的重要依据之一。竞争对手分析主要要明确谁是竞争对手，了解竞争对手的整体营销情况及广告的相关情况。

（二）消费者行为研究

消费者，也就是广告对象，他们是广告信息的接受者。消费者的概念有狭义和广义之分，两者的区别主要在于购买目的差异。广义的消费者是指购买、使用各种产品与服务的个人或组织；狭义的消费者是指为个人的目的购买或使用产品和接受服务的社会成员。也就是说，购买商品的目的主要用于个人或家庭需要而不是经营或销售，是消费者最本质的一个特点。作为消费者，其消费活动的内容不仅包括为个人和家庭生活需要而购买和使用产品，而且还包括为个人和家庭生活需要而接受他人提供的服务。但无论是购买和使用商品还是接受他人提供的服务，其目的只是满足个人和家庭需要，而不是满足生产和经营需要。① 在研究消费者行为之前，应该确定消费者群体的范围，从不同的角度加以细分：从社会身份的角度确定消费者群体的范围，如机关干部、知识分子、工人、农民、学生等；从家庭分析的角度确定消费者群体的范围，如家庭住址、家庭结构、家庭人口、家庭收入等；从消费者

---

① 李捷. 消费者行为学 [M]. 北京：北京理工大学出版社，2020：5.

个人的属性方面确定消费者的范围，如年龄、性别、文化程度、职业、业余爱好、婚姻等。消费者群体确定以后，就可以着手研究消费者的行为。

消费者行为研究，是指对消费者的消费行为及其活动规律进行研究；而消费者行为，则是指消费者在购买过程中的一系列活动，它是消费者的不同心理现象在购物过程中的客观反映。消费者行为研究的对象主要包括消费者的购买动机（消费者的购买动机除主要受人的需要影响以外，也受性别、年龄、性格、兴趣、信念、经验等的影响，还受外在信息刺激如广告等其他因素的影响）、购买行为（何时购买、何地购买、谁来执行购买等）、购买行为类型（习惯型、理智型、感情型、冲动型、价格型、不定型）等。在消费者行为研究中，关键和核心的问题是购买动机问题。

唐仁承先生在其著作《广告策划》中提出了"关心点"这个概念，指消费者对产品或服务的关心焦点或关心重点，在消费过程中，消费者的购买行为、消费行为往往会受关心点的支配。

以下便是关心点容易出现的几个方面：

（1）创新点：产品的新型号、新功能等较易成为消费者的关心点。

（2）契合点：产品或服务与消费者越接近，消费者越关心。

（3）热点：在消费生活中经常出现这种或那种流行行为模式，许多消费者往往对流行怀有很大的热情，在购物或消费生活中常常表现出冲动性和缺乏计划性。

（4）难点：消费者"举手投足"间的困难往往正是广告活动的良机。如在中国人们购买电视、冰箱要凭票，而出国归来人员可免税限量购买彩电等家用电器的时代，免税购买进口彩电、录像机便理所当然地成为消费者的困难，也自然成为消费者的关心点。

（5）疑点：许多产品或服务在消费者群体中存在着许多疑点，这些疑点也能成为消费者对该产品的关注焦点。

（6）歧点：不同的消费者对产品或服务有不同的看法，策划人员正可以利用解释歧点的机会，引起消费者对产品、服务或企业、品牌的关注。

（三）产品研究

在进行产品研究时，既要对产品进行整体研究，也要对产品进行分类研究，还要对产品的生命周期进行研究，对产品本身的特性进行研究；除了要研究产品固有的能够满足人们某种需要的自然属性，还要研究产品满足个体消费者和集团消费者的心理属性和社会属性。只有对产品加以深刻的研究，才能找出产品满足消费者需求的要点和特性，才能确定广告活动的主题与诉求点，才能产生优秀的创意。

在具体的分析过程中，不仅要分析本产品，还要详细分析和了解竞争对手的产品与相关产品，这一行动我们称之为竞品分析。在分析、研究竞品时，越具体越好，如制造方法、制造原料效能、使用方法、保存方法、商品包装使用期限、维修费用种类及形式、产品规格、品质保证、价格、产品产量及销量、产品销售重点、产品属性等。竞品分析有助于我们了解产品在市场上的竞品中所处的位置，借鉴他人经验，规避已有问题。

（四）常见分析模型

在开展调研活动时，面对不同的调研需求和庞杂的调查数据，广告策划人员往往会借助分析模型来进行系统的分析。常用的分析模型有SWOT分析、PEST分析、STP营销理论、4P营销理论、4C营销理论等。此外，针对产品及品牌的特点，还可选择用4V（差异化Variation、功能化Versatility、附加价值Value、共鸣Vibration）营销理论、波特五力模型和波士顿矩阵等分析方法。在这里，我们主要介绍以下常用的几种分析模型。

1. SWOT分析

它是常用于分析企业或品牌现状的一种分析模式，S（Strengths）是优势、W（Weaknesses）是劣势、O（Opportunities）是机会、T（Threats）是威胁。SWOT分析法是通过调查列举出与研究对象密切相关的各种主要内部优势、劣势及外部的机会和威胁等，并依照矩阵形式排列，用系统分析的思想，把各种因素相互匹配起来加以分析，从中得出一系列相应的结论的分析方法。借助这个模型，广告策划人员可以分析企业或品牌的优势及劣势，识别未来的机会与风险。

2. PEST分析

它主要用于分析企业所面临的环境，P（Politics）是政治，E（Economy）是经济，S（Society）是社会，T（Technology）是技术。在分析一个企业所处的时代背景及行业状况时，通常是通过这四个因素来分析。

3. STP营销理论

它又名市场细分理论，指企业在一定的市场细分的基础上，确定自己的目标市场，最后把产品或服务定位在目标市场中的确定位置上。该理论包括三部分：市场细分（Segmentation）、选择适当的市场目标（Targeting）和定位（Positioning）。市场细分是指根据顾客需求上的差异把某个产品或服务的市场划分为一系列细分市场的过程。选择适当的市场目标是指企业根据细分后的市场目标设定，围绕占据细分市场进行一系列的目标规划。而市场定位就是在营销过程中把其产品或服务确定在目标市场中的一定位置上，即确定自己的产品或服务在目标市场上的竞争地位，也叫"竞争性定位"。

4. 4P营销理论

它指在某种程度上能够影响市场需求的四个主要营销要素，分别是产品

（Product）、价格（Price）、渠道（Place）、宣传（Promotion）。也有学者认为第四个因素是促销（Promotion）。该理论要求企业：注重产品开发，产品要有独特的卖点，把产品的功能诉求放在第一位；根据不同的市场定位，制定不同的价格策略；应注重经销商的培育和销售网络的建立，通过分销商来与消费者进行联系；应该采取多元化的宣传策略，包括品牌宣传（广告）、公关、促销等一系列的行为。

5. 4C 营销理论

它指以消费者需求为导向，能够影响市场营销的四个基本要素，分别是顾客（Customer）、成本（Cost）、便利（Convenience）和沟通（Communication）。该理论倡导个性化、定制化，符合当下市场发展方向。

三、制订营销目标

对广告目标的策划主要是为整个广告活动的开展确定一个明确目标，指明广告活动的方向，并且确定检验广告效果的标准。在策划广告目标时要依据品牌特色、市场营销战略、地域环境与区位经济优势具体制订，也就是说要把握准自己产品的特色，以及在预定销售区域有哪些其他同类产品所不具备的优势，进而用这一优势作为广告策划的主要卖点。

广告目标策划的目的主要是为品牌销量的增长创造条件，指导消费者的消费观念，提高品牌与企业的市场知名度，扩大商品的市场占有率。

进行广告目标策划时要注意以下几点：企业现状与市场情况，该商品在同类商品中的优、劣势，企业与品牌的未来前途等，进而制订出切实可行、符合企业发展与品牌营销的广告目标。

在对广告目标进行策划时，根据实际情况可以先制订出总目标，在总目标之下再制订分目标，形成一个总目标清晰、分目标具体的目标系统。

四、确定营销对象

广告对象既是广告信息传播的接受者，又是商品的潜在消费者，开展这一策划的目的是通过分析、研究品牌的目标营销市场，消费者阶层的构成，文化、经济地域环境等客观因素，提出解决广告诉求与消费者接受心理、品牌品质与市场知名度的提高、商品市场认可与消费者情感变化等问题的方案与策略，指导广告公司创作出广告对象愿意接受的广告作品。

五、制订广告策略

在制订广告策略时，广告策划人员要依据对市场、产品、消费者及竞争对手的分析拟订广告战略，并使之具体化；与此同时，还要依据广告战略制订广告战术，以便开展广告活动。

广告作为一种运动，需要两个层次的决策：广告战略决策和广告策略决策。广告策略受制于广告战略，其范围往往是局部性的，而战略却是全局性的，它规定了广告活动的整体走势和运作方向。广告策略更具有操作性，广告活动中媒体的选用与诉求的确定，都是根据广告策略而决定的。

（一）广告定位

广告定位就是广告公司和企业根据消费者的需求、关注点和偏爱，确定准备宣传的商品的市场地位，也就是在市场上树立产品的恰当形象，确定其所扮演的角色。定位的重点在于对潜在消费者的心理施加影响，使其产生一种符合广告主心愿的印象。所以，广告是否具有创造性对消费者而言并不重要，关键在于它能否影响消费者心中的想法，唤起或加强他原本已有的欲望和渴求，使他接近广告主的目的。商品的特性、企业的新意识、消费者的需求和喜好，三者协调得当，就能正确地确定商品定位和广告定位。

广告定位的确立，并不是广告策划人员的主观臆想。就一个新产品或者老产品开拓新市场而言，广告定位是产品分析最终、最重要的目标。广告定位除依据产品分析外，还必须依据市场调查和消费者分析。这是因为产品分析是广告定位的内部因素，而市场调查和消费者分析则是外在条件。

（二）广告创意

创意是广告策划活动的灵魂，属于广告创作的一项专门学问。广告创意的产生要求良好的思维方式。目前，国外广告界的创意人员更多地采用另一种工作方式来进行创意，这就是"头脑风暴法"，即由若干人组成创意小组，然后通过集体讨论，互相激发，以求产生卓越的创意。

在制订广告策略的阶段，承担策划任务的人员要为创意活动定下基调，即要明确广告诉求中的产品概念和广告信息。产品概念是广告主呈现给消费者的一系列价值或消费理由，因而广告策划人员必须对产品概念进行简明的陈述，即决定在广告中如何展现产品，而产品概念的形成又取决于消费者如何感知产品；广告信息则涉及企业打算在广告中讲述的内容及表述方式。

（三）媒体选择

广告信息得以传播的工具是广告媒体，因此，根据产品与媒体的特点，恰当地选择媒体，利用最少的广告费用取得最佳的传播效果，获得最佳效益，便成了广告策划必不可少的内容和重要任务之一。广告媒体的选择就是运用科学的方法对不同的广告媒体进行有计划地选择和优化组合的过程。

开展广告媒体策划，就是设法选择与品牌表现适当、效果明显、成本较为合算的媒体进行策划。随着科学技术的飞速发展，广告媒体早已发展为多种多样的现代化高科技媒体。现代社会，不同广告媒体都具有不同传递广告信息的特点与手段，对消费者的有意吸引与无意接受程度、方式也各不相同。因此，进行广告媒体策划时，策划人员必须了解、掌握各类媒体的独特性，根据各自独具的属性、传播地域、传播存留时间、覆盖面积、发行数量、传播效果，以及消费者的可能注意度等，制订出广告媒体选择与预定传播效果的方案。

除正确的媒体选择和媒体组合外，策划人员还要确定广告发布的恰当时间，即对广告发布的时机进行策划。广告推出时机策划是指某一广告制作完成后推向公众的具体时间、刊播总体时间、刊播频率等的选择与把握的策划活动。把握准广告推出的时间与机会，是使广告作品最大范围地传送给消费者、发挥出最佳广告表现效果的重要因素。当然，广告时机的选择要考虑服从于总体广告策划方案，在此基础上伺机行动；选择具体时机要着重考虑销售季节、同类产品市场竞争情况、本产品独具的卖点等。

对广告传送区域进行策划时，策划人员应分析该地区的自然气候、地理状况、经济条件与人文环境等各方面的现状，以及该产品的特色、功能与用途之间的吻合和抵触，选择吻合部分予以重点策划，对相抵触的地方寻找解决办法，最终根据该地区的经济发展水平、消费者消费水平、消费者文化程度、民族习俗等方面具体情况，选择能最大限度地传送给本地区消费者并使他们乐于接受的传播媒体，把广告传送出去。此外，策划人员还应主动、适宜地选择迎合本地区消费者文化观念、消费习惯的广告创意表现策略，制作出既能树立品牌形象与企业形象、提高品牌知名度、增加市场营销量，又能迎合消费者消费心理与文化欣赏习惯的广告作品，实现预定广告传播目标。

六、确定广告预算与媒介排期

（一）确定广告预算

在确立了广告目标，明确了目标受众并设定了创意和媒体策略以后，广告主和广告公司接下来面临的挑战就是确定广告预算。对于大多数企业而言，广告费是一笔不小的支出，因而广告主常常面临进退两难的境地：广告费太少，收不到预期的效果；广告费太多，又会造成浪费，降低利润。

尽管在多年的广告实践中人们已经开发出了制订广告预算的多种方法，但迄今还没有哪种方法能够适应所有的情况。下面，我们介绍三种常用的广告预算制订方法。

1. 销售百分比法

该方法以上一年的销售额或者当年预计销售额为基础，乘以一个估计的百分比，获得最终的广告预算。这种方法的好处是简便易行,因此被很多企业采用。但是,如何设定广告费在销售额中的百分比却是一个难题,企业通常采用两种方式来设定这个百分比:一是按照行业的平均数,二是根据企业过去的经验。无论哪种估算方法,都假设企业的营销环境处于相对静止的状态,同时企业的营销目标和广告目标也保持不变。这种假设显然在很多情况下都难以成立,因此我们在使用这种方法时应当对这些问题加以注意。

2. 市场份额法

市场份额法又称为广告份额法,这种广告预算制订方法的基本假设是广告费用的多少与市场份额的多少有明确的正相关关系。因此,企业在制订自己的广告预算之前必须监测市场上主要竞争对手的广告费用,然后拿出与竞争对手相当的广告费预算;或者按照本企业与竞争对手各自所占市场份额的比例(或者略高于这个比例)分配广告预算。

这种广告预算方法具有强烈的竞争导向,它鼓励企业通过广告预算的竞赛来维持或改善竞争格局。但这种方法也有一定的缺陷:首先,企业在制订广告预算时往往难以获得竞争对手未来广告费的情报;其次,竞争对手有可能减少广告费用而将其运用到其他促销活动中,过分关注广告层面的竞争有可能会误导企业。

3. 目标任务法

目标任务法是预算庞大的广告主比较青睐的一种方法。顾名思义,目标任务法是按照广告目标、广告任务、广告任务完成效果三个方面来制订广告预算的方法。它分为以下几个步骤:

第一步,明确广告目标。广告目标应该是精准和可测量的,包括预期的广告到达率、广告频次、信息效果、行为效果等;

第二步,确定为达到广告目标需要实施的广告活动,估计完成这些活动所需的费用,包括制作成本、媒介购买费用、辅助材料费等;

第三步,估计广告效果,调整广告预算。广告活动开始以后,企业应该随时跟进和监视广告效果是否达到了广告目标的要求,按照评估的结果增加或者减少广告预算。

目标任务法将广告预算的制定和广告目标、广告效果紧紧联系在了一起,同时将广告预算视为一个动态的过程,根据广告效果调整广告预算,因此特别适合于多变的环境。但采用这种方式也可能遇到挑战,比如,要提前设计达到广告目标所需的广告活动并估算这些活动所需的具体费用,这要求广告策划人员拥有丰富的经验和翔实的资料。

(二)媒介排期

媒介排期,即媒体的排期,是指在媒体上发布广告的时间安排。有效的时间安排取决于产品特性、目标消费者、营销渠道、广告目标等因素。在进行时间安排时应考虑三个因素：一是购买者流动率，即新的购买者在市场上出现的频率。购买者流动率越高，广告传播次数就应该越连续。二是购买频率，即在特定时间内一般消费者购买产品的次数。购买频率越高，广告就应该越连续。三是遗忘率，即消费者遗忘某品牌的速率。此速率越高，广告应该越连续。[1]

常见的媒介排期方式有持续式排期、起伏式排期、脉冲式排期和集中式排期四种。

1. 持续式排期

持续式排期是指广告在整个活动期间持续发布的排期方式。例如，将广告投放时间均匀地划分为四段，每段都投入同样多的资金进行广告投放。这是建立持续性的最佳途径。

持续式排期的优点在于广告持续地出现在消费者面前，不断地累积广告效果，可以防止消费者的广告记忆下滑，持续刺激其消费动机，行程涵盖整个购买周期。这种方式的缺点在于在预算不足的情况下，采取持续性露出，可能造成冲击力不足，从而使消费者感到厌烦，无法达到预期传播效果。采用这种方式的产品主要有汽车、电视、房地产及一些日常用品等。这些产品是人们生活中不可缺少的，没有季节性的限制。

2. 起伏式排期

起伏式排期是指广告在整个活动期间交替出现有广告期和无广告期的排期方式，又称间歇式排期、间歇性排期。

起伏式排期的优点在于可以根据竞争需要，调整最有利的露出时机，从而获得较大的有效到达率。这种方式机动且具有弹性。其缺点在于广告空档时间过长，可能使广告记忆跌入谷底，增加再认知难度。这种排期方式比较适合于一年中需求波动较大的产品和服务，例如感冒药、保暖衣物等。这些产品并不是人们全年生活中都需要的产品，存在季节或地区的差异。

3. 脉冲式排期

脉冲式排期是指将持续式排期和起伏式排期结合使用的排期方式。脉冲式媒介排期与起伏式媒介排期一样，媒介预算的投放随时间段的变化而变化，不同的是，脉冲式媒介排期在整个广告活动的任何时段都保持了一定的广告存在，只不过是某些阶段投放的广告多一些而另外一些时段投放的广告少一些。

脉冲式排期的优点在于持续累积广告效果，可以依品牌需要，加强在重点期间露出的强度；而缺点在于必须耗费较多的预算。一般情况下，消费者的购买周期越

---

[1] 李志刚. 广告学原理与实务［M］. 2版. 重庆：重庆大学出版社，2018：185.

长，越适合采用脉冲式排期，例如空调、家具和灯饰等产品。采用这种排期时，广告主全年都维持较低的广告水平，但在销售高峰期采用脉冲式排期来增强广告效果。例如，一年四季都有消费者购买空调，但夏季是空调销售的高峰期，因此，广告主更愿意在夏季增加空调广告的投放量，在节省全年预算的同时促进品牌的传播和产品的销售。

4. 集中式排期

集中式是指将广告安排在一个特定的时间段内集中投放的排期方式。

集中式排期的优点在于能在较短时间内集中多种媒体进行广告宣传，从而引起消费者的注意和兴趣。但集中式排期要求发布和运营人员有较高的传播素质和职业敏锐度，而且强大的广告攻势也容易造成产品销售的不确定性。因此，集中式排期常在产品集中于某一季节或者节假日销售时使用。

媒介排期应当以数据为王、科学分配，根源的指导仍然是媒介的数据、投放需求目标的明确，结合自身及媒体特性，合理进行媒介预算分配。

七、测定广告效果

广告效果是广告活动或广告作品对消费者所产生的影响。狭义的广告效果指的是广告取得的经济效果，即广告达到既定目标的程度，就是通常所包括的传播效果和销售效果。广义的广告效果还包含了心理效果和社会效果。心理效果是广告对受众的心理认知、情感和意志的影响程度，是广告的传播功能、经济功能、教育功能、社会功能等的集中体现。广告的社会效果是广告对社会道德、文化教育、伦理、环境的影响。良好的社会效果也能给企业带来良好的经济效益。

广告效果的评估一般是指广告经济效果的评估。广告效果的评估，就是调查消费者对于各种媒体，如报纸、杂志、电台、电视、户外广告等的接触情形。新媒体广告效果评估方法可以参考广告内容的点赞数、播放量、转发收藏率等数据。

为了更好地理解广告策划在品牌营销与传播中所扮演的角色，区分传统的广告策划活动和新媒体环境下广告策划活动的差异，以香飘飘和喜茶 HEYTEA（以下简称喜茶）为案例，具体分析品牌如何依靠广告策划活动从而立于不败之地。我们主要从项目背景、广告策略制订和媒体渠道策划三个方面分析。

（一）项目背景

奶茶已经是风靡全世界的饮品之一。在国内，奶茶产品主要分为三类：固体冲泡奶茶，如香飘飘和优乐美等；即饮奶茶，如统一阿萨姆奶茶、康师傅经典奶茶和娃哈哈黑糖奶茶等；现做奶茶，如喜茶、古茗等。

香飘飘，浙江香飘飘食品股份有限公司旗下杯装奶茶品牌，成立于 2005 年，专业从事奶茶产品的研发、生产和销售。旗下业务涵盖冲泡、即饮两大板块,已形成固体冲泡奶茶、液体奶茶、果汁茶的多元化产品矩阵。

喜茶,深圳美西西餐饮管理有限公司创立的品牌,原名皇茶ROYALTEA,由于无法注册商标,故在2015年全面升级为注册品牌喜茶HEYTEA。根据喜茶在2021年2月1日发布的品牌数据,截至2020年年底,喜茶已在海内外61个城市开出695家门店。

下面我们从营销环境、产品定位、产品定价、消费者分析和产品体验分析等方面来对比二者的不同。(表2-1)

表2-1 香飘飘与喜茶品牌对比分析

品牌名称	香飘飘	喜茶
营销环境	在2004年以前,国内杯装奶茶饮料市场几乎处于空白状态。街边的奶茶店虽然方便,但消费者还是不免会担心环境、卫生等问题,且当时奶茶店一杯冲调奶茶的价格偏高,多为5—10元一杯。年轻人喜欢喝奶茶,但无法经常享受。香飘飘率先引进"台湾珍珠奶茶",填补了市场空白。由于冲泡奶茶有着便利性,可以售向全国各地	2011年,现做奶茶行业几乎都是由供应商提供配方,加盟门店负责销售。风靡于大街小巷的奶盖茶都是用粉末调制而成,口感单薄,茶汤寡淡。而作为喜茶前身的皇茶打破了这种传统,它反向去洞察消费者,每天去搜集其他茶饮品牌的消费反馈,从中寻找研发方向,不断改进烘焙工艺、拼配方式。因此,喜茶只做直营店,不做加盟店
产品定位	前期定位:冲泡奶茶的领导者(竞争型定位);后期定位:休闲享受型饮品,始终致力于推动奶茶成为主流饮品,让人们更享受生活(用户型定位)	年轻饮品,快乐创新。争做"灵感之茶",聚焦于茶,强调原创与灵感。旨在给消费者分享一种潮流时尚的喝茶体验(用户型定位)
产品定价	3.5元	15—30元
消费者分析	15—30岁的年轻人,追求时尚,喜欢标新立异,追求便利,对健康有追求	以一、二线城市18—30岁的年轻人为主,消费能力较强,喜欢新奇体验,喜欢与他人分享快乐
产品体验分析	使用高纤维的椰果果肉代替高热量淀粉做的珍珠,在口感和健康方面赢得了消费者的好感;商标中有天使翅膀的设计元素,给人一种梦幻、清新之感;纸杯用纸考究,外观精美;吸管采用双节式组合,方便	细分市场,针对具体城市消费者制订策略,店铺设计个性独特、环境优雅;抓住年轻人的审美方向,采用小清新、"性冷淡"风、原料相关色等多种外观设计,创新之余不失品牌辨识度;原料新鲜丰富,根据季节推出新产品,紧跟生活节奏。门店搭配销售的蛋糕、面包不仅味道可口,且颜值较高

(二)广告策略制订

广告诉求是商品广告宣传中所要强调的核心内容,它体现了整个广告的宣传策略,往往是广告成败关键所在。

香飘飘的定位是冲泡奶茶领导者，它的诉求策略在前期主要强调自己在冲泡奶茶行业的领先位置，后期则转化为强调冲泡奶茶是一种时尚、便捷的生活方式。其注重理性诉求策略，以产品为中心，强调品牌销售数据与行业排名，从而获得消费者信任与喜爱。

喜茶的定位是快乐、创新、年轻的饮品，它的诉求策略是强调自己高品质、高质量、尊重消费者的优质形象。其注重感情诉求策略，以品牌建设为中心，强调喜茶不仅是好喝、健康的茶饮，更是一种时尚、年轻的生活方式，从而获得消费者喜欢与认同。

两个品牌广告策略的不同主要体现在以下三个方面。

1. 广告内容

香飘飘多突出自己时尚的形象，也强调着自己在行业的领先位置；喜茶则多以简约清新的设计、质朴情感的传达赢得消费者的喜爱。

香飘飘较为出名的广告是网络神曲《香飘飘》。这首歌由创造《猪之歌》《老鼠爱大米》等爆款彩铃的网络歌手香香制作，悠扬的旋律和简单的歌词赢得了年轻人的好感。据统计，当时歌曲《香飘飘》在百度和谷歌上有着高达近 70 万个的搜索结果。香飘飘另一出名的广告是"杯装奶茶开创者，连续 6 年销量领先。一年卖出 3 亿多杯，杯子连起来可绕地球一圈"。虽然这一系列的广告画面较为简单，但它魔性的节奏及富有说服力的文案还是赢得了消费者的喜爱。到了 2011 年，香飘飘奶茶就猛销了 10 亿多杯，甚至能绕地球 3 圈。

喜茶知名度较高的广告是"橘之味"系列。"橘之味"系列采用当代打工人、亲情、爱情等年轻人常面临的场景，通过借橘传情的互动方式，诉说了三个温暖的故事，在宣传产品的同时引发观众强烈的共鸣。除广告片以外，喜茶最出圈的还有它的产品文案，简简单单却总是能够打动人心。例如，喜茶在推出新品"紫米波波茶"时，所使用的广告语为"任时光匆匆，我紫在乎你"，化用了歌词，以幽默的谐音赢得消费者的好感。

2. 代言人选择

香飘飘偏好选择家喻户晓的、有一定亲和力的明星作为品牌代言人。初期，香飘飘团队注重消费者的意见，选择代言人前会进行关于消费者喜好程度的调查，并根据调查结果选择代言人。在广告片中，女主角手捧香飘飘奶茶，姿态优雅。喝了香飘飘奶茶的女主角面带笑容，背后甚至长出来一双翅膀。这样略显夸张的形式却给消费者留下了很深的印象，赢得了消费者的喜爱，使得香飘飘的销售量在短时间内猛增。随后的几年内，香飘飘开始强调产品的功能性，在代言人的选择上也倾向于选择知名度高的演员。

喜茶偏好选择年轻的、时尚的、个性独特的明星作为品牌或系列产品代言人。

可以说，喜茶在代言人的选择上也同样注重消费者感受。此外，值得一提的是，喜茶有很多"民间代言人"。在微播、小红书和哔哩哔哩等社交媒体上，不少饮品博主都曾声称自己最喜欢的奶茶品牌是喜茶，每当喜茶新品发布时也有不少用户自发体验，并且会将体验感受以视频或图文的方式发布在社交媒体上与他人讨论。

3. 与消费者的沟通方式

在前期，香飘飘与消费者沟通的方式较为单一，多通过市场调研和品牌活动等去了解消费者，没有实现和消费者的双向互动，在产品需要更新迭代时缺乏洞察消费者需求的能力。近年来，香飘飘转变策略，注重通过新媒体平台和消费者互动，但大部分集中在热点事件和利用明星热度上，缺乏品牌形象建设和独特性。2021年，香飘飘推出新品"啵啵牛乳茶"。这次香飘飘在新品研发之初，就以用户需求为出发原点，将重点锁定在产品"健康化+体验感"上。

喜茶注重消费者的体验和感受，积极和消费者沟通。喜茶在大部分社交媒体上都开设了官方账号，会根据时事热点和消费者积极互动；在线下门店会展示微信公众号的二维码，消费者关注喜茶公众号后，公众号会发送一段话向消费者提示如何联系客服，并且表示"都是我们的错"，充分展现了对消费者的诚恳态度，向消费者传递喜茶的经营理念，在情感上与消费者形成互动。喜茶也经常发布茶文化相关内容，并设有专门的账号管理人员对消费者的提问进行回答。

（三）媒体渠道策划

媒体渠道策划是品牌接触消费者的必经阶段。一个良好的媒体渠道策划能够帮助品牌更好地接触到消费者。我们可以理解为，媒体渠道策划的目的就是最大程度地接触消费者，赢得"流量"。

前期，香飘飘的媒体渠道策划以传统媒体为主，采取节目冠名、电视广告、网络节目冠名等方式，让目标人群认识香飘飘。2007年，香飘飘赞助了浙江卫视的当红节目《我爱记歌词》，此后成为各大卫视的"常驻金主"。2013年，香飘飘以1.12亿元一举拿下第二季《中国梦之声》的总冠名权。自此，香飘飘先后冠名了《非诚勿扰》第四季、《快乐大本营》、《天天向上》、《中国梦想秀》等各大热门综艺电视节目。2016年，香飘飘开始与网络平台合作，冠名《老九门》和《这！就是街舞》第二季等热播网剧和高流量综艺节目。多次而密集的冠名让香飘飘知名度不断飙升，但这样的方式不仅难以紧跟时代变化，而且花费极高，难以作为长期策略。

喜茶采取的媒体渠道策划较为多元，其以新媒体各渠道为主，宣传品牌形象，在小红书、抖音、微博和哔哩哔哩等年轻人喜爱的社交平台均有官方账号，除经常发布抽奖活动外，还经常与其他年轻品牌官方账号互动，吸引流量，制造热点。喜茶的广告片不仅有与影视团队合作的高质量内容，还有和各平台博主合作的新颖内容。如 2022 年 5 月 20 日，喜茶与哔哩哔哩 UP 主"导演小策"合作，借着网络情人节"520"本身所带的"东风"，发布了一个名为《我反对这门婚事!》的广告片，在哔哩哔哩当日的全站排行榜上占据了第五名的位置，并引发了许多用户关于爱情的讨论。此外，喜茶重视用户体验，这也为喜茶带来很多用户生产内容（User Generated Content）。

在市场竞争如此激烈的今天，品牌都已严重同质化。营销竞争的核心早已不在于产品，而是在于赢取消费者的心，争夺消费者的选择权。如何传播品牌形象，从而使消费者区别本品牌与其他品牌，正是广告策划要解决的问题。让品牌独特，成为消费者的优先选择，这是让产品畅销的终极方法。

第三节 "互联网+"背景下广告策划的创新

谈及"互联网+"背景下广告策划的创新，那么对新媒体时代快速发展下广告受众特点的分析就尤为重要。在广告传播活动中，传统广告受众具有多重性、集群性、自主性、互动性的特点。而随着"互联网+"深度融合的趋势加深，处在网络环境中的广告受众成为企业关注的重点群体。

传统广告受众接受广告信息渠道较为狭窄，电视媒介和传统纸媒是他们的选择，其消费偏好于生存型消费，看重广告中传递的产品的功能性与实用性。在网络环境下，受众的消费偏好趋于娱乐型消费，越来越多的受众更喜欢看到带有娱乐性和个性化的广告形式，比如颇受年轻人喜欢的盲盒消费。

在互联网环境下，广告分发从传统意义上的"推"向现代意义上的"拉"转变，受众可以在多种媒介渠道接受广告信息，主动进行搜索获取广告的行为也变得频繁。在传统广告时代，广告受众对产品产生兴趣、萌生购买意愿后，大部分会进行线下购买。在互联网时代，受众接收到的有关产品的信息渠道和购买渠道逐渐融合，甚至从看到广告到最后进行购买只需要"一键操作"即可完成。

在购后行为上，互联网的广告受众进行的分享和推荐的行为一定程度上也成为品牌和产品的一种广告形式。而这种人际传播能够提升品牌产品的宣传效果。例如在大众点评上选择餐厅用餐时，受众习惯查看该餐厅的评分、菜品评价、环境服务等综合内容，通过其他用户的口碑决定是否进行用餐。

在"互联网+"背景下，相对于传统广告受众，网络广告受众在广告内容偏好、获取广告信息途径、购买渠道与购后行为上存在一定的区别。企业应该把握好这一系列的变化与特点，有针对性地进行广告策划与创意。

大家一定对"双11购物节"不陌生,它的出现,正是"互联网+"背景下广告策划的一大创新。2009年,时任淘宝商城负责人的张勇创办第一届"双11购物节",将被网友戏称为"光棍节"的11月11日打造成了一个全民狂欢的网上购物节。选择11月,是因为它刚好处在十一黄金周和圣诞促销季中间,刚好是人们购置冬季衣物的时间,而当时在11月让人印象深刻的只有"光棍节"。于是张勇做出了一个大胆的决定:"造节"。他的目的,是创办一个尽可能覆盖更多品牌、让消费者记住的电商节。2009年11月11日,淘宝商城首届"双11购物节"开张,仅有27家品牌捧场。但是互联网的集聚效应十分强大,27家品牌全天销售额达5 200万元,商家很快就意识到了"互联网+"的威力。2010年,700多家店铺踊跃参加"双11"。到2012年,要求入场的商家不断增多,最终上线一万家品牌……2016年,参加天猫"双11"的品牌突破10万家,囊括20国,实现了"全球买,全球卖"的目标。现在,"双11购物节"已成为中国人购置商品的重要节点,也是中国国内品牌品类覆盖最广、行业最完整、规模最大的年度商业盛事。① 美国《福布斯》评价"双11购物节":"这是全世界最大、最繁忙且最重要的购物节。"

一、精准定位营销对象,找寻关键意见领袖

KOL(Key Opinion Leader)又称关键意见领袖,是指在特定群体内拥有强大话语权和影响力的人,是在群体中构成信息和影响的重要来源,并能左右多数人态度倾向的少数人,其权威性强,信源可信度高。日常生活中,人们购买商品时常参考的KOL有专家、明星、主播等。

在营销领域,作为口碑传播的重要主体,KOL发挥着至关重要的作用。他们可以通过各种推荐等内容形式,对其他人的搜寻、购买及对产品或服务的使用产生直接影响。

由于KOL并不等同于商家,因此由其发布的建议或信息,较商家广告而言,更容易受到消费者的信赖。在这一过程中,KOL及其发布的信息所表现出来的真诚、能力和善意影响着消费者对其推荐的信任。KOL不仅可以在线上制造热点引导网络舆论的走势,还能把这种影响延伸到线下,影响到现实生活甚至传统媒体。另外KOL在产品信息的扩散中的作用同样不可小觑,有学者研究发现,在新产品刚刚发布上市时,KOL可以引导消费者发现和接受新产品,且网络KOL具有低成本和高影响力的特点。可以说,在品牌竞争愈演愈烈的当下,KOL营销逐渐掌握了更多的话语权。

---

① 新华网. 综述:海外人士好评中国"双十一"的世界红利[EB/OL].(2020-11-13)[2022-08-17]. http://www.xinhuanet.com/2020-11/13/c_1126738387.htm.

据秒针系统发布的《2021中国社交及内容趋势报告》与《2021KOL营销趋势白皮书》，短视频与KOL营销推广是广告主在2021年社会化营销的"双重点"。短视频关注度持续上升，KOL营销热度依旧，尤其在美妆、互联网科技、食品饮料等类目，不同行业已形成差异化的投放偏好。以美妆行业及其所属的重点平台为例，以双微（微信与微博）和小红书形成第一矩阵，抖音、微视等短视频平台也成为美妆KOL聚集的关键场所。除去继续打造超头部的KOL明星化的策略，品牌方也在逐步加大对腰尾部的KOL和KOC（Key Opinion Consumer）的投放。

二、利用社交网络，发挥裂变价值

在新商业体态背景下，消费者成为散落、动态的点，仅通过传统的中心化媒体难以形成有效沟通。社交裂变正是让分散在全网的消费者通过社交关系进行连接，形成自驱动传播的有效手段。在广告实践应用中，广告主需要挖掘活跃的意见领袖和种子用户，让他们对营销内容进行再创造，同时更要策略性地设计产生社交裂变的路径，推动自发传播，形成规模效应。在营销实操的案例中，社交裂变的手法可谓层出不穷，但总体而言，都会经过设计裂变与自发裂变两个步骤。设计裂变时要注意选择合适的意见领袖和种子用户，通过合理的内容与媒介布局组合、节奏的把控，形成初步声量与传播势能，让他们在社交媒体上分享，随着话题引导、传播发酵，影响扩大至广泛人群，引发后续的自发裂变。

在整个过程中，内容和利益是激发裂变的重要元素。通过内容赋能与利益激励的配合可以高效地促进社交裂变不断发生，最终达成转化。内容赋能引发消费者的认同或表达，利益激励触发消费者的分享与扩散，这会迅速推动社交传播、多级裂变，从而形成口碑，达成销售转化，促进品牌形象构建。

相信大家都对麦当劳冰激淋第二件半价的促销活动不陌生，从中便可以窥探到品牌利用社交裂变的雏形。如果只买一件，便没有办法享受第二件半价的优惠，倒不如劝身边好友甚至是陌生人共同加入，这在促进销售的同时，对品牌也进行了一次传播，可谓是一举两得。此外，面对中国庞大的咖啡市场，某咖啡品牌的愿景是要做全中国人都喝得起喝得到的好咖啡，在其打开中国市场之前，咖啡价格颇高，市场几乎被星巴克、太平洋等外资咖啡企业占领。而该咖啡品牌要达成愿景，就必须考虑如何让更多的中国消费者愿意购买咖啡。于是，凭借低价和发放补贴等社交裂变的举措，该咖啡品牌成为在中国规模仅次于星巴克的第二大连锁咖啡品牌。其主要通过发放优惠券的方式，让用户主动分享给身边好友，身边好友进入小程序后，就会收到关注公众号的引导，重复上述步骤，这时候，新用户同样成为该品牌的私域用户群体，再次开展又一次的拉新动作。该咖啡品牌通过"邀请得杯"的促销传播方式，触发用户的分享欲，推动多级裂变，实现了"病毒式"传播。（表2-2）

表 2-2　某咖啡品牌社交裂变系统设计

某咖啡品牌社交裂变系统设计	
首单免费	下载 App，即可免费获得一杯饮品
送 TA 咖啡	好友通过分享链接下载 App，各自得一杯赠送饮品
每周五折	关注官方微信，每周采用 IP 植入赠送五折优惠券
轻食风暴	五折享受全部轻食
咖啡钱包	购买饮品券，充 2 张赠一张，充 5 张赠 5 张，"双 11" 期间充一张赠 2 张
下单送券	购买任一产品即可获得 20 张优惠券中的一张，折扣凭手气，其余可分享由好友获得

三、设计用户路径，促进销售变现

用户路径是指用户在 App 或网站中的访问行为路径。企业通过对用户路径的分析，可以了解用户的行为偏好，而对访问路径的数据进行分析，可以有效地衡量网站优化或营销推广的效果，以便优化和改进产品设计。在互联网运营的实践中，用户的消费过程是一个交织繁复的过程，每一个路径背后都有不同的动机而企业通过用户行为路径分析，就能够清晰地看到用户的行为特点与背后原因，从而节约用户的时间成本，促成销售转化，产生更大的应用价值和更为广阔的市场前景。

在设计用户路径的环节，我们需要共同思考以下问题：

（1）用户从进入产品设计引导路径到离开都发生了什么？主要遵循什么样的行为模式？

（2）用户是否按照产品设计引导的路径在行进？在哪些步骤上发生了用户流失？

（3）用户离开预想的路径后，实际走向是什么？

除了这些思考，借助分析模型可以帮助我们更有效率地分析用户行为。对 App 或网站中关键路径的转化设置漏斗模型，是用于确定整个流程的设计是否合理的常见手段。

漏斗模型即 CREATE 五步行为漏斗模型。用户做出行为前往往经过以下五个阶段：线索提醒（Cue）、直觉反映（Reaction）、有意识的权衡评估（Evaluation）、执行能力（Ability），以及行为发生合适的时间点（Timing）。借助该模型分析路径转化，我们可以发现，一般情况下，随着环节的递进，用户的耐心减少，注意力下降，流失率增加，就像一个漏斗一样，因此被称为漏斗模型。

借助转化漏斗模型，我们不仅能够分析经过流失环节的用户后续的行为路径，寻找每个层级的可优化点，提高用户在每个层级之间的转化率，而且还能够在智能路径中选择预设的事件为目标事件，分析其后续行为路径。如果我们在用户行为设计时，利用用户的心智特点，让更多的行为能够发生在直觉系统的判断中，那么对于业务的增长将带来正向影响。

例如，京东与微信商品浏览链接互通的设计，使得消费者可以直接在微信查看商品详情、加入购物车甚至直接购买，企业在节约用户的时间成本的同时利用微信的社交关系直接促成销售转化。

各大平台的开屏广告通过跳转链接来促进销售转化的动作也是源于对用户路径的思考与设计。以微博为例，用户打开微博 App 时，会有 3 秒的开屏广告，这时如果用户点击某商品广告页面，就会跳转到淘宝 App 中该商品的购买界面，被广告吸引住的用户就可以开始浏览该商品的更多信息，而不必自行搜索该商品。

企业对用户路径的设计可以更多地从触达渠道、分享、转化和留存四个环节切入，并在统计活跃用户、提高留存与转化、改进产品体验、推动用户增长等方面发挥重要作用。（图 2-2）

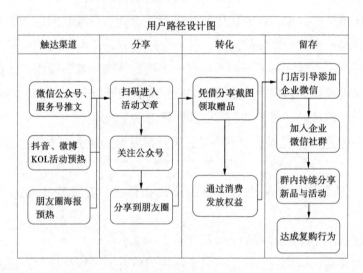

图 2-2　用户路径设计图

四、借助数据优势，优化广告效果

广告策划的数据化是广告策划行业创新发展的有力技术支撑。在"互联网+"背景下，大数据优势开始显现。广告策划实现数据化，一方面有助于广告策划人员借助精准的信息与数据的帮助，降低自身的主观误判情况，提升广告的投放质量；另一方面有利于准确把握消费人群需求，使广告策划方案能满足人群的要求。这既能够有效统一广告策划的内容与消费者的意见，提升消费者接受广告的舒适感，又能刺激其产生购买欲，加强广告效果。

基于"互联网+"进行的广告策划创新发展研究，不仅需要把握"互联网+"与各行各业深度融合的特点，还要结合网络广告受众特征，最大程度地发挥广告策划中内容与渠道的影响因素优势，通过广告策划模式的创新、广告策划技巧的优化、广告策划内容与营销的加强和升级、广告策划数据化等方式，实现广告策划持续创新发展。

背靠"互联网+"，围绕消费者，欧莱雅已经开展了长达十余年的数字化转型。欧莱雅按照时间维度，进行了数字化战略的短、中、长期的部署：短期方面，在消费者触点上进行创新；中期方面，利用科技，在研发上做产品创新；长期方面，欧莱雅致力于推出包含服务、科技在内的产品，最终实现旗下美妆产品可以引领整个消费产业持续进化。而在基础战略上，欧莱雅进行了策略的拆分。目前，欧莱雅已完成了部署中期开发并上线的核心系统。

这一核心系统包括两个维度：其一，基于微信和企业微信打造的 WeSocial 私域运营管理平台，解决品牌和消费者的线上沟通和销售服务等问题。WeSocial 私域运营管理平台通过一站式的解决方案为导购赋能，可以助力导购更加高效地与消费者沟通，提供一人千面的服务体验，促进销售转化。在导购任务中心，通过开箱即用的社群运营营销工具等，导购可以根据用户画像进行差异化的信息触达，为其带来更好的品牌体验。其二，云店小程序平台，基于线下柜台和美容导购维度而构建的"O+O"全域销售场景，销售人员可以在企业微信的环境中，将云店小程序迅速裂变到用户手中。

十余年来，从最初的基础搭建，到客户关系管理系统的升级，再到现在整合集团统一的数据潮，欧莱雅在数字化上的投入已初见成效，并在产品研发、供应链、服务体验、精准营销等方面的应用取得阶段性结果。

● **思考与练习**

1. 广告策划的资源有哪些？
2. 如何看待广告策划与广告创意之间的关系？
3. 制订广告策略须包括哪些流程与内容？
4. 广告策划与营销活动的互动关系是什么？
5. 如何看待"互联网+"背景下广告策划的变与不变？

第三章
广告创意与创新思维：一个系统工程

本章内容提要：广告创意是最能体现创造性思维的活动。本章将主要围绕"广告创意"和"创新思维"两个关键词，就广告创意的概念、特征和原则、创新思维的核心与分类、创新思维在广告领域的应用等问题展开论述。学习者应该认识到：广告创意是一个系统工程，广告创意中的创新思维是广告生命力的源泉。

第一节 广告创意概述

创意是创出新意,是通过创新思维对资源组合并不断挖掘能量的方法。生活中,好的创意无处不在,深刻影响着我们的现代生活。广告创意是运用创新思维及独特的技术手法,以体现品牌独特内涵或产品特性等为目标,制作出富有趣味、能够切实收获经济效益的广告想法。

一、广告创意的概念

广告业经过百余年的发展,广告创意的手法与技术不断创新,人们对广告创意的理解也是不断丰富的。奥美广告创始人大卫·奥格威曾说过:除非你的广告源自一个大创意,否则将如夜晚航行的船只,无人知晓。① 大量的广告案例与广告人的经验告诉我们,一个广告能否达到告知、说服、沟通、转化等目标,很大程度上取决于它的创意水平。国内很多学者们更倾向于从广告的沟通传播本质来定义广告创意,他们认为广告创意是为达成营销或传播的附加值而进行的表现创新和概念创新。② 这种理解较为全面地涵盖了广告创意是以营销传播为原则、以创新思维为先导、以作品表现的求新图异为沟通,进而在影响消费者意识形态的过程中导入市场行为等内容。

富有创意的广告能够使品牌和它的目标受众关联起来,成为消费者识别品牌、与品牌对话的触点与中介,是品牌营销的有效手段。随着社交媒体的兴起,营销与广告内容的边界逐渐模糊,创意不再是头脑风暴中的"灵光一现",而是品牌与用户利益共享、价值共创的新范式,是统领整个广告活动的大创意。③ 大数据、人工智能等技术正成为广告创意的新元素,在创意生产、用户投放、营销场景等方面发挥着意想不到的效果。综上所述,我们将广告创意看作根据营销传播目标,运用个性化的媒介符号传递品牌或产品信息,触动用户引发行为和共鸣的创造性思维活动。

广告是一门科学,广告创意不能仅凭"感觉",用惯常的"艺术观"来进行广告创作,更不能触犯法律法规。创意的最终目的是产生"实效"(引发购买行为)而不仅仅是有效(只引起消费者注意)。从广义的角度来看,所有的广告活动,如

---

① 大卫·奥格威. 奥格威谈广告 [M]. 曾晶, 译. 北京: 机械工业出版社, 2003: 16.
② 《广告学概论》编写组. 广告学概论 [M]. 北京: 高等教育出版社, 2018: 162.
③ 黄河, 江凡, 王芳菲. 新媒体广告 [M]. 北京: 中国人民大学出版社, 2019: 83.

战略、形象，到策略及媒体选择等，只要涉及创新的方面都可以理解为广告创意。广告创意应该是一个系统工程，而不仅仅局限于某一环节。从狭义的角度来看，广告创意负责解决"怎么说"的问题，如何向用户讲好品牌故事是广告创意最重要的体现。

二、广告创意的特征

广告创意是在共性与个性的角度上，围绕着品牌（产品）信息，建立与受众有效沟通为目的创新实践，它是高智慧的脑力劳动，是广告活动中最具有创新能动性的部分。传统的广告创意偏重于广告作品的诉求与表现，强调表现手法的创新性，目的是更好地提升广告的效果。随着移动互联技术的发展与应用，与传统媒体相比，新媒体的属性和传播模式均发生了改变，广告创意的范畴、技术环境、运作模式也发生了相应的改变，我们认为好的广告创意需要具备以下几个特征。

（一）好创意需以人为本

随着互联网技术的发展，以用户为中心的营销模式日渐成熟，广告的价值不仅仅用于实现品牌与用户的沟通，还在于帮助用户获得更美好的生活。因此，广告创意需要以人为本，需要对人性有更深入的洞察，这样才能准确捕捉消费者的生活方式、价值观念与消费心理，以此成就好创意的切入点。

同时，品牌也要注入更个性化的价值理念，成为用户生活场景中可共鸣、值得信任的朋友或伙伴，使消费者更愿意主动参与到广告中来，积极行动，而不是被动接受或无动于衷。以人为本的广告创意需要广告主、广告公司和消费者的共同努力，通过创建有效的对话，在建立相互信任的过程中形成信息、利益、价值的共同体。

创意需要纳入人文关怀，针对特定群体所定制的个性化的广告创意，其受众虽有局限，却能在一定的范围内得到良好的反馈，从而实现经济效益与社会效益的双丰收。

案例链接　"今天不说话"

"今天不说话"是某公益基金组织在世界孤独症日当天推出的公益项目，通过广告的形式号召大家戴上口罩、不说话，为孤独症儿童募捐。广告以明星代言的形式引发公众关注，通过全民参与的方式助推公益项目的传播。（图3-1）

图 3-1

(二) 好创意需融入环境

新媒体因为具有"超链接""富媒体""融媒体"等特性,故而广告信息容量更大、内容表现更丰富、渠道组合更多样、对吸引受众互动的要求更高。① 因此,广告营销场景环境不断被拓展与丰富,也为广告创意提供了更加多元的创新路径。

好的广告创意需要融入数字化的营销环境,包括内容环境、新媒体环境、新技术环境、营销场景等。例如,以创意短视频方式融入社交媒体传播环境;以二维码、小程序、人工智能等技术进行用户触点设计,以此融入互动广告的体验环境;以用户大数据为基础,将产品与品牌创意融入用户生活场景等。随着平台化、营销一体化的广告模式日益兴起,广告创意已从小广告策略升级为品牌传播大战略,成为品牌整合营销的关键。

案例链接 中国银联"诗歌 POS 机"

2019 年,中国银联推出了"诗歌 POS 机"公益行动,用户通过支付就能获得印着山区孩子们诗歌的 POS 单,筹集善款用以支持山区儿童的艺术教育。2020 年,中国银联把创意融入旅游场景,将印满诗歌的 POS 单放大 1 000 倍在张家界天子山上垂挂而下,打造成"飞流直下三千尺"的诗歌瀑布。除此之外,中国银联还联合中国主流媒体及著名主持人进行公益直播,通过央视新闻的微博、快手官方账号、客户端及抖音四大平台播出,吸引近 30 000 万网友在线观看。(图 3-2)

---

① 黄河,江凡,王芳菲. 新媒体广告 [M]. 北京:中国人民大学出版社,2019:92.

(三) 好创意能创造价值

好创意可以使广告作品个性独特，更具有表现力与传播性，有效达成广告传播的价值。好创意还能使得产品更具活力与竞争力，成为消费者心目中的"网红产品"，为产品或品牌企业创造经济价值。

在社交媒体环境中，一个好创意能够激发消费者参与、分享和传播的主动性，它使品牌与消费者在情感、认知与想象三个层面均能达成较为深入的沟通。近年来，李宁等品牌开始打造"国潮"风尚，借力传统文化赋能品牌创新，如利用中国元素进行包装设计，通过文化风尚进行品牌重塑与整合传播，以广告形象调动并再造消费者对"中国梦"的心理认可与精神认可。广告创意也体现并承载着人类文化的发展，是人类创新实践与传播的一部分。因此，一个好的广告创意不仅具有传达产品或品牌价值的意义，还具有文化传播的意义。①

案例链接　王老吉姓氏图腾罐

在春节营销创意中，王老吉的姓氏图腾罐运用了"吉文化""姓氏宗亲文化"的创意思路，将品牌与传统文化连接后，自然被消费者关注并买单。王老吉推出新包装设计后，联合线下销售网点、线上多个新媒体整合推广，通过"王老吉推出了百家姓版本""王老吉能出个天老吉吗？"等多个微博话题登上热搜，突破2亿阅读量大关；用户还可以通过小程序等随意发挥创意，为自己定制专属产品，获得更为有趣新鲜的互动体验感。（图 3-2、图 3-3、图 3-4）

图 3-2

图 3-3

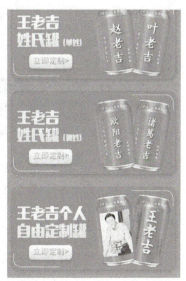

图 3-4

---

① 《广告学概论》编写组. 广告学概论 [M]. 北京：高等教育出版社，2018：166

（四）好创意需注重受众的行动力

随着社交媒体的兴起，受众参与广告传播的主动性越来越高。一方面，好的创意让广告变得越来越有趣味，受众只需要点击一下手机屏幕就能实现与朋友的分享。同时，受众还是广告创意的提供者，如"凡客体""表达瓶""告白书"等前卫、时尚、新颖的创意形式均来自消费者的参与，这种广告创意的形式越来越受到青年群体的欢迎。另一方面，在信息爆炸的网络时代，传统的大众广告推送模式已经收效甚微，取而代之的是精准互动的广告平台模式。好创意应该帮助品牌搭建一个沟通平台，运用大数据技术等展开用户洞察与画像，精准引导消费者参与到品牌的建设中来。

例如，华为在中国一些城市的公交站台搭建了互动屏，感兴趣的公众可以利用语音、手势动作等方式与品牌展开对话。通过这种新奇、有趣的交互方式，华为不仅向公众传递了新产品的科技特性，还成功吸引了更广泛的社会关注，展示了该品牌的个性文化，一举多得。

案例链接　网易严选：《还是别看这个广告了》

图 3-5

新冠肺炎疫情防控期间，网易严选在一些大城市的户外媒体上投放了这则广告，替代该时段无法投放的促销广告。广告主题为"还是别看这个广告了"，文案中则提醒大家不要在户外聚集、停留过久，安心在家抗击疫情。（图3-5）该广告用反语提示吸引用户关注，以退为进，彰显了品牌的社会责任感与温度。该广告不仅被路人看到，还被拍下来发送到社交平台上，迅速发酵，为该品牌赚足了流量。

数字时代，传统的广告创意理论发生了巨大变革，未来的广告创意对广告产业的升级发展将产生深刻影响。

三、广告创意的原则

广告创意既要体现"天马行空"的艺术性创作精神，又要遵守经济行为的"清规戒律"，在商业行为与艺术表达间找到创意的自由。广告创意原则的积累和提炼是人类广告活动进一步的体现。广告创意原则深刻地影响着广告人的创意思路与具体实践。① 我们在广告创意实践中可以遵循以下六项基本原则。

(一) 目标原则

广告创意必须服务于营销目标与广告目标。广告创意是围绕着营销目标与广告目标开展的创造性行为，必须能够服务于广告主或品牌方的营销诉求，如品牌形象建设、产品上市推广、促销等目标。因此，广告创意首先是科学、系统的策略性思考，是针对营销目标而展开的一系列市场研究、消费者分析活动，是不断提炼、推翻、再提炼的创意策略。在广告创意活动中，创意表现的手法、诉求策略的选择、媒体策略等只是实现广告目标的工具，这些创意决策是用于支持广告客户的营销目标，而不是简单的创意概念表达。

(二) 关联原则

广告创意必须与品牌、产品、消费者或竞争者密切关联。在广告活动中，创意是旧元素的新组合，它来源于对不同事物之间的关联的洞察，这些"旧元素"就是产品和消费者相关的特殊素材、日常生活与时事的普通素材。② 例如，前文提到的中国银联"诗歌 POS 机"案例，作为一个关注山区儿童艺术教育的公益传播活动，其主题与表现手法中都突出了"诗歌"元素，受众通过"诗歌"关注到山区儿童的才华，进而提升了参与捐助的意愿。广告创意的关联性能够让消费者首先考虑到广告中的产品，且能让他们联想其广告产品的众多优点，以此达到对目标消费者的有效说服。如果一个广告只是毫无关联地卖弄创意、博人眼球，那么它就失去了广告的意义。

(三) 创新原则

广告创意需要打破常规、不断突破、持续创新。求新求异是创意的本色，广告创意更需要坚持这一原则，才能够令消费者耳目一新，在海量的信息中获取关注。知乎在成立十周年之际发布了品牌焕新广告，品牌主张从"有问题，上知乎"升级为"有问题，就会有答案"，广告中还展示了知乎全新的品牌色与标志，另受众眼前一亮又记忆深刻。（图3-6）知乎通过广告创新向消费者清晰传递了品牌的新定位、新服务，有利于突出品牌的个性与气质，进而塑造全新、立体的品牌形象。对于创意者而言，只有深入、持续地洞察用户，大胆冒险，掌握创新组合的方法，才能不断地汲取创意源泉。

图 3-6

---

① 余明阳，陈先红. 广告策划创意学 [M]. 3 版. 上海：复旦大学出版社，2007：224.
② 詹姆斯·韦伯·扬. 创意的生成 [M]. 祝士伟，译. 北京：中国人民大学出版社，2014：48.

(四) 简洁原则

广告创意需遵循简洁原则,又称"KISS 原则"。KISS 是英文"keep it simple stupid"的缩写,意思是"使之简单笨拙"。广告创意必须简单明了、纯真质朴、切中主题才能使人过目不忘、印象深刻。① 如广告大师伯恩巴克认为:"在创意的表现上光是求新求变、与众不同并不够。杰出的广告既不是夸大,也不是虚饰,而是要竭尽你的智慧使广告信息单纯化、清晰化、戏剧化,使它在消费者脑海里留下深刻而难以磨灭的记忆。"

(五) 情感原则

广告创意中的情感原则是通过激发人类内心深处的情感共振,唤起并建立受众对品牌特定意涵的移情联想,从而产生互动沟通的传播效果。利用情感进行创意时,首先要了解消费者的生活方式与价值观念,如面向"Z 世代"的品牌广告,就要对这个群体独特的价值取向、思维方式、兴趣爱好等进行深入洞察。正如著名广告人霍普金斯所说,要把自己放到消费者所处的境地中。②

随着商业社会的成熟与稳定,消费者的消费心理越来越理性,若能在广告创意中巧妙注入情感因素,通过感性诉求的方式打动消费者,增强他们对品牌的好感与忠诚度,激发感性式消费,往往效果不错。

(六) 合规原则

合规原则是指广告创意必须符合广告法规和广告的社会责任。与广告事业蓬勃发展相并行的是虚假广告、侵犯用户个人隐私、性别歧视等失范现象的增多。许多广告主在巨大的生存压力面前,往往缺乏必要的法律知识,无意识中就可能涉嫌广告违法。如某保健品经销部在店面张贴发布虚假广告,广告内容宣传"强肾首选"等用语,且未标明"本品不能替代药品"等警示忠告用语。当事人的行为违反了《广告法》第十八条第一款第一项、第五项和第二款的规定,山西省阳泉市市场监督管理局对其做出行政处罚。

数字广告的出现,大大增加了市场监管与法律规范的难度,如广告参与主体增多,技术带来的新伦理风险增大等。广告业的健康、平稳、可持续发展,需要一套运转科学、调整有效的广告规制体系;广告创意的内容必须受广告法规和社会伦理道德及各国家、各地区风俗习惯的约束,以保证广告文化的正面影响。

---

① 余明阳,陈先红. 广告策划创意学 [M]. 3 版. 上海:复旦大学出版社,2007:225.
② 布鲁斯·本丁格尔. 广告文案训练手册 [M]. 谢千帆,译. 北京:中国传媒大学出版社,2008:107.

第二节 广告创新思维与方法

进入 21 世纪,思维科学逐渐发展成为一门独立的学科,成为科学研究关注的重要对象和重要领域。作为"两弹一星"元勋的钱学森,便是思维科学的重要开创者。创意来自创新思维,创新思维基于思维训练,广告创意的本质是创新思维在广告领域的运用,广告创新人才的培养,重点便在于创新性思维的训练。

一、创新思维的内涵

创新作为一种理论,形成于 20 世纪。1912 年,经济学家约瑟夫·熊彼特首次将创新的概念导入经济学领域,即创新经济学。他是这样定义创新的:在经济活动中,将生产手段、生产资料和劳动力,通过异于往常的方法进行新组合的做法。从这个定义中,我们不难发现,创新的要旨在于重新组合已有资源,创造新的经济价值,创新既包括有形的产品、技术等,也包括无形的服务或体验。

1994 年,卢明森在《思维奥秘探索——思维学导引》一书中提出:创造性思维就是在客观需要的推动下,以新获得的信息和已贮存的知识为基础,综合地运用各种思维形态或思维方式,克服思维定势,经过对各种信息、知识的匹配、组合,或者从中选出解决问题的最优方案,或者系统地加以综合,或者借助类比、直觉、灵感等创造出新办法、新概念、新形象、新观点,从而使认识或实践取得突破性进展的思维活动。①

百度百科对创新思维给出如下定义:创新思维是指以新颖独创的方法解决问题的思维过程,通过这种思维能突破常规思维的界限,以超常规甚至反常规的方法、视角去思考问题,提出与众不同的解决方案,从而产生新颖的、独到的、有社会意义的思维成果。

程明教授在《创意思维与创新》一书中提出,创意这一概念发轫于广告。② 因此,文中所讨论的创意与创新思维,都离不开广告的专业色彩。本文认为广告创意能力的形成是基于各种创新、创造性思维方法与思维能力的训练,是多种思维思路与方法的融会贯通,无论使用哪种独立思考的方式都需要与既定目标高度契合,从而找到最佳的创意解决方案。

---

① 卢明森. 思维奥秘探索:思维学导引 [M]. 北京:北京农业大学出版社,1994:315.
② 程明. 创意思维与创新 [M]. 武汉:武汉大学出版社,2019:272.

二、创新思维的类型

创新思维是能够在实例与想象中获得灵感,并将灵感能动地转化为可行实践的思维,是抽象思维、形象思维、灵感思维交叉作用、综合调整下形成的思维。创新性思维具有创新性、突破性、开拓性和综合性,是广告创意的核心。创新很难被制度化,创意思维很难被逻辑化,要从思维指导实践的角度去关照创意与创新之间的关系。广告人作为创意的主体要深谙创新思维的类型与方法,提升自身的思维素养,将创意上到美学层面、人文层面,以美求真,以人为本。

(一) 抽象思维

抽象思维即逻辑思维。它是借助概念、判断推理等抽象的形式来反映现象的一种概括性、论证性的思维活动,是一种线性的逻辑推理思维,因而著名科学家钱学森称抽象思维为"线型"思维。抽象思维贯穿于广告创意的各个阶段,充分体现了广告创意的"科学性"。例如在市场调研与用户洞察阶段,要运用抽象思维对所搜集到的资料进行分析、概括、归纳、演绎、推理,开展策略性思考与决策;在提炼创意核心概念时,也要运用抽象思维对创意进行条理化、系统化地逻辑表述和证明,进行系统的理论挖掘。总之,创意者运用抽象逻辑思维开展创意活动时,有助于对庞杂的信息进行加工整理,有助于在不可能的事情中开掘可能。

(二) 形象思维

形象思维又称直觉思维。它是一种由具体形象展开思考的,具有生动性、实感性的思维活动。形象思维是以直觉为基础,借助于具体的"形",即具体的某个事物或现象,展开多面向、多回路的思考方式。故而钱学森称之为"面型"思维。具体来看,广告中的视觉创意与符号表达就是一种典型的形象思维方式。

形象思维与我国传统特色的意象思维方式非常接近。意象思维是用某种具体的形象的事物来说明某种抽象的观念或原则,是由具体到抽象再到新意象的飞跃,是创新思维上升到美学层面与人文层面的新维度。在广告活动中,创意人可以借助大脑中储存、积累的各种表象进行逻辑推理、大胆想象、重新组合,唤起用户的记忆,打破受众的思维习惯,以更为生动的广告意涵与形象进行广告创作,这样才能把抽象的概念形象化、大众化、传播化,让创意更符合广告的意图。

(三) 灵感思维

灵感思维又称顿悟思维。它是一种偶发性的、突发式的、特殊的思维形式,是人脑思维的最高层次。灵感思维比抽象思维和形象思维更复杂,是一种高维度思维的智慧。钱学森称之为"体型"思维。精神分析学家弗洛伊德则用海洋里的"冰山"比喻人类的意识,把人类运用潜意识构思新意象、新成果的思维方式比作灵感思维。因此，广告"灵感"并不完全是灵光乍现，而是遵循一定的诉求方向与方法的，在不断激发的灵感思维中产生奇思妙想。

广告创意的思维不同于一般的思维，是交叉运用多种思维方式来解决问题的思路与出路。除文中所罗列的三种思维方式外，还有差异性创新思维、探索性创新思维、优化式创新思维和否定型创新思维等。在长期的社会文化实践中，中国广告创意融会了中国艺术的审美思维和哲学辩证思维，形成了具有中国特色的创意思维与方法。

三、广告创新的方法

广告创新需要依循一定的步骤与方法，需要实操性强、简单可行的创意技法，还需要评估指标对接应用。在诸多的创意技法中，我们只介绍几个常用且比较知名的。

（一）创意思维过程法

詹姆斯·韦伯·扬根据自己的创意思维实践的过程，在其所著的《产生创意的技巧》中描述了产生创意的五个步骤，具体内容如下：首先，要全神贯注投入产品背景的调查中，从中获取创意的来源。其次，要善于领悟。尝试从不同的视角去分析产品的特点并列下来，随意涂鸦，锻炼自己的思维能力。再次，在创意思维过程中充分酝酿。寻找有助于放松大脑、激发想象的方式，把广告项目先放在一边，等待灵感的降临。然后，达到灵光闪现的创意高峰。大脑被输入大量信息后，就会随时随地迸发出创意，记录下来并保存待用。最后，通过创意检测达成目标。一般是通过专家论证审核的方式，检核创意策略与广告目标的契合程度，优选最佳的创意方案。在检核创意的过程中，许多公司提出了规范性的检核流程与方法，如奥美广告公司会让它的创意执行人员在评估时，提出以下几个问题：创意是否符合企业战略？创意是否有利于企业形象展示？关键卖点是否在创意中清晰表现？广告中的承诺是否被形象化了，如何形象化？品牌名称是否在广告中出现足够久？创意是否能引导出一个全面的广告活动？还需要哪些执行？哪些因素影响了该广告的试听？那些因素是什么？[①]

创意思维过程法是"旧元素新组合"创新思维的具体表现，是产生创意的基本流程，也是人类创新行为中的最重要的方法。

（二）头脑风暴法

头脑风暴法又称为脑力激荡法或智力激励法，英文为"Brainstorming"，诞生于1938年，由美国BBDO广告公司负责人奥斯本首创，它是指组织一批与议题密

---

① 邦尼·L. 朱利安妮，A. 杰尔姆·朱勒. 广告创意战略[M]. 9版. 杭虹利，李全喜，曹姝婧，等译. 上海：复旦大学出版社，2011：139-140.

切相关的人员,如学者、专家或行业人士共同参与的一种特殊的会议,与会人员可以围绕议题畅所欲言,激发彼此的联想与连锁反应,以产生更多创造性设想。头脑风暴法简单易行,非常有效,发展至今已成为无限制的自由联想和讨论的代名词。头脑风暴如何能激发广告创新思维?

1. 确定议题,促发联想

头脑风暴会议往往不是用于大战略或大决策的制定,而是要产生具体的广告创意。因此,会议议题应尽量明确、单一,议题越小越好,如一个品牌标识的设计方案修订或一个广告主题的确认等。组织者需要提前把议题进行确定,尽早告知与会人员。参会的人数最好控制在 10—12 人左右,主持人幽默有趣,既能掌控全局,又能制造出有利于交流发言的轻松氛围。

2. 自由畅想,脑力激荡

人人自由发言,相互感染激励,充分调动每个人的积极性,打破固有的思维或观念的束缚,最大限度发挥创新思维。脑力激荡是整个头脑风暴法的核心阶段,一般以半个小时至一个小时之间为宜。在脑力激荡的过程中,要求与会者要大胆畅想,想法越新奇越好。至关重要的是,在发言过程中,与会者不得对自己或他人的意见予以否定批评。鼓励在别人的构思上衍生新的设想,多多益善,不论设想质量好坏都要认真记录下来。

3. 筛选评估

会议上大胆提出的设想虽然很多,但有的想法可能平淡无奇,需要严格筛选。如果还不满意,可以开展第二次或第三次头脑风暴,直到满意为止。

头脑风暴法是一种积极寻求创新、创意的方法,被大多数广告公司所采用,在创意部门可能每天都要召开头脑风暴会议,是一种发挥群体智慧的创新方法。头脑风暴法在具有时间短、见效快等优点的同时,也有很多的局限性,例如,广告创意受与会者知识、经验的深度和广度、创造性思维能力等方面的制约;一些喜欢沉思并颇具创造力的人难以发挥优势,严禁批评的原则给构想的筛选和评估带来一定困难;等等。为此,人们又对此法进行改进,提出了头脑风暴法的两种变形:默写式头脑风暴法和卡片式头脑风暴法。

(三)检核表法

如前文所提到的那样,创意思维要服务于企业战略与广告目标。"头脑风暴法"的创始人奥斯本于1964年提出了检核表方法,便于创新思维过程中更有效地把握创意方向与目标。检核表法就是用一张表格,对应需要解决的问题进行逐个检核,从各个角度激发多种创新设想。检核表法简单易行,通用性强,并且包含了多种创造技法,因而有"创造技法之母"之称。

检核表通常从以下九方面进行检核。

1. 转化

即这件东西能不能做其他的用途？或者稍微改变一下，是否还有其他用途？

2. 适应

有别的东西像这件东西吗？是否可以从这个东西想出其他的东西？

3. 改变

改变原来的形状、颜色、气味、形式等，会产生什么结果，还有其他的改变方法吗？这一条是开发新产品、新款式的重要途径。

4. 放大

包括尺寸的扩大，时间的延长，附件的添加，分量的增加，强度的提高，杂质的加添，等等。

5. 缩小

把一件东西变小、浓缩、袖珍化，或是放低、变短、省略会有什么结果呢？这能使人产生许多想象。

6. 代替法

有没有别的东西可以代替这件东西？有其他成分、其他材料、其他过程或其他方法可以代替吗？

7. 重组法

零件互换、部件互换、因果互换、程序互换会产生什么结果呢？

8. 颠倒法

正反互换怎样？反过来怎样？互换位置怎样？

9. 组合法

把这件东西和其他东西组合起来怎么样？组合法就是将原来的旧元素进行巧妙结合、重组或配置以获得具有统一整体功能的创造成果的创意方法。

为了让检核表更加通俗、好用，人们逐渐改造出新的"和田技法"等。无论哪种方法，都各有应用的场景与利弊，需要熟练应用才能发挥其作用。创意人需要经常使用这些工具和方法训练自己的创新思维，打破自己的思维定式。

第三节　广告创新的发展趋向

在广告发展的数字化进程中，数字技术是广告创新的重要驱动力。从智能广告到计算广告，从现实世界到元宇宙，新技术不断升级迭代，在丰富广告创意表现形式的同时，也在改变着消费者的生活方式。

一、数字时代的广告创新趋向

数字技术的快速迭代对广告形态及未来趋向产生了重大影响,从广告定义、广告形态到创意逻辑都进入一个全新的发展阶段。

(一)数字广告形态与创新

从定义来看,数字广告是在数字技术背景下,基于5G、大数据、人工智能、云计算等技术,以程序化购买为交易模式,以线上、线下多类型的数字媒介为渠道,以多样化的数字内容形式为载体,以实现全链路营销为目的,能够进行智能化投放与效果实时监测的广告模式。

从广告形态来看,数字广告的内容载体呈现多元化趋势,包括图文、视频、直播、HTML5、裸眼3D、数字户外屏、线下交互装置等多种数字内容形式;NFT等内容载体的融合跨界、多元化趋势也使数字广告的形态种类愈发丰富。

从广告创意的特点与具体应用来看,传统的广告创意主要是用来解决用户的"注意力"和"沟通力"的,用户洞察和创意生产主要依赖于广告人的猜想与经验判断。而数字时代的广告创意是建立在科学的数据分析的基础之上,如运用大数据技术进行用户洞察,运用人工智能技术进行内容创意生产,运用大数据分析打通从广告到销售的链路,实现全链路营销。由此,广告创意将更加注重对数据信息的收集与应用,更注重通过创意来实现与用户价值认同,更注重广告表现、广告投放与广告效果的整合效应。

近年来,视频平台一直在拥抱定制创意广告,定制化创意广告让品牌快速触达目标人群,实现品牌增长。CTR《2022中国广告主营销趋势调查》报告数据表明,数字广告中短视频和直播广告已成为广告主的核心投放方式,元宇宙成为赋能数字广告创新的新驱动力。

(二)交互体验广告与创新

交互是网络传播的重要特点,是品牌与消费者实现双向沟通的有效方式。随着智能机器人服务、虚拟数字代言人的应用,交互式体验成为消费者主动感受、参与广告传播的新形态。交互体验广告主要有三种形态[1]:

1. 感觉交互体验广告

人的五官相通,五感交融,在传播触达的过程中,对人体感官体验的把握将为效果与沟通带来非常显著的辅助作用。传统的广告手法主要是通过刺激消费者的视听系统,引发关注并带来美好的联想。如采用明星代言、选择优美的广告背景或配

---

[1]《广告学概论》编写组. 广告学概论 [M]. 北京:高等教育出版社,2018:195.

合动感的广告音乐等手法，加深受众对品牌的记忆度与好感度，建立品牌良好的形象。

网络时代，感觉交互体验广告对消费者的感官刺激则更为丰富，包括视觉、听觉、触觉和嗅觉的感官组合，能够充分刺激和调动用户的感官、情感、思考、行动、联想等感性因素和理性因素，如户外广告在投放某品牌的咖啡产品时，大屏幕可以释放出咖啡的香味，让经过的消费者停下脚步，循着美味追踪而去。智能设备的应用也使得AR/VR技术在广告场景中快速普及，这种全方位的沉浸式体验是一种全新的、具有交互性特征的广告传播形式，是未来面向年轻用户的创新方向。

2. 情感交互体验广告

情感体验与情感交互是关注于受众内在情绪与反应的一种广告创新，其手法是在广告中使用情感刺激物，通过触及受众的内心情感，创造喜好与偏好体验。如广告中呈现怀旧风格的背景，打动人心的文案、关爱弱势群体的主题等，一定能打动目标用户，从而形成情感共鸣。

家国情怀、民族大义在后疫情时代更多地表现为对个体社会生活的关照，当个体真正从实际生活中获得安全感与幸福感后，才会形成更具凝聚力的社会力量。广告创意也要从实际出发，从笼统的创意转化为有温度、有情感的创意，才能够展现真实的社会环境和弥足珍贵的人文关怀。①

3. 创造性认知体验广告

创造性认知体验满足的是消费者的认知价值与创新体验，是对消费者深层次消费需求的满足，是通过体验的方式达成消费者对品牌的价值认同。它运用的是惊奇、计谋和诱惑等手法来引发用户统一的或不同的想法，带给用户在精神层面的满足与体验。广告创作中经常利用出奇制胜手法，以反叛常规的创新思维进行创意表达，如把握严肃事实与娱乐风趣的平衡，用真诚的态度诠释广告想要传达的理念，用乐趣的外壳包裹纯粹的目标或严肃的思考，冒犯而不失礼貌的创意趋向日益凸显。贵州省金沙县融媒中心拍摄了多支关爱残障人士的公益广告，屏幕中将飞速发展的科技与迟钝停滞的残疾身体赤裸裸地放在一起，展示着残障人士面对生活的苦难的乐观心态与坚强毅力。广告通过短视频平台播出后，引起人们的共同关注，大家纷纷表态，作为身体健全的正常人，应当给予残障人士多点鼓励与关爱。越来越多的创意与用户或与志同道合的品牌共创，结合社会热点问题，以协同实现更具张力的效果。

目前，交互体验广告应用越来越普及，其独特的感官体验、情感刺激及认知创新功能赢得了广告主们的青睐，消费者也乐于参与体验。从内在逻辑来说，品牌传

---

① 孙丰国，蔡佩琼. 观人心，敬时代：2022年戛纳创意节创意趋向 [J]. 中国广告，2022 (5): 21-26.

播的方式应该从教导式广告转变为体验式内容,这已经是市场共识。在商品过剩、注意力稀缺的当代社会,交互体验式广告的确拓宽了广告创新的思维,创造了新的价值。

三、元宇宙和未来广告趋向

2022年9月13日,全国科学技术名词审定委员会对"元宇宙"及相关概念进行定名释义并达成共识,这对探索元宇宙数字广告技术与产业发展思维具有积极的意义。元宇宙是人类运用数字技术构建的、由现实世界映射或超越现实世界,可与现实世界交互的虚拟世界,用户在元宇宙的身份映射和虚拟替身具备了形象自定义、动作驱动等功能。作为媒介化社会的未来生态图景,元宇宙及相关技术能够解决数字广告产业当前存在的一些问题,甚至能够对当下以社交媒体为核心的广告产业现状产生巨大冲击。

(一)区块链赋能广告程序化购买

数据孤岛和流量造假问题是当前以数据为驱动,以流量购买为主要交易模式的数字广告发展两个重要难题。基于区块链技术的隐私计算可以实现用户数据在流通过程中的"可用不可见",不同平台之间的用户数据可以实现安全共享,从而打破数据孤岛[1],进一步提高广告投放的精准性。同时,区块链智能合约及可追溯的特点在解决数字广告流量造假问题上也大有舞台。

(二)NFT赋能数字广告价值创新

NFT营销的爆火给数字广告创意带来了新的灵感,通过打造品牌数字藏品,并制造与利用其稀缺性[2],让用户为了获得数字藏品,更积极主动地参与营销活动。NFT本身的价值属性让广告成为品牌与用户共享价值的重要渠道,帮助品牌构建私域流量。此外,NFT在当下极强的话题属性让其本身就携带了较强的传播与社交属性,使之成为天然的数字广告内容载体。

(三)虚拟数字人赋能品牌IP化营销

虚拟数字人是运用数字技术创造出来的、与人类形象接近的数字化人物形象。在数字广告领域,虚拟数字人为品牌形象焕新、内容营销创意等提供了全新的思路。其中,"虚拟数字人+品牌"的营销模式已辐射渗透到游戏、电商、快消、美妆等各行各业,成为品牌对外营销传播的重要组成部分。[3] 一方面,品牌虚拟代言人模式快速兴起,如3天涨粉230万的虚拟美妆博主柳夜熙已成为多个国际知名品牌的虚

---

[1] 周茂君,潘宁. 赋权与重构:区块链技术对数据孤岛的破解[J]. 新闻与传播评论,2018(5):58-67.
[2] 戴莉娟. 品牌纷纷试水,NFT营销到底是什么[J]. 现代广告,2022(3):22-25.
[3] 夏冰. 虚拟数字人,推开品牌营销新世界的门[J] 国际品牌观察,2021(29):38-39.

拟代言人，与传统明星代言相比，品牌虚拟代言人引流效果更强且能够有效避免"代言人翻车"带来的负面影响。另一方面，构建品牌自有虚拟数字人，打造元宇宙视觉 IP 成为品牌营销的新潮流。与以文字、图片、视频方式呈现的品牌 IP 相比，虚拟数字人 IP 能够成为品牌和用户之间的情感纽带，在两者间建立一种超出交易双方角色的价值关系。

（四）AR/VR 赋能沉浸式广告体验

AR 与 VR 技术虽诞生已久，但在广告领域的应用热度一直不高，主要原因在于 AR 与 VR 设备的普及率过低，广告受众太少。元宇宙的兴起必然带来虚拟交互技术设备的快速发展与普及应用。尤其在数字广告领域，AR/VR 广告给用户带来的沉浸式体验感受让用户仿佛真实地感受到产品，在这个过程中，用户不仅仅是在被动地观察，而是深入参与之。① 场景化、空间化的数字广告创意将在 AR/VR 的技术加持下快速发展。虽然元宇宙还处于概念之中，但已然可以预见其对于数字广告产生的巨大影响，数据共享、价值共享、情感链接和沉浸体验，将成为数字广告在元宇宙时代的重大发展方向。

数字世界是未来广告的重要领地，在元宇宙技术的推动下，虚拟与现实之间的边界逐渐模糊，消费者正不断探索连接的全新方式，广告创意需要抓住真实的本质，以不断创新的体验方式适应全新的体验需求。人性化与人情味是后疫情时代中广告创意的明显趋向，以人为本的创新理念能帮助品牌与用户建立牢固联结的纽带与平等对话的关系。

● **思考与练习：**

1. "除非你的广告源自一个大创意，否则将如夜晚航行的船只，无人知晓。"请你谈谈对这句话的理解。

2. 请你结合本章案例，说说广告创意的特征有哪些。

3. 请你谈谈广告创意与创新思维的关系，以及有哪些常用的创新思维。

4. 请你谈谈交互体验式广告有哪些类型，以及体验式广告为什么会受到广告主和用户的欢迎。

---

① 刘姣姣，马二伟. 元宇宙预见营销传播新世界 [J]. 销售与市场（营销版），2022（2）：83-85.

第四章

互动广告：
创新设计

本章内容提要：随着新媒体的出现和数字技术的发展，互动广告凭借其双向互动性、深度体验性、快读分享性和主观游戏性等特征，成为广告信息新型的传播模式。本章重点论述互动广告的产生背景，数字技术发展为媒介格局和互动广告的发展带来的影响，并对互动广告的类型与特征、大数据时代下互动广告的创意和设计进行了简要介绍。学习者应认识到：随着新科技催生新媒体的不断发展，互动广告呈现出新的形式与特征，正在提升广告的传播效果。

第一节　互动广告的产生与发展

一、互动广告的概念

"互动"是一个广泛的概念，最早来源于英文"Interactive"，有相互影响、相互作用的含义。社会学中关于互动的定义是"两个或两个以上的人们之间的行为互相影响的过程"。在传播学中，互动指传播者与受众之间进行的动作或者信息的往来，既有发送，也有反馈。受众在传播过程中不仅可以对传播者的信息进行反馈，还可以主动地选择信息，更为重要的是可以随时积极地发布信息、意见和观点。

相较于传统的广告形式，在互动广告活动中，广告受众可以参与到广告中，成为广告传播的一部分。具体而言，根据互动性的不同，笔者认为互动广告可以分为广义的互动广告和狭义的互动广告。

广义的互动广告指的是广告媒体或者广告本身具有直观的可操作性和参与性，能够引发受众行为上的互动反馈，广告受众有意或者无意地参与到广告中来，从而完成广告的传播。例如，游戏试玩广告具有很强的互动性，玩家通过试玩游戏来获得对游戏的切实体验，进而可能选择下载游戏。

狭义的互动广告指的是在广告传播中，受众有意识地参与到广告中，对广告主传递的产品、服务和观点进行反馈，实现信息接收与反馈双向沟通。这种强调受众参与程度，并且由受众的参与程度来决定该广告的效果的广告，就是狭义的互动广告。

从结构上看，互动广告包含五种因素，分别是：内容主题、受众、时间、媒介或载体，缺少其中任何一个因素都无法构成互动广告。区别于传统广告，互动广告作为双向交流理念的广告形式，更加人情化，更适宜交流。其传达手段包括视觉形象、有声语言、互动形式。互动形式是互动广告中最重要的因素，也是区别于其他广告的重要标准。

从功能特点上分析，互动广告让消费者亲身体验，吸引力更强；能够强化信息记忆，实现精准投放与效果测评。互动广告中，声音或者画面出现的先后顺序在设计之时就被预先设定，相比于传统广告，它的创意感更加强烈，同时更加吸引观众的关注。互动广告可以帮助、引导观众以最直接的方式接收到广告中最重要的信息，从这种多维体验的环境中直观地感受到品牌的文化、特点和精神内涵，从而产生美的感受，同时让观众通过广告与品牌有更直接的沟通，并产生一定的互动形式来传递品牌产品信息。

二、互动广告的产生

媒体是广告进行信息传播的渠道，从某种程度上来说，有什么样的媒体就会有什么样的广告传播模式和传播效果，比如在广告业发展早期阶段，广告媒体仅仅体现在一些简单的日常工具当中，当时的口头广告、招牌广告及音响广告比较盛行，这是一种相对被动的信息传播方式。

近代以来，随着广播、电视、报纸、杂志等大众媒体的发展，广告传播方式日益变得多样化，广告传播模式从完全被动变为主动，但是，这种单向的信息传播模式不仅忽视了消费者的个性化特点，而且也不利于与消费者的沟通。广告的数量越来越多，但能够被消费者记住、认可和产生购买欲望的广告却不多。

在此背景下，新媒体、媒介的出现和数字技术的高速发展，带来了广告的新变革，而互动广告就是其中之一。相对于传统广告粗放式的传播模式，互动广告较为直观、精准，不仅能够调动受众的积极性，而且能够更好地评估广告效果。

技术和形式是互动广告的两大要素。互动广告借助新媒体，以一种崭新的互动传播模式吸引受众，具有传统媒体无可比拟的优势。需要指出的是，互动广告并非互联网技术出现后才有的新型广告，只是在新媒体出现后，得到了迅速发展。新媒体技术为信息传播领域带来了一场革命，这些新的传媒技术几乎具有不可抗拒的推动力。通过新媒体技术，人们终于实现了在信息传播中处于主动位置的愿望，信息交流中人们的参与度渐深，互动性质也渐明显。

三、互动广告的发展与新媒体技术

互动广告这一创新广告形式的诞生，让广告具备了更加新颖、多样、富有趣味性的表现形式，在兼顾广告营销效果、收益等的情况下，能保证用户体验，获得多方共赢的效果。

从我国的发展节奏来看，互动广告于2016年年底摸索发展，在2017年全面发展，并不断涌现出新的形式。互动广告的发展在很大程度上得益于新媒体技术的发展。

新媒体的数字化、互动性和时空自由性三个特征，为互动广告的蓬勃发展提供了必要的技术支撑，使互动广告创意从传统媒体环境下简单的情景互动设计中解放出来，更多地延伸到网络广告这一领域，并在技术上更加依赖计算机系统和数字信息处理技术。

在2016年到2018年间，互动广告大多还是传统意义上的抽奖类互动广告，即用户可点击手机App上的活动图标，进入活动H5参与小游戏，例如转盘抽奖、砸金蛋抽奖、刮刮卡抽奖等，获取广告主的权益或福利，如购买优惠券、免费寄试用装等。广告主通过抽奖类互动广告来引导参加的用户享受福利，试用产品，进而促成消费行为。

2019年，随着短视频兴起，行业开始探索推出新形式——互动视频广告。相较于传统的互动广告，这种形式交互式体验更强，也更具可玩性、定制性。互动视频广告包括互动试玩广告和互动剧情广告。

（一）互动试玩广告

互动试玩广告，即让用户通过H5在线试玩，不需要下载来体验游戏部分功能，真实地还原场景，带来高转化。

2019年，穿山甲平台推出"激励视频+试玩广告"的模式，将创新广告形式融入游戏或应用内，成为其产品和内容生态的一环，并且在游戏中搭配激励视频的试玩广告，"试玩"属性自然地将广告变成一个小"关卡"，通过"关卡"的用户可以获取奖励，增强对用户的吸引力，最大程度上降低了广告的打扰性，赋予广告更大的营销价值。

2020年，抖音、今日头条、西瓜视频等媒体纷纷上线互动试玩广告。目前，互动试玩广告已经成为各大媒体常见的创新广告形式。

（二）互动剧情广告

互动剧情广告，即在广告开始出现互动选项，用户可根据个人喜好选择不同的广告剧情，加强互动及品牌联系。2019年，爱奇艺打造了第一支互动剧情广告，将综艺IP、原生创意广告与互动相结合，用户在观看广告时可自主选择广告内容，决定剧情导向，探索隐藏内容，大大提升了品牌有效的曝光时长。

互动剧情广告的创意玩法，除了用设置强互动的分支广告的形式来提升用户参与感外，更重要的是内容创意，如平行人生、跨越时空、反转剧情、视角切换等，吸引用户的注意力，激发用户的好奇心，提升主动性，让用户和品牌间形成沟通和反馈，以此达到广告的营销目的。

J. 托马斯·罗素（J. Thomas Russell）和W. 罗纳德·莱恩（W. Ronald Lane）在《Kleppner广告教程》一书中谈到未来广告时指出：很难确定下一年将变成什么样子，但是有一点是可以肯定的，未来广告和传播的标志是消费者参与程度更高、控制力更强，广告和传播由单向传播向双向沟通转变。广告将朝互动方向发展。具体来说，互动广告的发展有着以下三个趋势。

1. 互动性更强

网络广告交互设计将朝多元化方向发展。在手段上通过采用更加先进、有效的输入形式，使互动变得更加自然，比如，以声音和视觉控制的互动形式。在内容上，互动网络广告将向着更丰富、更有个性的方向发展，互动的内容将涉及产品或服务的方方面面。

2. 更具娱乐性

当代流行文化通过社会大众的认可和拥护成了某种具有"正当性"的力量，从而拥有了本属于社会大众的社会力量，进而具备了强大的象征力量。[1] 流行文化中的声色感受、感官刺激、绚丽的形式对于设计来说是非常好的创意源泉，互动广告的设计要更加注重与流行文化的结合，不但借鉴其形式，还要汲取其内容和思想，同时要注意对流行文化进行审视和辨析，取其精华，去其糟粕。

3. 形式更加新奇

基于新媒体技术及互联网的日趋成熟，互动网络广告的花样会愈来愈多，广告将朝着更加互动的方向发展。甚至，互动的方式也不仅仅是单纯地使用鼠标，而是让受众的五官或四肢也加入进来，使交互形式更加多样。

第二节　互动广告的特征与类型

一、互动广告的特征

互动广告的特性集中表现在其无可比拟的互动性上，具体体现在以下三个方面。

（一）广告主和受众关系转变

随着互联网、手机等新媒体的发展，受众不再是只能被动地接触广告信息，而是可以主动地对广告内容进行反馈。广告主和受众既是传播者，也是受传者，传播的双方相互影响，二者越是能够影响对方，广告的互动性越大。

（二）受众对广告内容控制增强

"互动"的核心概念就在于控制，就是指具备互动这一特征的媒体使用者不仅可以影响媒体信息呈现，而且还可以影响媒体体验的形式和内容。受众对内容的控制欲望是始终存在的，只是单向传播的大众媒介时代无法给予这种潜在欲望以满足的机会。在新媒体环境下，受众对内容的控制体现在两个方面，一是受众可以主动选择和接受广告的内容，决定是否要浏览这个广告，在何时、何地，以什么样的方式浏览广告；二是受众可以在广告活动中增加自己的意见和观点，生产新的内容，使其成为广告的一部分。

（三）受众反馈渠道的畅通

在传统媒体时代，互动广告就已经存在。但是由于现实条件的限制，受众对广

---

[1] 怀伟，高筠. 流行文化 [M]. 南昌：江西美术出版社，2012：206.

告内容的反馈受到限制。新媒体的出现，给受众提供了一个更为有效、畅通的反馈渠道。具体表现为：受众可以在任何时候、任何地方进行反馈，不受时空限制，且使用简便；反馈的内容能够完整、有效、快速地被广告主接受。

新媒体时代下的互动广告，借助新媒体技术，采用目标消费者感兴趣的内容吸引他们参与活动，彼此沟通交流，注重受众独一无二的参与感，让他们在广告活动中体验和感受产品或服务的魅力。

二、新媒体时代互动广告的传播特点

（一）互动性

新媒体技术为互动广告的蓬勃发展提供了支持，无论是互联网还是手机等移动媒体，受众不再是被动地接收广告信息，而是可以主动参与，并且对广告内容进行反馈。广告主和受众彼此都既是传播者也是接受者，双方互动，彼此影响。在数字化传播方式中，受众可以自由、自主地选择并接收媒体信息，不再受到时间、空间等因素的限制。如金龙鱼借湖南卫视《爸爸去哪儿》的高热度和"中国父爱行为图谱调查"公益项目引发的父爱缺失讨论，推出"爸爸油"，传达"亲子加油"，借助新媒体的互动性，通过微博、微信等新媒体平台展开话题讨论，与消费者频繁互动，树立金龙鱼的品牌形象。新媒体互动广告带给受众更多信息来源、更多互动渠道，受众更愿意参与其中，选择权利和选择空间有所扩大。

（二）体验性

体验是互动过程中受众内心的一种主观状态，无论受众最终是否购买产品，他们都参与了这一过程，并且获得一定的感受，受众体验感越深刻，广告效果越明显，购买的可能性就越大。斯科特·麦克凯恩说："创造一种独特的氛围，用一种令人感到赏心悦目的方式来提供服务，你的顾客为了这种舒适的过程而愿意为之付费。"互动广告以受众视角为第一视角，创建场景，营造氛围，通过感官上的刺激和情感上的体验带给受众特别的感受，从而将商品的品质传达给消费者。

（三）游戏化

斯蒂芬森曾说："大众传播之最妙者，当是允许阅读者沉浸于主观性游戏之中者。"斯蒂芬森讲述的媒体接触中的游戏特征在新媒体时代表现得尤为明显。受众在各种新媒体平台上，除了完成必要的工作外，更多的是获得游戏的乐趣和自我存在感。比如著名的巧克力豆品牌M&M，在"大家来找茬"的游戏中推出椒盐脆饼新口味，规则即从各色巧克力豆中找出一块隐藏的椒盐脆饼，简单的游戏短时间内获得2.5万人点赞、6 000多次分享。

（四）个性化

新媒体时代，企业根据数据分析制作互动广告能够关注每一个受众。广告主根据顾客的需求进行个性化产品定制，注重产品设计创新，提供个性化的销售和服务，迎合消费者的喜好。这种个性化服务表现为个性化的广告互动设计。比如戴尔公司曾为福特公司不同部门的员工设计不同配置的计算机；三星 Galaxy S4 在街头开展个性化的互动，只要路人在各种干扰下盯住手机屏幕达到一定时间即可获得三星手机一部。

（五）分享性

AIDMA 经典的消费者行为模式即注意（Attention）、兴趣（Interest）、欲望（Desire）、记忆（Memory）、购买行为（Action）。在这一过程中，广告创意引发消费者认知、评价、记忆等心理活动，最终促进销售。新媒体时代，广告更应突出与受众互动的过程，因此日本电通公司提出了 AISAS 模式，即注意（Attention）、兴趣（Interest）、搜索（Search）、行动（Action）、分享（Share）。麦肯锡的一项研究表明，新媒体时代的用户大部分都是分享型的，用户利用新媒体进行信息分享的同时又能引起其他用户的关注。比如，当某位用户在消费了某品牌的产品或服务后，有感想或建议可以直接@该品牌的官方微博，之后官方微博可将有用的品牌信息发布出去，引起更多相关用户的注意，从而使品牌的产品或服务影响力借助新媒体在众多用户的分享下实现裂变式传播，这是传统媒体短时间内单纯依靠口碑所无法实现的。

三、互动广告的类型

互动广告形式不同，其特点也不尽相同。为最大限度吸引受众参与互动，各种形式的互动广告无不着力于扬长避短，将优势发挥到极致，力求"小成本出大创意"。经过长时间的探索和积累，目前互动广告的设计模式主要有四个类型，它们分别是意念式互动广告、情景互动广告、人机互动广告、人—机—人互动广告。

（一）意念式互动广告

意念式互动广告，实际上是指通过设计使人、广告和环境有所互动的广告模式。人和产品、环境和广告之间的互动往往通过人的想象或者联想完成。意念式互动广告常见于环境广告中。环境广告在国外流行于二十世纪八九十年代，它的理念是充分地利用空间和环境中间的要素来表达一种特别的视觉传播的效果。环境互动广告借助户外、室内环境特征，根据创意境界可打造出"因地制宜""相映成趣""情景交融"三类风格的互动作品。

其一，环境互动广告讲究"因地制宜"，广告人往往根据现实环境寻找灵感，创造出"应景"的互动作品。其二,"相映成趣"指的是受众参与到环境广告设置的互动环节中,产生令人愉悦的幽默效果。"出挑"的环境互动广告必然是精通"挑逗"艺术的。其三,好的环境互动广告未必能够"因地制宜"且"相映成趣",但必然深谙"情景交融"之道。只有当广告引起受众共鸣,触及受众需求时,才能够将受众劝导成"消费者"。别具匠心的环境互动不仅要做到形式上的"因地制宜"、立意上的"相映成趣",最重要的是还要做到效果上的"情景交融",如此方能帮助产品真正走进受众心里,得到受众心理认同。

2017年10月,北京地铁四号线和得到App合作,用"移动听书馆"的主题概念,重新装饰了地铁车厢。乘客走进去,仿佛置身于图书馆。而车厢两侧海报上展示的所有书籍,其精华内容早已囊括在得到App旗下"每天听本书"产品中,通过转述的方式讲给用户听。乘客只需扫描车厢内二维码,就能免费领取"每天听本书"7天VIP体验,带走一整车书籍的精华内容。此外,在得到App"移动听书馆"里,还"藏"有24K金条随机放送,真正把"书中自有黄金屋"这一老话变成了现实。这种装饰,会让乘客们感觉自己好像在图书馆里,因而对利用碎片化时间看书、听书产生了兴趣。这是一个"情景交融"式的环境广告,能够调动乘客对于得到App听书服务的兴趣。

(二)情景互动广告

情景互动广告指的是需要广告画面外物体来参与的广告。需要注意的是,如果没有用户的参与,情景互动广告便不是一个完整的广告。情景互动广告大多依托户外新媒体进行,例如户外公共场所的椅背、公交站台的电子屏,电梯的宣传屏等。

情景互动广告并不一定需要在公共场合突出位置,以大幅面、醒目文字和艳丽的画面博取注意力,而是建立在用户视觉经验、心理暗示和行为活动之上,根据广告目的预先设计场景,使得用户能够不自觉地参与互动以体验各种广告信息,从而更生动、更形象和更丰富地传播信息。

巴西的咖啡品牌Café Pelé,在早高峰时段于最繁忙的地铁站里放了一个特殊的互动广告牌:广告牌中装有动作传感器,如果有人靠近,屏幕中就会出现一张狂打哈欠的脸庞。经过的人越多,打呵欠的频率越高。路人受到氛围影响,开始打呵欠。此时广告牌的屏幕便显示:你需要一杯咖啡。此刻,端着咖啡的美女服务员就会出现,给路人送上一杯免费的咖啡。这个时候,路人往往不会拒绝喝上一杯免费又提神的咖啡,从而能够认可品牌这一富有创意的行为。这个广告牌很好地利用了上班族早上容易犯困的特点,以播放打呵欠的视频的方式引起上班族的困意,并在广告的结尾引导大家品尝咖啡,在视觉、听觉、味觉上给受众留下深刻印象。情景互动式广告能够使广告跟用户产生互动,这种互动首先是行动上的"亲身参与"和"亲密接触",之后在思想上产生影响,最后会给用户留下深刻的记忆。

(三) 人机互动广告

人机互动广告可以理解为人和机器之间的互动广告。人机互动广告中,"人"指的是受众,"机"指的是计算机及由计算机来带动的一系列新的技术,例如感应技术、互联技术和移动技术等。参与互动的用户往往想要获得一种新奇的体验,体会和机器互动的快乐。因此,人机互动广告在设计、制作过程中应该注重受众体验的舒适度和愉悦感,充分调动起用户参与互动的热情。

2021 年 6 月,悦派科技受邀为 vivo 蓝动夏日嘉年华制作了一款口号贩卖机。用户只要在贩卖机前喊出活动口号"你好,夏天"后就可获得贩卖机掉落的精美礼品一份。该款口号贩卖机摆在显眼位置,机身时尚个性,在现场吸引了一大批用户。简单的口号营造了欢乐的氛围,传达 vivo "活力、快乐、创造惊喜"的品牌理念。

(四) 人—机—人互动广告

人—机—人互动广告是指受众个体可能参与到广告的制作、传播过程中,甚至自己创作广告,通过新技术的传播,能够传达给更多的人的互动广告。它和人机互动广告的区别就在于,它通过机器或新的技术能够传达给更多的人。在这个过程中,受众不仅是广告的受众,还可能成为广告内容的生产者、信息分享的传播者。其中的传播机制主要在于激励和分享,通过调动受众的积极性,使他们也成为互动广告上的一环。

2017 年 6 月 17 日—18 日,天猫在杭州举办了天猫理想生活狂欢节,以庆祝天猫成立以来最大规模的一次品牌升级。天猫布置的"理想生活体验馆"里分设了智能馆、健康馆和运动潮玩馆,进行全方面的智能商品秀——完全糅合了线上和线下数据,用全息投影、裸眼 3D、炫酷黑科技的形式,诠释未来购物体验的新风向。其中互动划船机吸引了很多观众的目光。互动划船机坐落于 LED 地面海洋上,观众坐在划船机上用力划船时,船只周边的海浪也会随之汹涌。由于效果逼真,不少观众拍摄了自己玩划船机的视频或照片,并发布在社交媒体上,分享快乐的同时也是完成了一次对"理想生活体验馆"的宣传广告。在这里,观众不仅是体验游戏的人,也融入了广告创作、传播的过程中,将广告传递给更多人。

第三节 互动广告与传统广告之比较

一、广告内涵的变异

在新媒体技术的发展冲击之下,广告的内涵发生了一定的变化。具体来看,新媒体技术对传统广告的冲击表现在三个方面。

(一) 重新定义广告受众

传统广告中，受众处在一种被动的状态当中，受众只能单方面地接受广告信息。但由于有了新媒体，受众有了可以发出自己声音的途径。因此，受众在选择广告、接受广告、评价广告等方面都有了前所未有的主动权。

(二) 重新定义传播

传统大众传播媒介的广告信息传播的形态是"一对多"，即一个媒体发布一条信息，它面对的是大多数的受众。这里的受众是不分性别、不分年龄、不分区域的。这样"粗放式"的传播模式不一定能够触达目标受众，也难以判定广告效果。

新媒体改变了传统的传播模式，形态上采用"一对一"的传播模式和"多对多"的传播模式。"一对一"的传播，就是有意识地向明确的对象去传达信息。"多对多"的传播，则更多的是体现在某一个传递出去的信息，它可能经过多个受众再次传递，是一种滚雪球式的传播。

(三) 突破时空限制

新媒介技术、多媒体技术、新的互联网技术（云技术、大数据挖掘技术等）对广告产生的影响非常深远。例如，曾经电视节目所能传播的范围较窄，只在能够接收到电视台信息的电视上播出，如果错过只能等待重播。但是今天我们在电视上看到的节目，在手机上打开节目对应的 App 也能够看到，并且可以多次回放。这些技术也影响着广告设计，使广告设计完全开放。

因此，相较于传统广告，互动广告有着新广告受众、新传播模式和突破时空限制三项内涵上的差别。

二、互动广告的优势与缺陷

扬罗必凯广告公司的从业者早些年预测：未来，品牌将像一只变色龙，不同的人看它有不同的面目，而它对不同的人采取的行动也不一样，它可以更有力地满足、服务和塑造个人。互动广告正是品牌采取的行动之一。我们有必要了解互动广告的优缺点以更好地展现品牌的魅力和特性。

(一) 互动广告的优势

互动广告具有参与性、娱乐性和多元性。莫梅锋先生总结了互动广告的几大优势。

1. 表现力更强

相比传统的广播广告、平面广告等，互动广告的表现力和吸引力都更强，给人提供强烈的听觉和视觉刺激。例如电影《奇异博士》在上映前期就在商场中设置过数字智能电子互动屏幕，观众们可以通过屏幕上的 AR 智能游戏体验到电影中"扭曲现实"的"超能力"。

2. 效率更高

互动广告可以实现与用户的沟通和互动，传播和反馈效率更高。在此基础上，互动广告还可以实现信息内容与形式的个人化，达到"千人千面"的效果。

3. 时间和空间不受限制

互动广告有无限的接触时间和空间，更加有利于用户获取多维度信息。

4. 销售方式更加直接

互动广告能全方位展示产品，并且可以配合购物平台实现直接购买，将广告效果直接转化为销售额。例如大部分短视频平台里的互动广告界面下方都有"转化按钮"，用户点击按钮就可以直接下载或下单。

5. 精准地投放与效果测量

互动广告拥有及时反馈的特性，并且能够通过记录下互动的过程、次数、用户愉悦度来衡量广告投放的效果。这使得互动广告能够更及时地调整广告内容，优化广告投放策略。

（二）互动广告的缺陷

互动广告的商业性和艺术性缺一不可，但目前互动广告表现出两种发展趋势：

一类是很多广告作品信息量过载，忽视互动效果，重实用性而不重视美感，使广告枯燥乏味、缺少变化。

例如某购物 App 的现金大转盘互动广告，先是让用户选择提现金额，再用赠送用户转盘次数、提现倒计时等方式与用户互动，但由于复杂的互动效果，以及与平台其他活动"天天领现金"相似的界面与机制造成了用户审美疲劳。这种机械式的互动广告反而容易使用户反感。

另一类是广告公司一味地注重表现形式，过分追求电影、游戏等艺术的表现技巧而冲淡了其实用性、商业性，削弱了广告传播的本质。

例如某短视频 App 上的部分古风游戏试玩广告，页面精美，故事动人，但提供给用户选择的剧情很少。因此它给用户留下的印象并不深刻，只起到了宣传作用，没有良好地调动用户对游戏的好奇心。

针对这两种发展趋势，我们可以有针对性地提出制作互动广告的两个要点：

其一，互动广告除了传达信息之外，还要注重互动形式和广告美感，既要有实用性，也要有艺术性。如果互动广告只传达信息而忽略了艺术性，就会大大削弱广告的效果。

其二，互动广告不可一味追求表现形式、表达技巧和艺术性，而忽略了广告的商业性、实用性和现实性，否则就会起不到广告的营销作用。

在信息爆炸的时代，单靠"传者"一方的信息传递来塑造一个品牌是远远不够的。体验营销的实质是依托商品、服务，塑造受众感官体验，取得心理认同，改变消费者行为，达到互动体验式品牌传播。互动体验是实现品牌塑造的核心要素，品牌塑造本质上就是要建立和维系品牌与消费者之间的关系及对话，由受众对品牌认知、品牌忠诚、品牌联想到品牌塑造的过程。未来的广告发展将更加以互动为核心，其广告效果将高于其他形式并利于品牌传播。

第四节 大数据时代下互动营销的创意与设计

一、大数据时代

大数据（Big Data）通常用来形容一个公司创造的大量非结构化和半结构化数据，这些数据在下载到关系型数据库用于分析时会花费过多时间和金钱。美国信息技术研究与顾问公司Gartner将"大数据"定义为"无法在一定时间范围内用常规软件工具进行捕捉、管理和处理的数据集合，是需要新处理模式才能使其具有更强的决策力、洞察发现力和流程优化能力的海量、高增长率和多样化的信息资产"。[①] 大数据分析常和云计算联系到一起，因为实时的大型数据集分析需要像MapReduce一样的框架来向数十、数百甚至数千的电脑分配工作。

最早提出"大数据时代"到来的是全球知名咨询公司麦肯锡，麦肯锡称：数据，已经渗透到当今每一个行业和业务职能领域，成为重要的生产因素。人们对于海量数据的挖掘和运用，预示着新一波生产率增长和消费者盈余浪潮的到来。

大数据时代，中国广告产业面临新的挑战和机遇，广告产业界能否适应大数据时代的新要求，及时转型升级，提升市场竞争力，将直接决定中国广告产业未来的竞争格局和走向。

具体来说，大数据时代对广告产业的变革体现在以下四个方面。

（一）大数据时代广告传播机制的变革

大数据时代，市场分析可以通过大数据来精准地定位目标消费群体，分析其年龄、性别、职业、家庭收入等自然属性和社会交往、兴趣爱好、媒体接触、地理位

[①] 赵玺，冯耕中，刘园园，等. 大数据技术基础［M］. 北京：机械工业出版社，2020：1.

置、购买意向等社会属性,从而精准地进行用户画像。数据挖掘技术能从大量庞杂、琐碎的数据,如内容接触痕迹、消费行为数据、受众网络关系中提炼出消费习惯、态度观念、生活方式这样的深度数据,实现对目标人群的全面描绘。由于大数据能够精准地定位目标受众,并分析目标受众的个性特征和行为模式,因此广告策划和创意可以更有针对性地影响目标消费者。在广告媒介购买方面,由传统的购买广告位和流量的模式向直接购买目标受众的模式转变,这样的广告投送更加精准有效。同时由于广告程序化购买可以实现可视化,广告主和 DSP 公司(需求方平台)可以实时评估广告效果,调整广告投放策略。

(二)大数据时代广告产业要素的变革

传统广告产业的要素包括人力资源、技术资源、资本资源、媒介资源和客户资源等。在传统媒体环境下,媒介资源、客户资源、资本资源和人力资源决定广告公司的核心竞争力,其中媒介资源又处于主导地位,技术资源处于相对次要的位置,广告公司通过组建媒介购买公司,采取以量定价的大资本运作方式,提升对强势媒体的博弈实力,进而吸引品牌广告主。在数字媒体环境下,广告产业的要素正在发生重大变革,在大数据时代,技术、大数据和创意水平成为决定数字广告公司核心竞争力的关键性要素,这与以策划创意和媒介资源为驱动的传统广告产业存在很大差异,大数据和技术驱动成为数字广告产业发展的必然趋势。

大数据时代,广告主的投放策略也随之改变。从宏观的环境层面看:社会与经济大环境的稳定繁荣或动荡衰退都会影响广告主的生存及发展,基于现金流的状况和竞争激烈程度,广告主将对广告预算的整体规模及具体分配及时做出调整。在预算多的时候,统摄多种媒体资源展开的整合营销传播会是首选;而一旦预算不足,广告主可能将有限的资金集中投放到某类媒体以求一点突破。此外,消费"碎片化"与"重聚"的相伴相生,数字技术进步背景下"技术民主"对"商业民主"的推动,也都深刻影响和不断调整着广告主的营销思维、营销布局和营销手段,但尊重消费主体前提下的对话与关系将是广告主未来不变的原则。① 大数据时代是以分析研究数据为目标,因此广告行业的需要与焦点产生了重大变化:数据决定成败。

广告营销是广告行业最重要的元素,以产品推广为终极目标。在广告营销过程中,广告公司通过有效的数据搜集、分析和整理来提高客户的品牌形象。而要提升大数据和技术分析的能力,专业广告人才无疑是重要的要素。

(三)大数据时代广告产业组织的变革

大数据营销是一种全新的理论和实践,需要全新的互联网思维和数字化运作。

---

① 黄河,江凡,王芳菲. 中国网络广告十七年(1997—2014)[M]. 北京:中国传媒大学出版社,2014:237.

国内大型广告集团通过业务转型和并购联合等资本运作方式，迅速向数字营销领域拓展业务。大型广告集团增强数字营销代理能力，是广告产业发展的必然趋势。近年来，国内大型广告集团积极布局数字营销和移动营销领域，通过自建数字营销公司或并购专业的数字营销公司等方式，提升在数字营销代理领域的实力。例如，2012 年 7 月，广东省广告集团股份有限公司投资设立全资子公司广东赛铂互动传媒广告有限公司，在数字领域进行积极拓展。2013 年 10 月，蓝色光标传播集团旗下蓝色光标公共关系机构正式更名为蓝色光标数字营销机构，意味着蓝色光标向数字整合营销服务的转型已进入加速阶段。2015 年 6 月，蓝色光标收购多盟和亿动两大移动广告公司，提升了其在数字营销和移动广告代理领域的实力。

（四）大数据时代广告产业结构的变革

传统媒体环境下的广告产业价值链结构由广告主、广告公司、媒介购买公司和广告媒介组成，广告公司代理广告主的广告业务，替广告主制订媒介计划并执行广告媒介的购买。在大数据时代，广告产业价值链结构将细分为广告主、DSP 公司（需求方平台）、SSP 公司（销售方平台）、Ad Exchange（广告交易平台）、DMP 公司（数据管理平台）、数字媒体等，DSP 公司和 DMP 公司代理广告主业务，利用大数据分析受众心理和行为，从而执行广告程序化购买；SSP 公司则是数字媒体的销售方平台，通过聚集大量的数字媒体和网络流量，提升广告媒体价值；DSP 和 SSP 公司在 Ad Exchange 中进行交易。近年来，国内一些大型的互联网企业如百度、腾讯和阿里巴巴等都建立了 Ad Exchange，同时成立或并购国内领先的 DSP 公司，强势进入广告程序化购买市场，对于大数据的开放与流动具有积极作用。大数据时代，程序化购买将会成为数字媒体广告投放的主流。

二、大数据时代的互动营销策略

伴随着信息技术的发展，互联网先后迈过了 PC 时期、移动时期、泛社交时期，来到如今的大数据时期。人类活动全面数字化，每一个数字行为都被一一记录并通过算法被逐一剖析，这看起来似乎更有利于了解用户行为、捕捉目标用户，但同时也对广告营销产生了巨大的挑战。

在大数据时代，信息更新迭代的速度日益加快，用户每天都能通过算法接触到许许多多不一样的资讯。在算法的帮助下，当广告主做出目标用户感兴趣的内容时平台便能进行自动筛选推送，匹配到想要找到的人，广告营销从着重定向分析能力转变为重视广告内容的优质程度。这也就表明，生产的广告素材定位越清晰，越容易被推送至目标用户群体，而触及的用户基数越大，将有更大的可能实现用户转化，广告增量能力成为广告主需要考虑的问题。而互动广告由于其特性，成为大数据时代下广告增量的突破口。未来的互动营销策略将有着以下发展方向。

（一）从单向呈现到双向互动

传统的广告传播主要倾向于单向传播或线型传播，广告主具有话语主导权，把广告信息的诉求点强行输入给广告受众，用户观看传统广告只是单纯地浏览，用户与广告间为简单的单向信息输送。由于媒介技术的不完善，消费者很难进行信息的反馈，广告受众始终处于被迫接受的地位。随着数字媒介技术的进步，广告主和广告受众都成为广告信息的掌控者。用户观看互动广告，不仅以浏览为目的还包含其他目标行为，二者间的关系为信息的双向传输，即广告将品牌产品信息传达给用户，用户将观看后的感受以发送弹幕、点击广告链接、购买行为等方式传送给广告主、平台商。广告受众可以参与、讨论、反馈和二次传播广告信息。而广告主也可以根据及时的信息反馈，不断调整广告信息，形成互动。近来的广告传播的理论也积极回应了这种变化，更加注重广告的互动反馈这一环节。

强交互性是网络媒体不同于传统媒体的最大优势。在网络时代，受众拥有了前所未有的权利。他们不仅可以自由选择自己感兴趣的信息进行浏览，也可以选择自己喜欢的时间、方式和顺序来接收这些信息；同时网络还提供了平台，赋予受众自由发布信息的权利。一条信息的重要程度从由传播者全权决定转变为可以由受众自己决定。因此在网络上发布广告，广告主可以做到一对一地发布最高效的广告信息，受众则可以及时做出反应，也就提高了广告主后期整理、统计、归档等工作的效率，以便厂商随时调整产品结构或销售策略。消费者与广告主是互动广告双向信息流形成的关键，并受到其他因素或因素间相互作用的影响，共同组成互动广告模型。

（二）引发用户情感共鸣

从心理学的角度看，情感是人们对客观事物和对象所持的态度的体验。情感作为一种体验，被用来概括对一些真实或想象的事件、行为或品质的高度肯定或否定的评价而引起的各种精神状态和身体过程。①。情感的体验就是用感性带动心理的体验活动。美国的巴里·费格教授是最早把情感引入营销理论的专家，他认为，形象与情感是营销世界的力量源泉。人的情感具有多种维度，互动广告的传播注重在人与人之间、人与环境之间及个人经验和文化环境对受众心理情感的影响等方面寻求广告传播与受众情感之间的互动与共鸣，这是互动广告体验形式的常见类型，该类型的关键词就是"情感"，通过在互动中创造强烈的情感体验获得广告传播效果的最大化和持久化。

例如，由上海新网迈广告传媒有限公司代理的强生婴儿"小小空间大大的

---

① 约翰·奥桑尼斯，尼古拉斯·杰克逊·奥桑尼斯. 营销中的情感力量［M］. 池娟，张琼，王登奎，等译. 北京：中国金融出版社，2004：18.

爱——为背奶妈妈创造空间"的广告项目（曾获得2012年中国艾菲奖全场大奖），在一系列既相互关联又形式相异的广告行为过程中，先是通过广告片反映背奶妈妈的生活状态，再利用微博认领哺乳室贴纸，继而在现实中设立临时哺乳室并实现网络位置分享，引发线上、线下和社交媒体的广泛互动，极为有效地拉近了受众的情感，提升了对产品品牌形象的好感度。这是一则互动广告利用情感体验提升传播效果的成功案例，广告制作和发布者把创意的核心和互动的基点与真实的、迫切的情感需求紧密联系在一起，实现了情感体验在互动中的升华，将品牌形象的正能量向广阔的社会和市场空间传递出去，这就必然会带来巨大的市场效益。

互动广告触及受众情感需求的广告内容，是消费者乐于接受的，以情感渠道实现广告目的的传播当然是便利和富有亲和力的。心理学认为，人对事物的认知过程与情绪、情感之间是紧密联系的。强生品牌"背奶妈妈"的互动广告具有很强的洞察力，关注到与消费者相对应的情感元素，通过系列的广告行为建立了良好的情感互动沟通的渠道，使得强生品牌成为连接消费者情感的纽带，产品本身因此被赋予了浓厚的人情味。从长远来看，广告受众被引发的情感体验会极大地影响消费者日后的购买行为，使广告的传播效果获得深化和延续。

（三）简化消费链路，实现"品效合一"

互动广告设置奖励机制体现了人的"趋利性"本能，但以奖品为诱因的互动活动容易使受众产生投机心理，国内很多网络互动广告都带有一定的博彩性质，从长远来看不利于互动广告的健康发展。例如，互联网上很多媒体链接会采用折扣和减价的方式吸引受众，微博上经常会出现"转发该微博就有机会获得某某奖品"，以及利用移动终端扫描二维码来兑换积分等类型的互动形式。这些以奖励为诱因的互动广告一旦被过度采用，一方面会造成互动形式流于单一，另一方面也会导致创作者"急功近利"，把广告创意简单替换为奖励机制。

"品效合一"即在广告投放过程中同时实现品牌建设与销售效果的双重目标。随着中国移动互联网获客成本日趋昂贵，渠道的复杂化与碎片化不断加深，品牌主的试错与管理成本愈发高昂，企业比以往更加需要适应流量环境的快速变化，提高品牌建设的投入产出比。"品效合一"的重要性不言而喻，但在实现过程中却挑战重重。首先，随着流量红利褪去，头部互联网电商平台发展趋稳，流量资源继续呈现去中心化、碎片化趋势。私域、直播、个性化内容推荐等新兴流量场域的强势崛起，对企业不断获取新能力提出了更高要求。其次，"品"与"效"两者难以平衡，片面追求直接效果，往往适得其反。火爆异常的直播带货创造了品牌快速打响知名度和赢得销量增长的"神话"。头部主播在为品牌带来海量曝光与高效转化的同时，也为品牌进行背书，在口播卖点与展示产品过程中实现了长达数分钟的品牌教育。

然而，中小品牌很快发现，如果品牌此前没有建立一定的知名度与用户基础，获得头部主播的青睐几无可能，而单次的主播推荐往往也效果不佳。再次，移动互联网固然让广告效果更加有迹可循，但距离"销售效果"还相去甚远。从社交平台"种草"到电商平台"拔草"，目前已经有完整的营销转化策略，然而在空间上，两者间时常横亘数据壁垒；在时间上，也往往存在"发酵蓄水"的间隔。多重变量让"效果"扑朔迷离，品牌方一时难以判别。

1. 提升"品效合一"：破除三大壁垒

建立"品效合一"能力的前提，是彻底破除用户旅程、组织协作、数据管控之间的壁垒，以"合一"的视角实现"合一"的成效。

2. 打破渠道壁垒，实现全域策略一体化

众所周知，实现对用户线上与线下行为的全程影响并非易事，线上更存在若干割裂的生态圈。阿里巴巴、腾讯、京东、字节跳动等技术巨头筑造了各自的城池，不同渠道间因为商业竞争、用户隐私保护等原因，目前并不能真正做到开放互通。

"品效合一"需要品牌方进行跨渠道的策略协同，通过人群标签、货品标签、场域标签三大体系，构建各个场域不同人群的分层精准选品池，提升"人、货、场"的匹配度与营销效率。

例如，某体育品牌在公域平台通过短视频触达千万级人群，同时利用大型电商平台的媒介采买工具覆盖全网主流媒体的能力，在用户数据回流后，利用人群标签通过 AI 对用户进行精准二次触达，实现了超过 10 万次进店引流。

3. 打破组织壁垒，营销销售团队协同一体化

在促销活动 IP 化、品牌爆品驱动化等趋势下，我们也观察到传统营销活动的组织分工壁垒必须打破。

时至今日，市场部与销售部的矛盾依然常见。市场部抱怨销售部急功近利，忽略品牌精神的长期价值；销售部吐槽市场部华而不实，即时效果差强人意。

在领先企业，市场部门（及其广告创意机构）和电商部门（及其对接平台）更加注重全年营销活动的共创与规划。大型 IP 化促销活动的资源往往由品牌方"举全司之力"获取。因此，企业需要考虑跨部门的联动绩效考核，有效调动各部门间的协作，以实现企业价值提升。

4. 打破认知壁垒，实现数据驱动全程一体化

在传统的品牌建设中，广告一半是科学，一半是艺术，有些效果被认为无法量化监测和进行数据评估。例如，微博大 V 的粉丝数一目了然，但与品牌调性的匹配度却需要主观判断。

追求"品效合一"，就需要打破这种"不可衡量"的认知，建立起数据驱动的反馈迭代机制。例如，电商平台站内用户对品牌关键词的搜索量，就可以成为监控

"种草"效果的间接指标。不少领先企业已设立专人专岗，对全渠道的 KOL 合作进行中心化管理，建立 KOL 档案，对 KOL 为品牌带来的转发互动行踪、产品短期与中长期销售刺激均进行系统化的追踪。

同时，领先企业也善于利用平台数据分析工具。例如，借助千瓜、小红书数据等分析平台，可紧跟数据实时监控，利用数据的变化对推广方式及营销策略做出及时、灵活的调整。

● 思考与练习：

1. 传统媒体是否具有互动的效果？
2. 不同类型的互动广告的共性和差异性有哪些？
3. 如何看待互动广告与公益的结合？
4. 移动端体验式互动广告有哪些创新设计？
5. 场景化运营思维如何在互动广告中发挥优势？

第五章

比较广告：
比什么与怎么比

本章内容提要：比较广告，既是一种创意表现策略，也是一种定位策略。越是竞争激烈的行业，比较广告就越常见，这些行业包括：汽车行业、个人笔记本电脑行业、食品饮料行业、化妆品行业等。精彩的比较广告创意，是十分吸引人的。但是，不同国家对比较广告有着不同的法律规制，这一点需要大家重点关注。

第一节 比较广告的概念、类型及适用情况

一、什么是比较广告？

比较广告（Comparative Advertising），也叫作对比广告、竞争广告，是广告主通过广告形式将自己的公司、产品或者服务与同业竞争者的公司、产品或者服务进行全面或者某一方面比较的广告。比较广告的一个最突出的特征是广告主在广告中将自己的产品或服务与同类竞争者的产品或者服务进行对比，以凸显其产品或服务优于或异于竞争对手的产品或服务的特征、品质或者质量等。

比较广告的概念最早来自美国，1930年美国斯特林·格特切尔广告公司在为新打入市场的克莱斯勒汽车制作广告时，将克莱斯勒汽车与大众汽车、福特汽车加以比较，以显示其良好的功能和新颖的造型，获得巨大成功。至此，比较广告在现实生活中被广泛运用，成为商业广告的一种基本运作方式。

二、经典的比较广告案例[①]

（一）优秀品牌从不避讳对自己的产品的信心：嘉士伯直接将"可能是世界上最好的啤酒"作为自己的宣传口号

嘉士伯啤酒由丹麦啤酒巨人Carlsberg公司出品，1847年创立，在40多个国家和地区都有生产基地。嘉士伯啤酒从不避讳对自己产品的信心，嘉士伯的广告也丝毫不会缺少对自己的产品的赞美。当有一瓶嘉士伯啤酒，你却没有开瓶器时，怎么办？嘉士伯无所不能，用嘉士伯杂志广告上的图示可制作开瓶器。其打出的口号即广告词"PROBABLY THE BEST BEER IN THE WORLD"（"可能是世界上最好的啤酒"）。然而，中国相关的法律法规中明确，广告中不得使用"最"字，这可能构成对消费者的误导，以及对竞争对手的不公平竞争。

（二）百事可乐眼中的可口可乐：只有为我垫脚的份

百事可乐与可口可乐，一个是市场挑战者，一个是市场领导者，这两家百年老字号互相比较争锋的"广告战""地盘战"一直纷扰不断。作为世界饮料业两大巨头，100多年来，百事可乐与可口可乐上演了一场场蔚为壮观的"两乐"之战。百事可乐作为市场的挑战者，比较一直是它采用的主要广告策略之一。

[①] 本章涉及的案例（包括图片和视频等），可登录"创意、视觉、营销、传播——理解广告"在线课程平台（https://next-studio.xuetangx.com/pro/editcoursemanage/teachcontent/3224409）查阅。

百事可乐的定位是从年轻人入手，这一点不难从其广告中看出，通过广告设计，百事可乐力图树立其"年轻、活泼和时尚"的形象，而暗示可口可乐的"老迈、落伍和过时"。在百事可乐众多的广告中，小男孩踩着可口可乐买百事可乐无疑是比较意味最浓的。广告一开始，就是一个小男孩从自动售货机里取了两瓶可口可乐放在地上，然后双脚踩上去，再在自动售货机上按下了位置较高的百事可乐，最后如愿以偿地喝着百事可乐离开了自动售货机。在广告里，从小男孩把可口可乐踩在脚下，不难看出百事可乐的寓意，"你们的品牌就只有为我垫脚的份"。这则广告播出之后，可口可乐也针对性地推出了一个广告，广告中依然是小男孩脚踩可乐罐，不过这次踩在小男孩脚下的是百事可乐。可口可乐广告中的一个细节值得说一说，小男孩在踩着百事可乐罐拿到可口可乐后，还不忘把两罐百事可乐放回原处。而在百事可乐的广告中，小男孩踩着可口可乐罐，拿到百事可乐后，是扬长而去的，两罐可口可乐孤零零地出现在广告最后的画面中。

（三）肯德基眼中的麦当劳：连麦当劳叔叔也喜欢吃 KFC

如今的麦当劳和肯德基，这两个全球快餐巨头已经跳出了餐饮业中单纯的价格战，按照自己的定位开发新品、拓展市场，他们的竞争战略化差异已经明显。然而自从创立以来，他们是与生俱来的竞争对手，在行销手段上不管怎样花样翻新，都不可避免会有交集，会有比拼和明争暗斗。

2003年，新加坡的 KFC 找到 BBDO 公司设计了一款平面海报。海报中麦当劳叔叔坐在长椅上，旁边则放着 KFC 的快餐盒，盒子上还印着"It's Finger lickin' good"（"肯德基如此美味"）。这个广告毫无疑问地用"麦当劳叔叔下班也吃 KFC"来表明自己对于竞争对手的压倒性优势。

（四）苹果眼中的微软：在 Mac 面前，Windows PC 毫无优势可言

2005年，苹果推出新款 Mac 操作系统，当时的发布会现场就悬挂了一条横幅："微软，赶快启动你的复印机吧！"

Get A Mac 系列比较广告始于2006年，是苹果在旗下电脑产品中采用 Intel 处理器之后发起的一系列与微软 Windows PC 的对比广告。这些广告用一名朝气蓬勃的青年代表 Mac，而用臃肿迟钝的中年男子代表搭载 Windows 操作系统的 PC 电脑，通过两人之间幽默的对话突出旗下 Mac 电脑产品在安全性、稳定性、办公套件等诸多方面的优势。

这则广告的投放时间正值微软发布 Vista 操作系统时，广告抓住了因 Vista 版本众多而让消费者选择困难的缺陷，代表 PC 的中年男子正在 Vista 的六个版本中举棋不定，抱怨贵的版本功能过剩而便宜的版本功能不全，试图通过一个转盘来随机决定自己应该购买的版本。代表 Mac 的青年则趁机告诉他 Mac OS X 只有一个版本且

能满足用户的一切需求。最后的结尾颇为幽默，PC 男启动了转盘，转盘却并没有停在任何一个版本上，而停在了"输掉一局"上。

（五）美国租车业巨头的对战：埃飞斯将自己置身于领先者之下，"我们只是老二，我们只有更努力才行"；赫兹则针锋相对地回应，"我们就是第一，你们永远不会超越"

长期以来，在美国租车业中高居榜首的是赫兹公司（Hertz），占第二位的是埃飞斯公司（Avis）。1962 年，濒临破产的埃飞斯公司选择伯恩巴克的 DDB 公司作为自己公司的广告代理商。而这也让埃飞斯公司成为广告史上利用比较广告获得成功的经典例子。

伯恩巴克为埃飞斯策划的广告标题是："埃飞斯在出租车业只是第二位，那为何与我们同行？"广告正文是："我们更努力（当你不是最好时，你就必须如此），我们不会提供油箱不满、雨刷不好或没有清洗过的车子，我们要力求最好。我们会为你提供一部新车和一个愉快的微笑……与我们同行。我们不会让你久等。"这是美国历史上第一个将自己置于领先者之下的广告，而正是敢于公开承认埃飞斯公司所处的地位，埃飞斯公司争取了大量的顾客。

面对埃飞斯公司的广告攻势，赫兹公司也做出回应，1966 年，赫兹公司刊登广告："一直以来埃飞斯公司都说我们是第一，那么这究竟是为何？""埃飞斯说他们是第二，这是无须争辩的，因为我们就是第一，他们再努力也只能是第二。"

（六）杜蕾斯眼中的对手：祝那些使用我们竞争对手产品的人们，父亲节快乐！

1987 年，杜蕾斯推出的以"当男孩遇到女孩"为主题的系列电视广告使杜蕾斯成为第一个在英国电视上做宣传的安全套品牌。从此之后，杜蕾斯不会错过任何一个宣传自己与打击对手的机会。

2001 年父亲节，杜蕾斯委托南非开普敦的 Lowe Bull 公司创作了一个历史经典之作，这也是使"杜蕾斯"广泛流传开来的第一支广告。在这支广告中，杜蕾斯以贱损的口气，调侃那些使用竞争对手（杰士邦、冈本、多乐士等）产品的朋友，祝他们"父亲节快乐"，这无疑是嘲讽竞争对手的不靠谱。

三、比较广告的类型

比较广告的分类有多个维度，最常见的一种方式是，按照广告是否明确提及了竞争对手的名称，可分为直接比较广告和间接比较广告。

（一）直接比较广告

直接比较广告，就是广告主在广告中明确针对某产品或某厂家的产品进行公开比较。如前文所述，在百事可乐和可口可乐数十年的竞争历史上，就经常互相推出直接比较广告。在直接比较广告中，竞争对手很明确，因而比较的"证据"也很明显。

（二）间接比较广告

间接比较广告指广告主在广告中不直接指明对方是某一品牌。2018年11月底华为手机为新产品Nova4拍摄了系列广告片，这是一组国内难得一见的优秀的间接比较广告，它不仅凸显了新产品"极点全面屏"的亮点，同时又巧妙地调侃了Iphone X系列的"齐刘海"。在目前手机市场争相模仿"齐刘海"设计的时候，华为新产品及其广告创意独特而又大胆，有趣而又不失风度，可爱而又高级。不同于直接比较广告，间接比较广告常常把一群竞争对手作为比较的对象。

直接比较广告和间接比较广告，在竞争对手是否明确方面是有差异的。因而，两者的风险和法律规制是不一样的。这部分内容，将在本章的第二节和第三节详细展开论述。

四、比较广告的适用情况

比较广告通常适用于以下两种情况。

（一）处于市场挑战者的角色

通常，由于市场领导者在各方面占有巨大优势，所以市场挑战者要想一举拿下并不现实，这时用比较广告就可以事半功倍，达到牵制市场领导者的目的。

（二）低知名度，高质量产品

一些产品自身质量很好，但由于种种原因，消费者不愿花时间、心思和精力去关注。这类产品可以通过比较广告引起消费者的注意，让其知道并了解产品，从而提升产品知名度。

第二节 比较广告的优势和风险

一、比较广告的优势

比较广告具备以下这些优势：

其一，与一般广告相比，比较广告更能让消费者充分感受到广告主的产品或服务在同行业中的特质，而这些特质通常是消费者较为关心的，很多研究都证明比较广告确实能够吸引受众对广告的注意。

其二，比较广告有利于市场弱势者或后来者迅速提高知名度，从而进入一个已经建立的市场,获得与市场领先者相近的地位。或者缩短两种品牌在消费者心目中的心理距离,将两品牌同时纳入考虑范畴,造成品牌关联。

其三,有利于广告主打击竞争对手,促进本企业产品销售。

其四,有利于广告主进行品牌定位。

二、比较广告的风险

比较广告也面临比较大的风险:

其一,比较广告可能会弱化广告宣传效果,甚至产生逆反效应。由于比较广告往往是以自己之长比他人之短,并非对产品进行全面介绍,因而会给广告受众以不全面、不客观的印象,很容易激起受众对广告的失信,这样必然损害品牌的原有形象。

其二,比较广告相当于免费为竞争者品牌做宣传,无形中提高了竞争者的知名度。因此,市场领导者一定要慎用比较广告策略,否则可能会产生"劣势者效应",帮小品牌打知名度。

其三,比较广告可能导致法律纠纷。比较广告的确有着不少其他广告形式所没有的功能和长处,但同时也是一个危险区域,稍有不慎,就有"对簿公堂"的危险。我国的广告法律法规中特别规定了一些不允许做直接比较广告的条文。这要求广告创作者必须实事求是,证据确凿,力避一切不实之词。

其四,事实上,比较广告在国外已经比较成熟和流行了,而在中国,除了法律法规方面的限制,还由于文化差异的影响,因此比较广告普遍不受推崇,企业也通常不愿承担这种风险,所以我们在国内也很少看到比较广告(特别是直接比较广告)。

第三节 比较广告的法律规制

一、比较广告哪些情形构成商业诋毁或者贬低他人?

(一)什么样的比较广告构成贬低对手?

2018年王瑞贺在《中华人民共和国反不正当竞争法释义》中指出:商业诋毁中的虚假信息即内容不真实,与实际情况不符的信息。误导性信息一般是指信息虽然真实,但是仅陈述了部分事实,容易引发错误联想的信息。损害(竞争对手)既包括损害个别经营者的商业信誉、个别商品或者服务的声誉,也可能包括损害某种类型、某个行业经营者的商业信誉、某类别商品的声誉。

比较广告构成商业诋毁或者贬低他人的情形基本可以概括为三种：一是伪造比较结果，或者选择不具有可比性的点，宣传竞争对手的商品或者服务不如自己。二是设定不合理的比较条件，宣传不客观、不全面、对竞争对手不利的比较结果，引起消费者对比较品牌的误解。三是未在广告中做比较，纯粹贬低竞争对手的商品或者服务；通过打击竞争对手，间接提升自己的竞争优势。总结来说，经营者不得编造、传播虚假信息或者误导性信息，损害竞争对手的商业信誉、商品声誉。

以某知名品牌矿泉水广告为例，该品牌于 2000 年一则广告中将天然水（矿泉水）与纯净水进行比较，从而误导消费形成喝矿泉水而不喝纯净水的观念。然而，根据有关调查，矿泉水与纯净水只是水质不同，制作工艺不同，各具优点，并无高低好坏之分。这些广告如同一石激起千层浪，不仅引得消费者面对纯净水和矿泉水举棋不定，许多生产纯净水的厂家更是口诛笔伐该品牌，说该品牌公司是有意贬低纯净水的品质。

虽然该品牌这一广告事件没有指明具体同行，但从所贬低的内容来看，是贬低特定的纯净水行业及特定类型的纯净水生产商、特定类别的纯净水商品的，也构成商业诋毁或者贬低他人广告。1993 施行的《中华人民共和国反不正当竞争法》（简称《反不正当竞争法》）中规定了"经营者不得捏造、散布虚伪事实，损害竞争对手的商业信誉、商品声誉"。1993 年颁布后《广告审查标准（试行）》中规定"比较广告的内容，应当是相同的产品或可类比的产品，比较之处应当具有可比性"，以及"对一般性同类产品或者服务进行间接比较的广告，必须有科学的依据和证明"。在 1995 年施行的《广告法》中规定了"广告不得贬低其他生产经营者的商品或者服务"。但是农夫山泉的广告不仅没有科学证明，而且在科学调查后也完全没有可比性。

除此以外，该行为也误导了消费者，让消费者对两种水的品质产生了怀疑。总结这个案例，比较广告构成违法诋毁关键在于是否具有可比性及可比之处是否具有科学依据这两方面，而且广告的误导性内容应能使普通消费者产生模糊或者不正确的认识。另外，根据我国新《广告法》第二十八条的规定，消费者仅产生错误认识还远远不够，还必须因错误认识而影响了购买决策，即引人误解的程度必须明确化才能构成所谓的误导性的比较广告。

（二）比较广告中，在同一项目上用自己的优势对比同行的劣势（比较内容属实），是否构成贬低？

片面地选择对自己有利的因素进行对比，尽管比较内容都是属实的，但是这种行为还是构成贬低。例如，某汽贸公司将其销售的某品牌 SUV 车型与丰田"普拉多"车型以参数对比表的形式进行对比，虽然并未失实，但却以竞争对手老车型的参数对比自身新车型的参数，取得了对自有品牌有利的比较结果。这两款硬派越野车都是 20 世纪 80 年代初诞生，有着相同的市场定位，相似的车身体量，甚至连换代步伐都很一致。如此对对方产品做片面的宣传对比，违反了《广告审查标准》第三十四条中比较之处应当具有可比性，属于《反不正当竞争法》和《广告法》中禁止的误导性信息，足以造成相关公众产生误解，对丰田品牌造成不公平竞争。

所以说，无论是用自己产品的优势项目对比竞争对手的劣势项目，还是在所比较项目上广告主虽然优于竞争对手，但在其他项目上是竞争对手更优秀，抑或是比较项目并非关键因素，所比较项目不会导致广告主在整体上或者性价比上优于竞争对手，等等，在比较广告中却隐瞒了这类情况，足以导致广告受众对比对双方的商业信誉、商品声誉产生误解的，都会被认定为构成《反不正当竞争法》禁止的商业诋毁或者广告法禁止的贬低他人广告。

（三）比较广告中，如果没有具体指明比对的同行是谁，是否构成贬低？

对于不指明但"明确暗示"的比较广告来说，依旧对同行构成了贬低。以某品牌深层洁白牙贴为例：高露洁于 2003 年 7 月起在中国市场推出了一款新产品——牙齿美白液。然而，这种独霸市场的格局并没有维持多久，仅仅过了四个月，宝洁公司旗下某牙膏品牌也在中国推出了同类产品——深层洁白牙贴，并打出了"×××深层洁白牙贴的产品效果是涂抹式美白牙齿液的 3 倍""……美白牙齿液往往于涂上后数分钟便被唾液冲掉而大量流失，洁白成效相对偏低"等广告语。

在上述案例中，虽然没有具体指明比对的同行，但当时市场上的涂抹式美白牙齿液仅高露洁的一款产品，"涂抹式牙齿美白液"这个标签几乎可以与高露洁的产品画上等号，相关公众通过广告内容，结合特定的情形，可推测出被比较的对象，而"佳洁士深层洁白牙贴的产品效果是涂抹式美白牙齿液的 3 倍"这样的广告内容具有极强的暗示性和针对性，是实打实地贬低了同行的产品效果。

2004 年，依照 1993 年施行的《中华人民共和国反不正当竞争法》第二条（损害其他经营者或者消费者的合法权益的行为）、第十四条（经营者不得捏造、散布虚伪事实，损害竞争对手的商业信誉、商品声誉）；1995 年《中华人民共和国广告法》第四条（广告不得含有虚假的内容，不得欺骗、误导消费者）、第十二条（广告不得贬低其他生产经营者的商品或者服务）、第二十一条（广告经营者、广告发布者不得在广告活动中进行任何形式的不正当竞争）；《中华人民共和国民法通则》第一百三十四条第一款（一）停止侵害，（七）赔偿损失，（九）消除影响、恢复名誉，（十）赔礼道歉等条款，上海市第二中级人民法院判处宝洁公司予以赔偿、道歉等。这也是官方对于这类没有具体指明比对的同行是谁的比较广告是否造成贬低给出的定论。

二、我国立法对于比较广告的态度

由于比较广告是采用对比方式做出的，因此不可避免地、或多或少地会带有贬低竞争对手、抬高自身的色彩，也存在损害竞争对手的商业声誉的可能性，甚至在某些情况下，比较广告还会沦为不正当经营的工具。因此，出于维护商业诚信和道德之目的，世界各国对于比较广告的运作方式也有着不同的法律规制。

大陆法系国家历史上对于比较广告持严格规范态度，如法国、意大利此前对于比较广告是严格禁止的。但 20 世纪末，欧盟通过了《比较广告指令》，欧盟各国也都先后承认了比较广告的合法性。相对而言，美国、加拿大、英国等英美法系国家则一直对比较广告持较宽松的态度。

虽然比较广告存在被滥用为不正常竞争手段的可能性，但其通过对不同品牌产品或服务的联系和对比，能够使消费者有针对性地了解不同产品或服务的优势，充分地保障了消费者的知情权，为其做出消费决策提供了更多评价、比较与选择的信息。从这点来说，比较广告对于降低消费者的购买风险、提高市场的自由竞争程度是有利的。

1993 年颁布的《广告审查标准（试行）》第四章专门就比较广告的原则、形式和内容做出了具体规定。第三十二条规定："广告中的比较性内容，不得涉及具体的产品或服务，或采用其他直接的比较方式。"除此之外，比较广告还应满足以下规定：符合公平、正当竞争的原则；必须有科学的依据和证明；广告中使用的数据或调查结果，必须有依据，并应提供国家专门检测机构的证明；广告的内容，应当是相同的产品或可类比的产品，比较之处应当具有可比性；广告中使用的语言、文字的描述，应当准确，并且能使消费者理解；不得以直接或影射方式中伤、诽谤其他产品。

然而，在 1995 年施行的《广告法》中明确规定"广告不得贬低其他生产经营者的商品或者服务"。2015 年修订的新《广告法》，也有相同的规定。除此之外，新《广告法》还规定，医疗、药品、医疗器械广告不得含有与其他药品、医疗器械的功效和安全性或者其他医疗机构比较的内容；保健食品广告不得含有与药品、其他保健食品进行比较的内容。这样看来，我国《广告法》及后续修订版对于前述类别产品的比较广告都是严格禁止的，同时也禁止贬低性质的广告，但前述类别之外的产品或服务是否可以适用对比广告并未加以明确。

此外，由于比较广告是将自身的产品或服务与竞争对手进行比较或类比，往往会在广告中提及对方的产品或服务的商标，因而形成使用他人注册商标的事实，从而违反《中华人民共和国商标法》的相关规定，可能涉及商标侵权。

综合来看，在我国现行的法律体系下，对于比较广告，下列情形是严格禁止的：

禁止使用绝对化语言。2015 年修订的《广告法》第九条（三）规定，广告不得使用"国家级""最高级""最佳"等用语。

禁止虚假宣传。2018 年施行《反不正当竞争法》第八条规定，经营者不得对其商品的性能、功能、质量、销售状况、用户评价、曾获荣誉等作假或者引人误解的商业宣传，欺骗、误导消费者。经营者不得通过组织虚假交易等方式，帮助其他经营者进行虚假或者引人误解的商业宣传。

禁止商业诋毁。2018 年施行《反不正当竞争法》第十一条规定，经营者不得编造、传播虚假信息或者误导性信息，损害竞争对手的商业信誉、商品声誉。

禁止言而无据。2015 年修订的《广告法》第十一条规定，广告使用数据、统计资料、调查结果、文摘、引用语等引证内容的，应当真实、准确，并表明出处。

第四节　比较广告：到底应该怎么做？

如果一个企业想要通过比较广告的形式凸显自身产品或服务的优势，应该如何做才能规避相应的法律风险呢？以下几点值得广告主加以重点关注。

一、值得广告主重点关注的点

（一）自身产品或服务与竞争对手具有可比性

首先，被比较的双方必须是处于同业竞争地位；其次，被比较的产品或服务必须属于同一类型；再次，被比较的内容必须是该类产品或服务所具有的共同特征，如基本成分、制作工艺、服务内容等。

（二）比较的方式具有恰当性

广告的内容不应强调局部的比较结果或对消费者来说无关紧要的差异，而应该比较那些可以影响消费者选择的方面，被比较的性质应在产品或服务的价值或效用方面对消费者具有实际的指导意义。

（三）广告的内容应该具有真实性、客观性

广告必须以客观事实为依据，对商品或服务的一项或多项特点进行全面、客观的比较，避免主观性的感受，不得进行夸大、无中生有、捏造、散布与实际情况不符的宣传，不得含有虚假不实和引人误解的成分。广告主在比较广告中所陈述的事实都是客观真实的，其所依据的数据资料都是可以证实的，援引的依据和证据都是合法的。

(四)广告的目的应具有正当性

广告主的动机和出发点应遵守公平竞争、诚实信用的原则,遵守商业道德,而不得出于贬低他人商业信誉和商品声誉、抬高自己的目的。

(五)广告用语应具有规范性

广告中的用语应当真实、准确、规范、恰如其分和易于理解,不得含有攻击性、诽谤性语言,不得对竞争者、竞争的产品和服务、商标等进行诋毁、贬低和诽谤。

因此,尽管我国的法律规定在比较广告领域尚显薄弱,也缺乏实际的操作细则,但并未完全禁止比较广告的存在。只要广告主和企业遵守上述相关规则,完全可以通过比较广告使得自家产品或服务获得较好的宣传效果,达到预期的效果。

二、诋毁或贬低类比较广告的法律依据与界定

(一)法律依据

1. 2015年修订的《广告法》第十三条:广告不得贬低其他生产经营者的商品或者服务。

2. 1993年颁布的《反不正当竞争法》第十四条,明确禁止商业诋毁行为:经营者不得捏造、散布虚伪事实,损害竞争对手的商业信誉、商品声誉。

3. 2018年施行新《反不正当竞争法》第十一条,对禁止商业诋毁行为的略作表述调整:经营者不得编造、传播虚假信息或者误导性信息,损害竞争对手的商业信誉、商品声誉。(医疗、药品、医疗器械等法律明确禁止作比较性广告宣传的商品或者服务)。

(二)界定依据

1. 郎胜在《中华人民共和国广告法释义》一文中,对广告中"贬低"行为的客观表现列举了三种主要表现形式:

(1)伪造比较结果,或者选择不具有可比性的点,宣传竞争对手的商品或者服务不如自己;

(2)设定不合理的比较条件,宣传不客观、不全面、对竞争对手不利的比较结果;

(3)未在广告中作比较,纯粹贬低竞争对手的商品或者服务;通过打击竞争对手,间接提升自己的竞争优势。

2. 王瑞贺在《中华人民共和国反不正当竞争法释义》(2018年)一文中指出:

(1)商业诋毁中的"虚假信息",即内容不真实,与实际情况不符的信息;

(2)"误导性信息",一般是指信息虽然真实,但是仅陈述了部分事实,容易引

发错误联想的信息；

(3)"损害（竞争对手）"，既包括损害个别经营者的商业信誉、个别商品或者服务的声誉，也可能包括损害某种类型、某个行业经营者的商业信誉，以及某类别商品的声誉。

三、比较广告构成不正当竞争案件的相关典型案例评析

（一）人民法院认定广告是否构成反不正当竞争法规定的虚假宣传行为的判断因素

广州王老吉大健康产业有限公司诉加多宝（中国）饮料有限公司虚假宣传纠纷案[①]

（最高人民法院审判委员会讨论通过 2021 年 7 月 23 日发布）

关键词 民事/反不正当竞争/虚假宣传/广告语/引人误解/不正当占用商誉 **裁判要点**

人民法院认定广告是否构成反不正当竞争法规定的虚假宣传行为，应结合相关广告语的内容是否有歧义，是否易使相关公众产生误解及行为人是否有虚假宣传的过错等因素判断。一方当事人基于双方曾经的商标使用许可合同关系及自身为提升相关商标商誉所做出的贡献等因素，发布涉案广告语，告知消费者基本事实，符合客观情况，不存在易使相关公众误解的可能，也不存在不正当地占用相关商标的知名度和良好商誉的过错，不构成反不正当竞争法规定的虚假宣传行为。

相关法条

《中华人民共和国反不正当竞争法》（2019 年修正）第八条第一款（本案适用的是 1993 年施行的《中华人民共和国反不正当竞争法》第九条第一款）

基本案情

广州医药集团有限公司（以下简称广药集团）是第 626155 号、3980709 号、9095940 号"王老吉"系列注册商标的商标权人。上述商标核定使用的商品种类均为第 32 类：包括无酒精饮料、果汁、植物饮料等。1995 年 3 月 28 日、9 月 14 日，鸿道集团有限公司（以下简称鸿道集团）与广州羊城药业股份有限公司王老吉食品饮料分公司分别签订《商标使用许可合同》和《商标使用许可合同补充协议》，取得独家使用第 626155 号商标生产销售带有"王老吉"三个字的红色纸包装和罐装

---

① 中华人民共和国最高人民法院. 指导案例 161 号：广州王老吉大健康产业有限公司诉加多宝（中国）饮料有限公司虚假宣传纠纷案 [R/OL]. (2021-08-30) [2022-11-03]. https://www.court.gov.cn/fabu-xiangqing-316251.html.

清凉茶饮料的使用权。1997年6月14日，陈鸿道被国家专利局授予《外观设计专利证书》，获得外观设计名称为"罐帖"的"王老吉"外观设计专利。2000年5月2日，广药集团（许可人）与鸿道集团（被许可人）签订《商标许可协议》，约定许可人授权被许可人使用第626155号"王老吉"注册商标生产销售红色罐装及红色瓶装王老吉凉茶。被许可人未经许可人书面同意，不得将该商标再许可其他第三者使用，但属被许可人投资（包括全资或合资）的企业使用该商标时，不在此限，但需知会许可人；许可人除自身及其下属企业已生产销售的绿色纸包装"王老吉"清凉茶外，许可人不得在第32类商品（饮料类）上使用"王老吉"商标或授权第三者使用"王老吉"商标，双方约定许可的性质为独占许可，许可期限自2000年5月2日至2010年5月2日止。1998年9月，鸿道集团投资成立东莞加多宝食品饮料有限公司，后更名为广东加多宝饮料食品有限公司。加多宝（中国）饮料有限公司（以下简称加多宝中国公司）成立于2004年3月，属于加多宝集团关联企业。

此后，通过鸿道集团及其关联公司长期多渠道的营销、公益活动和广告宣传，培育红罐"王老吉"凉茶品牌，并获得众多荣誉，如罐装"王老吉"凉茶饮料在2003年被广东省佛山市中级人民法院认定为知名商品，"王老吉"罐装凉茶的装潢被认定为知名商品包装装潢；罐装"王老吉"凉茶多次被有关行业协会等评为"最具影响力品牌"；根据中国行业企业信息发布中心的证明，罐装"王老吉"凉茶在2007—2012年度均获得市场销量或销售额的第一名；等等。加多宝中国公司成立后开始使用前述"王老吉"商标生产红色罐装凉茶（罐身对称两面从上至下印有"王老吉"商标）。

2012年5月9日，中国国际经济贸易仲裁委员会对广药集团与鸿道集团之间的商标许可合同纠纷做出终局裁决：（一）《"王老吉"商标许可补充协议》和《关于"王老吉"商标使用许可合同的补充协议》无效；（二）鸿道集团停止使用"王老吉"商标。

2012年5月25日，广药集团与广州王老吉大健康产业有限公司（以下简称大健康公司）签订《商标使用许可合同》，许可大健康公司使用第3980709号"王老吉"商标。大健康公司在2012年6月份左右，开始生产"王老吉"红色罐装凉茶。

2013年3月，大健康公司在重庆市几处超市分别购买到外包装印有"全国销量领先的红罐凉茶改名加多宝"字样广告语的"加多宝"红罐凉茶产品及标有"全国销量领先的红罐凉茶改名加多宝"字样广告语的手提袋。根据重庆市公证处（2013）渝证字第17516号公证书载明，在"www.womai.com"中粮我买网网站上，有"加多宝"红罐凉茶产品销售，在销售页面上，有"全国销量领先的红罐凉茶改名加多宝"字样的广告宣传。根据（2013）渝证字第20363号公证书载明，在央视网广告频道VIP品牌俱乐部中，亦印有"全国销量领先的红罐凉茶改名加多宝"字样的"加多宝"红罐凉茶产品的广告宣传。2012年5月16日，人民网食品频道以"红罐王老吉改名'加多宝'配方工艺均不变"为题做了报道。2012年5月18日，搜狐新闻以"红罐王老吉改名加多宝"为题做了报道。2012年5月23日，中国食品报电子版以"加多宝就是以前的王老吉"为题做了报道；同日，网易新闻也以"红罐'王老吉'正式更名'加多宝'"为题做了报道，并标注信息来源于《北京晚报》。2012年6月1日，《中国青年报》以"加多宝凉茶全国上市红罐王老吉正式改名"为题做了报道。

大健康公司认为，上述广告内容与客观事实不符，使消费者形成错误认识，请求确认加多宝中国公司发布的包含涉案广告词的广告构成反不正当竞争法规定的不正当竞争，系虚假宣传，并判令立即停止发布包含涉案广告语或与之相似的广告词的电视、网络、报纸和杂志等媒体广告等。

裁判结果

重庆市第五中级人民法院于2014年6月26日做出（2013）渝五中法民初字第00345号民事判决：一、确认被告加多宝中国公司发布的包含"全国销量领先的红罐凉茶改名加多宝"广告词的宣传行为构成不正当竞争的虚假宣传行为；二、被告加多宝中国公司立即停止使用并销毁、删除和撤换包含"全国销量领先的红罐凉茶改名加多宝"广告词的产品包装和电视、网络、视频及平面媒体广告；三、被告加多宝中国公司在本判决生效后十日内在《重庆日报》上公开发表声明以消除影响（声明内容须经本院审核）；四、被告加多宝中国公司在本判决生效后十日内赔偿原告大健康公司经济损失及合理开支40万元；五、驳回原告大健康公司的其他诉讼请求。宣判后，加多宝中国公司和大健康公司提出上诉。重庆市高级人民法院于2015年12月15日做出（2014）渝高法民终字第00318号民事判决，驳回上诉，维持原判。加多宝中国公司不服，向最高人民法院申请再审。最高人民法院于2019年5月28日做出（2017）最高法民再151号民事判决：一、撤销重庆市高级人民法院（2014）渝高法民终字第00318号民事判决；二、撤销重庆市第五中级人民法院（2013）渝五中法民初字第00345号民事判决；三、驳回大健康公司的诉讼请求。

裁判理由

最高人民法院认为，加多宝中国公司使用"全国销量领先的红罐凉茶改名加多宝"广告语的行为是否构成虚假宣传，需要结合具体案情，根据日常生活经验，以相关公众的一般注意力，判断涉案广告语是否片面、是否有歧义，是否易使相关公众产生误解。

首先，从涉案广告语的含义看，加多宝中国公司对涉案广告语"全国销量领先的红罐凉茶改名加多宝"的描述和宣传是真实和符合客观事实的。根据查明的事实，鸿道集团自1995年取得"王老吉"商标的许可使用权后独家生产销售"王老吉"红罐凉茶，直到2012年5月9日中国国际经济贸易仲裁委员会对广药集团与鸿道集团之间的商标许可合同做出仲裁裁决，鸿道集团停止使用"王老吉"商标，在长达十七年的时间内加多宝中国公司及其关联公司作为"王老吉"商标的被许可使用人，通过多年的广告宣传和使用，已经使"王老吉"红罐凉茶在凉茶市场具有很高知名度和美誉度。根据中国行业企业信息发布中心的证明，罐装"王老吉"凉茶在2007—2012年度，均获得市场销量或销售额的第一名。而在"王老吉"商标许可使用期间，广药集团并不生产和销售"王老吉"红罐凉茶。因此，涉案广告语前半部分"全国销量领先的红罐凉茶"的描述与统计结论相吻合，不存在虚假情形，且其指向性也非常明确，指向的是加多宝中国公司及其关联公司生产和销售的"王老吉"红罐凉茶。2012年5月9日，"王老吉"商标许可协议被中国国际经济贸易仲裁委员会裁决无效，加多宝中国公司及其关联公司开始生产"加多宝"红罐凉茶，因此在涉案广告语后半部分宣称"改名加多宝"也是客观事实的描述。

其次，从反不正当竞争法规制虚假宣传的目的看，反不正当竞争法是通过制止对商品或者服务的虚假宣传行为，维护公平的市场竞争秩序。一方面，从不正当竞争行为人的角度分析，侵权人通过对产品或服务的虚假宣传，如对产地、性能、用途、生产期限、生产者等不真实或片面的宣传，获取市场竞争优势和市场机会，损害权利人的利益；另一方面，从消费者角度分析，正是由于侵权人对商品或服务的虚假宣传，使消费者发生误认误购，损害权利人的利益。因此，反不正当竞争法上的虚假宣传立足点在于引人误解的虚假宣传，如果对商品或服务的宣传并不会使相关公众产生误解，则不是反不正当竞争法上规制的虚假宣传行为。本案中，在商标使用许可期间，加多宝中国公司及其关联公司通过多年持续、大规模的宣传使用行为，不仅显著提升了王老吉红罐凉茶的知名度，而且向消费者传递王老吉红罐凉茶的实际经营主体为加多宝中国公司及其关联公司。由于加多宝中国公司及其关联公司在商标许可使用期间生产"王老吉"红罐凉茶已经具有很高知名度，相关公众普遍认知的是加多宝中国公司生产的"王老吉"红罐凉茶，而不是大健康公司于2012年6月份左右生产和销售的"王老吉"红罐凉茶。在加多宝中国公司及其关联公司不再生产"王老吉"红罐凉茶后，加多宝中国公司使用涉案广告语实际上是向相关公众行使告知义务，告知相关公众以前的"王老吉"红罐凉茶现在商标已经为加多宝，否则相关公众反而会误认为大健康公司生产的"王老吉"红罐凉茶为原来加多宝中国公司生产的"王老吉"红罐凉茶。因此，加多宝中国公司使用涉案广告语不存在易使相关公众误认误购的可能性，反而没有涉案广告语的使用，相关公众会发生误认误购的可能性。

再次，涉案广告语"全国销量领先的红罐凉茶改名加多宝"是否不正当地完全占用了"王老吉"红罐凉茶的知名度和良好商誉，使"王老吉"红罐凉茶无形中失去了原来拥有的知名度和商誉，并使相关公众误认为"王老吉"商标已经停止使用或不再使用。其一，虽然"王老吉"商标知名度和良好声誉是广药集团作为商标所有人和加多宝中国公司及其关联公司共同宣传使用的结果，但是"王老吉"商标知名度的提升和巨大商誉却主要源于加多宝中国公司及其关联公司在商标许可使用期间大量的宣传使用。加多宝中国公司使用涉案广告语即便占用了"王老吉"商标的一部分商誉，但由于"王老吉"商标商誉主要源于加多宝中国公司及其关联公司的贡献，因此这种占用具有一定合理性。其二，广药集团收回"王老吉"商标后，开始授权许可大健康公司生产"王老吉"红罐凉茶，这种使用行为本身即已获得了王老吉商标商誉和美誉度。其三，2012年6月大健康公司开始生产"王老吉"红罐凉茶，因此消费者看到涉案广告语客观上并不会误认为"王老吉"商标已经停止使用或不再使用，凝结在"王老吉"红罐凉茶上的商誉在大健康公司生产"王老吉"红罐凉茶后，自然为大健康公司所享有。其四，大健康公司是在商标许可合同仲裁裁决无效后才开始生产"王老吉"红罐凉茶，此前其并不生产红罐凉茶，因此涉案广告语并不能使其生产的"王老吉"红罐凉茶无形中失去了原来拥有的知名度和商誉。

本案中，涉案广告语虽然没有完整反映商标许可使用期间及商标许可合同终止后，加多宝中国公司为何使用、终止使用并变更商标的相关事实，确有不妥，但是加多宝中国公司在商标许可合同终止后，为保有在商标许可期间其对"王老吉"红罐凉茶商誉提升所做出的贡献而享有的权益，将"王老吉"红罐凉茶改名"加多宝"的基本事实向消费者告知，其主观上并无明显不当；在客观上，基于广告语的简短扼要特点，以及"王老吉"商标许可使用情况、加多宝中国公司及其关联公司对提升"王老吉"商标商誉所做出的巨大贡献，消费者对王老吉红罐凉茶实际经营主体的认知，结合消费者的一般注意力、发生误解的事实和被宣传对象的实际情况，加多宝中国公司使用涉案广告语并不产生引人误解的效果，并未损坏公平竞争的市场秩序和消费者的合法权益，不构成虚假宣传行为。即便部分消费者在看到涉案广告语后有可能会产生"王老吉"商标改为"加多宝"商标，原来的"王老吉"商标已经停止使用或不再使用的认知，也属于商标许可使用关系中商标控制人与实际使用人相分离后，尤其是商标许可关系终止后，相关市场可能产生混淆的后果，但该混淆的后果并不必然产生反不正当竞争法上的"引人误解"的效果。

(二) 比较广告有时还会涉及商标/名称。擅自将他人已实际具有商号作用的企业名称简称作为商业活动中互联网竞价排名关键词，使相关公众产生混淆误认的，是不正当竞争行为

天津中国青年旅行社诉天津国青国际旅行社
擅自使用他人企业名称纠纷案①

（最高人民法院审判委员会讨论通过 2014 年 6 月 26 日发布）

关键词　民事　不正当竞争　擅用他人企业名称

裁判要点

1. 对于企业长期、广泛对外使用，具有一定市场知名度、为相关公众所知悉，已实际具有商号作用的企业名称简称，可以视为企业名称予以保护。

2. 擅自将他人已实际具有商号作用的企业名称简称作为商业活动中互联网竞价排名关键词，使相关公众产生混淆误认的，属于不正当竞争行为。

相关法条

1.《中华人民共和国民法通则》第一百二十条

2.《中华人民共和国反不正当竞争法》（1993 年）第五条

基本案情

原告天津中国青年旅行社（以下简称天津青旅）诉称：被告天津国青国际旅行社有限公司在其版权所有的网站页面、网站源代码及搜索引擎中，非法使用原告企业名称全称及简称"天津青旅"，违反了反不正当竞争法的规定，请求判令被告立即停止不正当竞争行为、公开赔礼道歉、赔偿经济损失 10 万元，并承担诉讼费用。

被告天津国青国际旅行社有限公司（以下简称天津国青旅）辩称："天津青旅"没有登记注册，并不由原告享有，原告主张的损失没有事实和法律依据，请求驳回原告诉讼请求。

法院经审理查明：天津中国青年旅行社于 1986 年 11 月 1 日成立，是从事国内及出入境旅游业务的国有企业，直属于共青团天津市委员会。共青团天津市委员会出具证明称，"天津青旅"是天津中国青年旅行社的企业简称。2007 年，《今晚报》等媒体在报道天津中国青年旅行社承办的活动中已开始以"天津青旅"简称指代天津中国青年旅行社。天津青旅在报价单、旅游合同、与同行业经营者合作文件、发票等资料及经营场所各门店招牌上等日常经营活动中，使用"天津青旅"作为企业

---

① 中华人民共和国最高人民法院. 指导案例 29 号：天津中国青年旅行社诉天津国青国际旅行社擅自使用他人企业名称纠纷案[R/OL]. (2015-02-09)[2022-08-03]. https://www.court.gov.cn/shenpan-xiangqing-13345.html.

的简称。天津国青国际旅行社有限公司于 2010 年 7 月 6 日成立,是从事国内旅游及入境旅游接待等业务的有限责任公司。

2010 年年底,天津青旅发现通过 Google 搜索引擎分别搜索"天津中国青年旅行社"或"天津青旅",在搜索结果的第一名并标注赞助商链接的位置,分别显示"天津中国青年旅行社网上营业厅 www.lechuyou.com 天津国青网上在线营业厅,是您理想选择,出行提供优质、贴心、舒心的服务"或"天津青旅网上营业厅 www.lechuyou.com 天津国青网上在线营业厅,是您理想选择,出行提供优质、贴心、舒心的服务",点击链接后进入网页是标称天津国青国际旅行社乐出游网的网站,网页顶端出现"天津国青国际旅行社—青年旅行社青旅/天津国旅"等字样,网页内容为天津国青旅游业务信息及报价,标称网站版权所有:乐出游网—天津国青,并标明了天津国青的联系电话和经营地址。同时,天津青旅通过百度搜索引擎搜索"天津青旅",在搜索结果的第一名并标注推广链接的位置,显示"欢迎光临天津青旅重合同守信誉单位,汇集国内出境经典旅游线路,100%出团,天津青旅 400-611-5253 022. ctsgz.cn",点击链接后进入网页仍然是上述标称天津国青乐出游网的网站。

裁判结果

天津市第二中级人民法院于 2011 年 10 月 24 日做出(2011)二中民三知初字第 135 号民事判决:一、被告天津国青国际旅行社有限公司立即停止侵害行为;二、被告于本判决生效之日起三十日内,在其公司网站上发布致歉声明持续 15 天;三、被告赔偿原告天津中国青年旅行社经济损失 30 000 元;四、驳回原告其他诉讼请求。宣判后,天津国青旅提出上诉。天津市高级人民法院于 2012 年 3 月 20 日做出(2012)津高民三终字第 3 号民事判决:一、维持天津市第二中级人民法院上述民事判决第二、三、四项;二、变更判决第一项"被告天津国青国际旅行社有限公司立即停止侵害行为"为"被告天津国青国际旅行社有限公司立即停止使用'天津中国青年旅行社'、'天津青旅'字样及作为天津国青国际旅行社有限公司网站的搜索链接关键词";三、驳回被告其他上诉请求。

裁判理由

法院生效裁判认为:根据《最高人民法院关于审理不正当竞争民事案件应用法律若干问题的解释》第六条第一款规定:"企业登记主管机关依法登记注册的企业名称,以及在中国境内进行商业使用的外国(地区)企业名称,应当认定为反不正当竞争法第五条第(三)项规定的'企业名称'。具有一定的市场知名度、为相关公众所知悉的企业名称中的字号,可以认定为反不正当竞争法第五条第(三)项规定的'企业名称'。"因此,对于企业长期、广泛对外使用,具有一定市场知名度、为相关公众所知悉,已实际具有商号作用的企业名称简称,也应当视为企业名称予以保护。"天津中国青年旅行社"是原告 1986 年成立以来一直使用的企业名称，原告享有企业名称专用权。"天津青旅"作为其企业名称简称，于 2007 年就已被其在经营活动中广泛使用，相关宣传报道和客户也以"天津青旅"指代天津中国青年旅行社，经过多年在经营活动中使用和宣传，已享有一定市场知名度，为相关公众所知悉，已与天津中国青年旅行社之间建立起稳定的关联关系，具有可以识别经营主体的商业标识意义。所以，可以将"天津青旅"视为企业名称与"天津中国青年旅行社"共同加以保护。

《中华人民共和国反不正当竞争法》（1993 年）第五条第（三）项规定，经营者不得采用"擅自使用他人的企业名称或者姓名，引人误认为是他人的商品"等不正当手段从事市场交易，损害竞争对手。因此，经营者擅自将他人的企业名称或简称作为互联网竞价排名关键词，使公众产生混淆误认，利用他人的知名度和商誉，达到宣传推广自己的目的的，属于不正当竞争行为，应当予以禁止。天津国青旅作为从事旅游服务的经营者，未经天津青旅许可，通过在相关搜索引擎中设置与天津青旅企业名称有关的关键词并在网站源代码中使用等手段，使相关公众在搜索"天津中国青年旅行社"和"天津青旅"关键词时，直接显示天津国青旅的网站链接，从而进入天津国青旅的网站联系旅游业务，达到利用网络用户的初始混淆争夺潜在客户的效果，主观上具有使相关公众在网络搜索、查询中产生误认的故意，客观上擅自使用"天津中国青年旅行社"及"天津青旅"，利用了天津青旅的企业信誉，损害了天津青旅的合法权益，其行为属于不正当竞争行为，依法应予制止。天津国青旅作为与天津青旅同业的竞争者，在明知天津青旅企业名称及简称享有较高知名度的情况下，仍擅自使用，有借他人之名为自己谋取不当利益的意图，主观恶意明显。依照《中华人民共和国民法通则》第一百二十条规定，天津国青旅应当承担停止侵害、消除影响、赔偿损失的法律责任。至于天津国青旅在网站网页顶端显示的"青年旅行社青旅"字样，并非原告企业名称的保护范围，不构成对原告的不正当竞争行为。

● 思考与练习

1. 比较广告有哪些常见的类型？

2. 如果一个企业想要通过比较广告的形式凸显自身产品或服务的优势，应该如何做才能规避相应的法律法规方面的风险呢？

3. 有人主张全面禁止比较广告，有人建议有条件地支持比较广告。说说你的观点并阐述主要理由。

4. 比较广告中，如果没有具体指明比对的同行是谁，是否构成贬低？

第六章
植入式营销：创新与挑战

本章内容提要：植入式营销是随着电影、电视、游戏等的发展而兴起的一种新型广告形式，是在影视、综艺和游戏中刻意插入品牌的产品或服务，以达到潜移默化的宣传效果。本章通过介绍植入式营销的起源与发展，植入式营销的多元形态，就元宇宙中的植入营销、跨界植入营销等前沿内容展开讨论。学习者应认识到：在多元信息时代，植入式营销是广告运作的一项重要突破。

第一节　植入式营销的定义、形成与分类

一、植入式营销的定义

植入式营销（Product Placement Marketing）又称植入式广告（Product Placement），是指将产品或品牌及其代表性的视觉符号甚至服务内容策略性融入电影、电视剧或电视节目内容中，通过场景的再现，让观众留下对产品和品牌的印象，继而达到营销的目的。在中国往往将 Product Placement 翻译为隐性广告或称其为软广告。相对于普通营销广告，植入式广告形式新颖、到达率高，是众多品牌宣传品牌形象的方式之一，具有独特的优势。

植入式营销不仅运用于电影、电视，而且被"植入"报纸、杂志、网络游戏、手机短信，甚至小说之中。可以说，只要是消费者所能接触到的平台，都有可能成为品牌传播的载体。

二、植入式营销的起源与发展

（一）植入式营销的起源

早在 20 世纪 50 年代，卡尔·霍夫兰在说服性研究中就曾指出，当传播的论题简单明确且对象文化水平较高时，"寓观点于材料之中"比"明示结论"将更具说服力，植入式营销便是充分运用了这一策略技巧。从植入式营销的定义出发，国外最早的植入式广告可以追溯到 19 世纪法国文学家巴尔扎克的作品《人间喜剧》。巴尔扎克为感谢一位做裁缝的朋友布依松免费给自己做衣服，就把他的真实姓名和住址写进了《人间喜剧》。在这本书中，社会名流、达官显贵都是布依松裁缝店的顾客，他们对布依松的技艺甚为赞赏。许多读者读了巴尔扎克的《人间喜剧》以后，慕名来到布依松的裁缝店，这一举动使得布依松的裁缝店生意大好。也有学者认为，从广告的定义出发，二者之间没有付费这一行为，因此这一事件不能被看作是真正意义上的商业性广告。

具有真正意义的商业植入式营销在 1929 年美国卡通片《大力水手》中出现。这部影片是由一家生产菠菜罐头的企业赞助拍摄。菠菜是大力水手波比钟爱的食物。"我很强壮。我爱吃菠菜。我是大力水手波比。"是影片中反复出现的台词。当时美国正处于经济大萧条时期，政府急需一种便宜的食物来代替肉类，富含铁元素的菠菜加上正义的大力水手形象及印有大力水手的菠菜罐头搭乘了这股"东风"得到大

力推广，使市场销量激增。

植入式广告虽然是舶来品，20世纪90年代才进入国内，但是在我国春秋战国时期就曾有过植入式广告的影子。据《战国策》记载："人有卖骏马者，比三旦立市，人莫知之。往见伯乐曰：'臣有骏马，欲卖之，比三旦立于市，人莫与言，愿子还而视之，去而顾之，臣请献一朝之贾①。'伯乐乃还而视之，去而顾之，一旦而马价十倍。"这则故事中，卖马人邀请伯乐来到现场。伯乐未发一言，只是围着马看了一圈，走的时候回头看了一眼，马的价格就上涨了10倍。卖马人在卖马遇到困难的情况下，充满智慧地把举国皆知的相马界的权威伯乐先生请到现场，并巧妙地安排伯乐"还而视之，去而顾之"。既没有请他发表讲话，也没有请他倾力推销，从而避免了买马人对专家代言的反感和抵触，以及对卖马人和伯乐相互串通、弄虚作假的怀疑，又为自己的马做了一次非常成功的营销，取得了非常理想的效果。如果把卖马人看成是广告主，买马人看成是消费者，那么，伯乐卖马的故事也是古代的植入式营销。

（二）植入式营销的发展

国外商业广告成长于20世纪30年代。虽然在20世纪20年代，一些好莱坞的电影和电视节目中开始运用了产品植入手法，但是这是制片商的自发行为，收费低廉，甚至免费。植入式广告营销方式在当时还没有引起专业人士的重视。例如，在20世纪30年代，宝洁公司以"必须将公司的相关产品植入对白当中"为条件赞助播出广播剧，"肥皂剧"因此而得名。1932年，美国喜剧片《马鬃》中有这样一个情节，女主角塞尔玛·托德从独木舟上坠入河中，她朝船上的格劳乔·马克斯大呼递给她一个救生圈，于是格劳乔不紧不慢地从口袋里掏出一个名叫"救生圈"的糖果（Lifesavers Candy）抛向了她，影片以特写镜头展示了格劳乔取糖的动作。1951年，在由凯瑟琳·赫本和和亨莱福·鲍嘉主演的电影《非洲皇后号》中，男女主人公开怀畅饮戈登松子酒，该酒的商标在影片中清晰可见。

国外商业植入式广告发展于20世纪80年代。1982年斯皮尔伯格导演的电影《E.T.外星人》在商业植入式广告发展史上具有里程碑意义。影片中，小主人公用好时公司生产的里斯（Reese's Pieces）巧克力把外星人吸引到了屋里，观众记住了里斯巧克力的神奇吸引力。电影仅上映三个月，该巧克力的销售量就劲增了65%，一跃成为当时全美最受欢迎的巧克力。将产品广告植入作品所带来的奇特营销效果，引起了营销界的重视。由于20世纪80年代制作电影和电视节目的成本剧增，制作人希望通过植入式广告来拓展收入渠道，推动了商业植入式广告的发展。

---

① 原作"贾"，疑当作"费"。

由此，越来越多的产品或品牌的广告出现在好莱坞的电影中。到了 20 世纪 90 年代，植入式广告已经成为好莱坞电影产业链中的重要环节，美国制定了标准化的作业程序（Standard Operation Procedure），还成立了植入式广告行业自律组织，即娱乐资源和营销协会（Entertainment Resources and Marketing Association，ERMA），商业植入式广告迈上了健康发展道路。

国外商业植入式广告繁荣于 21 世纪初。2007 年 3 月 PQ Media 发布的报告显示，2006 年全球植入式广告市场收入为 77.6 亿美元，其中美国就占据了全部收入的三分之二，遥遥领先。许多知名广告集团纷纷涉足这一领域，成立专业化的子公司，如 IPG 集团旗下的 Deutsch 成立了 Media Bridge Entertainment，WPP 成立了 Mindshare Entertainment，Omnicom 成立了 Full Circle Entertainment，等等。美国的福特公司也在好莱坞设立了专门机构具体负责公司品牌的商业植入式广告业务。而俄罗斯 Video International 公司专门设置了一个庞大的部门负责电影植入式广告业务。

随着大众消费的数字化、符号化，植入式广告被赋予了品牌内容营销的新内涵。2003 年，全球品牌内容营销协会（Branded Content Marketing Association）在伦敦成立，标志着全球营销沟通从"打扰式时代（Age of Interruption）"正式步入了"植入式时代（Age of Engagement）"。如今，植入式广告已经成为全球营销市场的一支重要力量。

在中国，随着 20 世纪 80 年代有线电视的出现，电视频道增加到 100 多个，观众对电视节目的选择性越来越大，这种新的收视行为也让广告的选择变得多样化。

国内商业植入式广告引进于 90 年代初，与国外植入式广告发端于电影不同，国内植入式广告最早与电视结缘。中央电视台的《正大综艺》和室内情景电视剧《编辑部的故事》率先使用植入式广告。《正大综艺》由泰国正大集团冠名赞助，是我国第一档具有商业性质的电视节目。《编辑部的故事》是我国第一部电视系列喜剧，由北京百龙绿色科技公司出资 13.5 万元赞助，并提出了五个赞助条件：第一，在每集电视剧的片尾打出特大字幕"百龙矿泉壶录制"；第二，在每集电视剧中作为道具的百龙矿泉壶出现的时间不得低于 5 分钟；第三，在电视剧中为百龙矿泉壶编一段戏。第四，百龙外景在电视剧中出现；第五，剧中演员利用剧中的场景做背景，为百龙矿泉壶拍一个 30 秒的电视广告。随着该电视剧的热播，百龙矿泉壶成为家喻户晓的产品，市场销售量直线上升，形成了营销界著名的"百龙现象"。

21 世纪进入了"知识时代"，人们的文化层次、知识水平及媒介素养等逐步提高，观众对传统电视广告的排斥性越来越大，重复性高、指向性强、创意性弱的电视贴片广告已经难以满足观众的口味。

因此，植入式广告应运而生，内容方与广告主通过"嵌入式"的精准把控，将广告信息巧妙地依附在电视节目内容之中，构成了观众视听情节的一部分，进而留下产品及品牌的印象。与传统电视广告相比，样态的"隐蔽性"与内容的"流畅度"成为植入式广告个性化的特征。

国内商业植入广告始于20世纪90年代。植入式广告进入国内后的最初几年，由于还没有形成产业意识，发展比较缓慢，基本处于尝试摸索阶段。直到1999年，贺岁影片《没完没了》的上映，将中国银行、欧陆经典、红牛、燕京啤酒、海尔等一批产品或品牌植入电影中，开创了我国电影植入式广告的先河，标志着国内植入式广告进入了全新的发展阶段。此后，植入式广告如雨后春笋般在众多影视剧和电视综艺节目中出现，以《手机》《天下无贼》《非诚勿扰》等为代表的一批商业电影，以《奋斗》《乡村爱情故事》等为代表的一批电视剧，以《幸运52》《超级女声》《加油！好男儿》等为代表的一批电视综艺节目，掀起了国内植入式广告发展的高潮。央视春节晚会也难以抵抗植入式广告带来的诱人商机，从贺电拜年到零点报时，从相声小品到歌舞魔术，植入式广告的身影随处可见。

如今，植入式广告已经成为广告主争相抢占的"香饽饽"，成为广告代理商和媒介机构的"招财猫"。植入式广告的母体也随着信息技术的快速发展，从电影、电视等传统媒体拓展到了手机、网络等新兴媒介。我国植入式广告发展虽然只有短短的二三十年，但发展速度非常快，发展势头十分强劲。2009年我国综艺娱乐节目中的植入式广告产值已近10亿元人民币，2010年央视春晚植入式广告收入就近1亿元人民币。

与美国等发达国家相比，我国植入式广告的发展并不成熟，仍然处于发展的初级阶段。我国电影植入式广告的运作模式仍然以场景植入和语言植入等浅层次、低级别的方式为主，品牌与载体内容之间的融合度和黏合度还不高，存在手段生硬和效果突兀的问题；品牌商业利益和电影艺术价值的平衡度没有把握好，存在植入数量过多、一味追求经济利益而忽视受众利益的问题。这些问题已经引起了观众对植入式广告的反感，影响了我国植入式广告的健康、良性发展。有观众戏谑：《熊猫人》告诉我们，广告还能拍成电视剧；《刺陵》告诉我们，广告还能拍成电影；春晚告诉我们，广告还能拍成晚会。《唐山大地震》上映后，其中的植入广告颇受争议，甚至有人指责导演"大发国难财"。我国植入式广告走到了"十字路口"，需要业界做出正确的抉择。

三、植入式营销多元形态

植入式营销是创意策略与传播媒体的完美结合。虽然它的发展历程不长，但依旧可以依据不同的标准对其进行分类,以便为广告主和广告从业者提供决策方案。

(一) 按媒体的种类划分

按照媒体种类分,植入式营销主要可以分为影视类媒体植入、平面类媒体植入、户外媒体植入和网络媒体植入。

1. 影视类媒体植入

影视类媒体的植入是植入式营销发展的最初阶段,长期以来最受研究者关注。这种植入式营销的主要形式有:

(1) 场景植入

"场景植入"是电视节目广告中最常见、植入度最浅的一种方式,它将产品的视觉符号或产品本身形象设置在电视节目的背景中,通常以大块面积的画面信息体现,以达到广告营销的目的。

浙江卫视《奔跑吧!兄弟》节目第五季就是以方特旅游度假区为拍摄场景,跑男成员被分成四个队伍在游乐场内进行游戏比拼,无论是比赛场地还是活动方式,都和方特旅游度假区息息相关,观众沉浸在节目的喜悦中时,也能够轻松地识别这一品牌信息。

场景植入虽然可以带给产品不言而喻的"露出感",但是这种植入方式操作简单、过于明显,往往会让观众觉得生硬、突兀。

(2) 道具、服饰类等形象植入

这是电视节目广告最简单的植入形式,把某件产品作为节目中的道具出现在电视屏幕上,借助人物动态或特写镜头等手法来突出产品的视觉形象。

这种形式把产品直接作为演员的道具或服饰,借助演员及其所饰演的角色的身份、地位等来突出产品功能或品牌个性。换句话说,就是演员在剧中穿的、戴的、用的都是植入的产品。如2007年暑假电影强档《变形金刚》中的雪弗来、诺基亚、孩之宝,《欲望都市》中的烈酒、服饰、珠宝、鞋子,等等。

视觉形象的广告植入十分普遍,对内容方而言,在广告主数量较多时一般采取这类植入方式。

(3) 台词植入

台词植入是指内容方将广告主所要推广的产品名称或信息转化为听觉符号,通过人物的台词或对白表现出来的一种广告植入方式。

电视剧《古剑奇谭》中有一句台词是:"我本是山中一株包治百病的板蓝根。"这句话正是把"板蓝根"产品植入到人物的台词中,令观众开怀大笑,一夜之间"千年板蓝根"便成为热门话题,甚至还出现了"你好,我是修炼千年的XXX"的板蓝根体。

在 2016 年热播电视剧《青云志》中，剧中人物去天和医馆抓药，妙手回春的"三九真人"询问他需要什么药，他拿出药方说了一句"三九感冒灵"，这样的对白植入令观众印象十分深刻。

一直以来，医药行业在广告营销方面都是沉稳、谨慎的姿态，如今借助电视节目进行台词植入，实现了很好的效果诉求。

（4）情节植入

情节植入指的是内容方在内容制作过程中，将产品的信息与服务设置为推动故事情节、节目进程的一部分。这种植入方式能够软化产品宣传的"硬核"，把产品的形象与功能根植于电视节目内容里，隐蔽性更高，观众接受度也更高。①

热播的电视剧《三生三世十里桃花》中，四川泸州老窖的"桃花醉"产品可谓是占尽风头，剧中十里桃林三世情缘便源自这一壶酒——"桃花醉"。产品在剧中出现频率很高，但桃花醉与十里桃林完美契合，再加上小巧古朴的外观设计，整个植入与剧情行云流水般融洽，观众看后毫无抵触感。

在市场广告趋于同质化的背景下，随着网络时代的发展，网络用户越来越多，而用户的触媒习惯也越发碎片化，观看网剧成为许多人娱乐消遣的方式。品牌方明显感知到了市场的变化，嗅到了商机，开始在网剧的植入广告上下功夫，一改过去传统广告生硬、突兀的形象，越来越多品牌在传播策略上开始倾向于"玩出花样"。与常规电视剧广告的规整传统不同，网剧的植入广告形式多样，更加灵活，内容偏向碎片化。或构建与网剧相同的场景、相同的剧情来链接剧情宣传商品；或通过使广告融入剧情进行广告信息宣传，网剧中的主角便是天然的品牌"代言人"，他们通过在剧中使用品牌、赞美品牌，来完成品牌宣传这一工作。

2. 平面类媒体植入

平面类媒体的植入主要表现为报纸和杂志的软文广告，其实这种含有植入式理念的营销方法由来已久。软文广告是一种嵌入报纸或者杂志的文章当中的广告，往往与其周围文章的格调、形式保持一致，读者会把它当作新闻正文来读。目前，国家已经对软文广告进行了严格的规定，禁止新闻性广告的出现，并要求在报纸的软文广告上加上"广告"字样，至此，软文广告这种潜伏在受众视野中的植入式营销被拖出水面，变成了"硬文"。

3. 户外类媒体的植入

户外类媒体的植入主要以图像符号的植入为基础，把广告植入到情景或景观中去，有情景植入和景观植入。随着城市的可持续发展，为了解决户外广告与城市景

---

① 赵曙光. 幻影注意力：基于眼动实验的植入式广告效果研究 [M]. 上海：复旦大学出版社，2014：13.

观的冲突，把户外广告植入城市的景观中成为一个很好的办法，在减少图像污染和冲突的同时，增加了美感与和谐感，使品牌和产品的形象深入人心，又为其取得了道义资本，是商业利益和社会利益的统一。

4. 网络类媒体的植入

网络媒体的综合性、多元化特征，使得植入的形式在整合以上三种媒体的植入模式的基础上进行了创新。如品牌选择与抖音、小红书等自媒体平台达人进行合作，将品牌产品植入图文、视频内容中。

（二）按是否付费划分

植入式广告根据广告是否付费还可以分为有偿植入和无偿植入。除有企业出资的植入式广告之外，那些无偿的植入式广告也广泛存在。最常见的就是景物在影视剧当中的植入，上海的外滩、东方明珠、和平饭店、惠罗公司等地名和场景常常出现在各种各样的影视剧中。上海成为充满传奇色彩的旅游胜地，其中植入式广告功不可没。

（三）按植入模式渐进过程划分

从植入模式渐进过程来看，有简单植入、整合植入和焦点植入三个层次。

简单植入类似于普通的软广告形式，是将产品标识、品牌孤立地呈现在节目中，品牌或产品特征几乎没有与节目内容发生关联，常使用冠名、赞助、标版形式，如大红鹰、伊利佳片有约等。对于简单植入来说，品牌可以更换。如果没有品牌，照样不影响内容的传达。当然它的传播效果也是有限的。

整合植入是指通过各种植入方式，将品牌植入节目、电视剧、电影和综艺节目中，在不影响节目质量的同时，达到吸引观众注意力、传播品牌的作用。这种将品牌与广告整合植入的方式，是植入式营销的中级层次，也是一种比较含蓄、潜在的广告方式。

焦点植入比整合植入更进一步，品牌产品不仅在气质上契合节目风格，同时也通过节目情节的展开将品牌产品的诉求展现出来，甚至可以让观众深刻地感知到产品的使用特征及品牌的精神内涵。

显然植入营销的三种表现层次所能达到的传播效果不同，但考虑到不同品牌和产品在传播中的实际需求及运作能力的限制，因此三种层次的植入方式在市场上并驾齐驱。对于实力雄厚的品牌来说，它们更愿意选择焦点植入的方式以展现自己的品牌实力，以及引领潮流的态度。[①]

[①] 莫梅锋. 广告投放［M］. 武汉：华中科技大学出版社，2017：223.

第二节　植入式营销创新传播的策略与发展

一、植入式营销与传统广告的差异

相对于传统营销方式，植入式营销主要有以下几点运作模式的差异。

（一）工作周期难以控制

传统的广告制作流程较为单一，易于控制广告周期，能够按照营销主的需求及时调整计划来完成工作。而植入式营销在很大程度上受到植入内容的影响，易受到被植入内容的制作周期的影响，因此无法像传统广告那样控制广告工作周期。

（二）涉及工作人员多

传统的广告制作只涉及广告主与广告代理公司，但植入式营销往往是多方合作协调的结果。以品牌植入电视剧为例，在植入前，剧本的创作方、广告主、企业、制片等几方需要达成共识，这样才能够确定品牌植入具体内容。

（三）更注重植入的合理性和出现频率

传统的广告制作主要考虑展现品牌或产品的优势，品牌或产品能够多次在广告中展现。

植入式营销必须使自己的植入内容、植入频率在观众可接受的范围内。如果植入广告和被植入内容有所冲突，那么会使观众产生厌恶感。植入频率过多也会使观众感到不适。为了更好的效果，植入式营销往往会采取更为精细的执行方式，使植入更合理。

二、植入式营销的前沿动态发展

随着科技水平的提高及消费者喜好的变化，植入式营销也在跟随时代不断地变化和发展。

（一）元宇宙背景下的植入式广告

元宇宙（Metaverse）是利用科技手段进行链接与创造的，与现实世界映射与交互的虚拟世界，是具备新型社会体系的数字生活空间。近年来，随着元宇宙技术的发展，利用元宇宙制作广告的品牌越来越多，植入式广告也是其常用的一种形式。

1. 元宇宙的起源

元宇宙的概念最早出现于1992年美国科幻小说家尼尔·斯蒂芬森的科幻小说

《雪崩》中。2019年，扎克伯格宣布Facebook（脸书）成为一个元宇宙的社交媒体，在2021年又彻底把这个词拿去改成了他的新公司名称（Meta）。也是从2021年起，元宇宙这个名词频繁地出现在我们的生活中。

元宇宙是一个根植于现实世界，但又与现实世界相互平行、相互影响的虚拟空间，是一种融合了多种新技术而呈现出的虚拟与现实相融合的互联网应用和社会生态，它赋予了人们永恒在线的数字镜像化身，并且搭建出独立于现实世界的运行机制与经济体系，允许每个用户进行内容生产和编辑。元宇宙代表完全沉浸式的三维数字环境，以及更具包容性的网络空间，最终在技术的辅助下，元宇宙会成为一个跨越所有表征维度的共享在线空间。

与之前所提及的带有类似色彩的文化作品不同，元宇宙将在目前虚拟现实（Virtual Reality，VR）、增强现实（Augmented Reality，AR）、混合现实（Mixed Reality，MR）和扩展现实（Extended Reality，XR）等现有的、正在发展的数字技术的基础上融合一套具有高度拟真性、虚实交互、自由参与，以及文明性与交融性并存等显著特征的赛博空间最高形态。也就是我们几乎可以在另一个同维度的空间形态里实现更加高效率化、高数字化、高融合性的生活。

2. 元宇宙的特征

目前学界公认元宇宙有四大核心属性，分别为：与现实世界的同步性和高度拟真；开源开放和创新创造；永续运行；拥有闭环运行的经济系统。元宇宙的底层技术可以概括为"BIGANT"，即区块链（Blockchain）、交互技术（Interactivity）、游戏技术（Game）、人工智能（AI）、智能网络（Network）、物联网（Internet of Things）。

对此，扎克伯格说："元宇宙是互联网的下一个新篇章，更加有沉浸感。你不只是旁观者，而是能身临其境沉浸其中。在元宇宙中，你能做任何你能想到的事，和朋友、家人聚会、学习、工作、娱乐、购物，以及更多不一样的活动。"

3. 元宇宙与广告市场的反映

目前来看，元宇宙对于当下更像是一种市场营销策略。从脸书宣布五年之内将转型为一家元宇宙公司再到字节跳动投资90亿收购VR硬件公司，国内各行各业都在不同赛道布局加入元宇宙快车，但离人们生活更加接近的表现体现在广告宣传和商业活动之中。[1]

（1）品牌宣传

① 代言人：许多品牌和活动都纷纷宣布启用虚拟偶像/人物取代现实人物来进行品牌活动代言及宣传，如某零蔗糖酸奶系列启用超写实数字人AYAYI作为系列代

---

[1] 高德. 超级IP互联网时代的跨界营销[M]. 北京：现代出版社，2016：112.

言人，推出全球首款数字酸奶；央视网设计了一位名叫小 C 的数字主播；连 2022 年的北京国际电影节也邀请一款虚拟人物"梅涩甜"作为元宇宙推介官，而这位虚拟偶像是于 2021 年 9 月在元宇宙的"脱口秀大会天花板"中通过脱口秀节目《梅得说》正式亮相的。

② 活动策划：小红书邀请了二十多位虚拟偶像将他们打造成潮流情报官，举行潮流数字时代活动，在他们的身上试穿全球潮流品牌新品，和时尚品牌充分对接，以一种"科技+品牌"的形式来引领数字潮流，把握市场风向。小红书利用元宇宙热度邀请虚拟偶像入驻平台，提升品牌的知名度和拓展未来的市场，从而实现品牌赋能。同时，国内"Z 世代"的集结平台哔哩哔哩作为二次元文化在中国的一个先行推广者，在 2021 年的上海时装周邀请本家的虚拟艺人阿梓空降 T 台，而上海时装周本届的主题就是"未来见（建）设者"，让不少人看到了未来虚拟市场的可能性和巨大能力。这些愈来愈多的数字人正是沟通现实世界与元宇宙的桥梁，在赋予品牌自身商业价值的同时，也拓宽了大众对于未来数字化的接收度。

③ 广告宣传：百年粽子老字号五芳斋于 2022 年端午节推出了一支新奇广告，其就是针对当下如火如荼的元宇宙概念。故事发生在元宇宙之后出现的"锥宇宙"，在"锥宇宙"里所有的形状都跟粽子一样，而其中有一句广告词是这样的："世界会按照它本身的意志和你进行最真实的互动，风吹花动，自然以本身的意志和人类亲密接触。"作为一支关于粽子的广告，它基于一个脑洞大开的故事，看似是十分无厘头，但最后揭露出来一切都是人类的一个幻想，而且主题也表达得非常符合品牌理念：无论身在何处，也不要忘记寻找爱与真实。看起来披着科幻片的皮囊，而内核却充满了人情味。这样的广告，不仅仅是搭乘元宇宙的流量快车，更是体现出了元宇宙背后需要人类的和谐相处和真实情感的碰撞。而来自北欧的某时尚品牌发布了四则虚拟人物画着前卫妆容、佩戴品牌饰品、身着品牌服装的平面广告，但风格却酷似 QQ 秀。同时，亚马逊发布了一则元宇宙视频广告，当虚拟 VR 照进现实互相交错，生活被不断地穿插、交织起来，也是对未来的不断畅想。

（2）商标注册

从 2021 年 11 月起，我国不少企业纷纷开始申请关于元宇宙的商标，从天眼查可知大到科技巨头，小到小微企业，如华为于 2021 年 11 月 25 日申请一个名为"METAMEDIA"的商标名称，随即网易更是利用中华文化的博大精深申请注册"元宇邮""元大师"的商标，而腾讯音乐申请关于元宇宙的商标"律动元宇宙"已经被驳回，同时作为平价饮品近期掀起热潮的蜜雪冰城的"雪王元宇宙"商标也同样被驳回。但依旧无法阻止越来越多的企业开始加入元宇宙商标相关申请的队列。

（3）策略更新

可口可乐推出元宇宙概念可乐，但仅在中国市场发售，叫作律动方块，宣传语是"尝一尝灵感来自元宇宙的可口可乐"。可口可乐官方表示，其味道尝起来像"像素味"，此举也赚足了消费者的注意力。

从现在的形势来看，元宇宙目前更像是一种概念，许多企业都还在聚焦于技术的收购，以及概念的衍生宣传。尽管还未深入地探讨到元宇宙具体的方向，但目前已经在逐步地拓展元宇宙格局，打开大众对于元宇宙的认知度及品牌的创新度。

4. 未来元宇宙中的植入营销

元宇宙作为一个可以与现实世界映射交互的虚拟世界，能够让人们在这个世界里进行购物、旅行和社交等活动。这样一个包罗万象又能提供丰富体验的虚拟世界，吸引着众多品牌的目光。可以说元宇宙的兴起为品牌提供了一个发掘新用户、探索潜在收入的机会。在此背景下，做好品牌植入是在消费者心目中树立品牌形象、宣传品牌活动和抢夺用户心智的最好方式。[1]

2021年，天猫超级品牌日推出"双11元宇宙交响"活动。最让人眼前一亮的，就是特邀"数字贝多芬"，呈现了一场殿堂级数字交响乐表演。表演中，"数字贝多芬"以全息的方式隔空指挥，和靳海音管弦乐团一起，重现了第九命运交响曲片段中的《欢乐颂》。除此之外，天猫还联动李宁等多个超级品牌，呈现了10款数字虚拟乐器，并将它们打造为独一无二的数字藏品。这10款数字虚拟乐器不仅向人们宣传了音乐文化，还展示了品牌独特、潮流、时尚的特点，间接地宣传了品牌产品。

相比于传统的音乐现场，依托数字虚拟技术的交响乐表演使得观众在体验上更为立体化，不仅让人直观体验到艺术与科幻跨界结合的新奇感，还借着大众熟悉的旋律，将"开启双11这场生活欢乐颂"的寓意和盘托出。结合元宇宙的品牌植入不仅提高了用户的参与度，也更适合不同类型活动的开展。

说到未来元宇宙中的广告植入就会更加复杂，因为元宇宙本身所提供的虚拟体验，就颇具伦理争议。在这样一个不掉线的可持续发展的且与现实世界具有重合性的虚拟空间之中，广告当然可以利用技术的变革，拓展其丰富的形式，不再拘泥于图文，而是利用元宇宙的这个元，也就是多元、多因素，来打通信息的接收渠道，实现信息的解构，让人们能够更加多元、自在地选择想要的产品和服务。当你闭上眼睛就可以接收到单一领域或者是跨领域的重构信息，从而拓展广告目前被呈现出的那种单一的形式：参与感低，强迫感高。这种原本的被规定的、被限制的媒介规范被打散，人们接受广告时就被传输到了一个具体的场景之中。

同时，元宇宙本身就是利用一定的技术手段，然后把虚拟空间，你所熟悉的那个场景转化为现实空间，如同《黑客帝国》中最为机械的转化就是人脑工程，就是

---

[1] 李丞桓. 一本书读懂元宇宙 [M]. 王家义, 译. 北京：中译出版社，2022：75.

植入芯片。但是如果我们作为人的主观能动性能够被高度发挥，那么元宇宙对于人类而言只是提升了生活的便捷程度，并不会偏向走一种高度娱乐化、视觉化的模式。毕竟元宇宙与现在的网络游戏还是有很高的相似性，而网络游戏能够导致人成瘾的一个最大机制，就是"沉浸"（flow），当个体全身心地投入专注和控制中，拥有一种高度集中的主观感受和心理体验时，那么个体在这种虚拟世界里的沉浸，就会使这种十分接近于真实的感官体验对用户现实生活中的精神状态产生影响。在这样的虚拟空间里植入广告，产品原生的性质也不会一成不变，也许为了匹配某些场景、搭配某些活动，一些产品被变更了原有的形态，尽管没有改变品牌 Logo，但这已经超出了广告的范畴，变得不再具有真实性，对用户产生了不一样的导向。

只有当元宇宙的社会规则和法律规则逐步搭建完整，元宇宙里的商业活动才能得到清晰的界定和确认。

（二）品牌跨界植入营销

跨界营销一般是根据不同行业、不同产品、不同偏好的消费者之间所拥有的共性和联系，把一些原本毫不相干的元素进行融合、互相渗透，赢得目标消费者的好感，使得跨界合作的品牌能够实现双赢。[①] 之所以会出现这样的营销模式，主要有如下四方面原因：

其一，市场竞争日益激烈，产品功效和应用范围逐步延伸，各个行业界限正在逐步被打破。很多时候我们很难分辨一款产品应该属于哪个行业，如广为人知的康王洗发产品，既属于日化用品，也属于药品。

其二，市场发展背后，新型消费群体崛起。他们希望所消费的商品不仅能够满足功能上的基本需求，而且能够体现一种生活方式或自身品位。"新消费"是近些年来在广告营销业内被关注和谈论最多的话题之一。特别是 2020 年疫情缓解期间，黑天鹅效应更是加速了消费格局的打破、商业秩序的重构，传统与新兴在撕裂中不断碰撞、洗牌、突围。

中国消费市场的坚挺，令世界瞩目，哪怕受疫情影响，也曾一度超过美国，成为世界第一大消费市场。而消费人群受众的变化、供应链基础设施的成熟与发展、新媒体、新渠道的遍地开花，改变着群体的消费观念，滋生着各式各样的消费需求。

其三，随着产品同质化、市场行为模仿化日趋明显，企业在市场营销过程中，对消费群体细分更加精准化，比如除传统的年龄和地域等划分外，又增加了生活方式、学历、休闲方式等新指标。

其四，现代市场环境下，品牌间的较量往往是资本决定实力。一个企业、一个

[①] 吴正锋. 跨界营销 [M]. 广州：广东经济出版社, 2018：30.

品牌单打独斗的时代早已结束，跨界联合营销能够降低营销成本，拓展更大的传播群体，共享更多的市场资源。

美国广告大师詹姆斯·韦伯·杨曾说过："创意就是旧元素的新组合，而跨界营销可谓将其发展到了极致。"现在的跨界方式大致可以分为如下四种。

1. 产品跨界

最常见的跨界方式是产品跨界，即品牌双方通过 IP 授权制作定制款产品。具体来说，产品跨界有四种产品跨界形式：

一是 A 品牌自主推出非 A 品牌主营业务的产品，例如饿了么联合中华环保联合会、中国包装联合会共同发起"筷乐星球"公益项目，定制可循环餐具，通过好玩有趣的活动，号召用户一起加入保护环境的队伍。

二是 A 品牌与 B 品牌跨界推出 A 品牌产品，例如国民经典冰激淋品牌"东北大板"和新锐咖啡品牌"永璞咖啡"的跨界联名产品生椰小拿铁冰激淋。

三是 A 品牌与 B 品牌跨界推出 B 品牌产品，例如六神花露水与锐澳鸡尾酒合作，推出六神花露水口味的锐澳鸡尾酒。

四是 A 品牌联合 B 品牌推出 C 品牌产品，例如泸州老窖为与电视剧《三生三世十里桃花》进行合作植入，专门为片中出现的"桃花醉"酒进行注册并销售。

2. 内容跨界

一般来说，这种玩法多是在内容营销上将 A 与 B 品牌进行融合。例如 2021 年新春，肯德基携手故宫博物院，从宫中自古以来张灯结彩过大年的传统出发，选取五盏各具特色的宫灯，结合相应吉祥动植物，为其注入生命、赋予寓意。

还有一种玩法是在包装设计上融入双方品牌的调性，例如 2022 年某品牌咖啡与椰树集团推出联名款产品椰云拿铁，除了在原料上使用了椰树牌椰汁，杯套与包装袋也采用了椰树牌椰汁的经典设计风格。杯身仍是具有该咖啡品牌辨识度的蓝色。

3. 理念跨界

理念跨界也称概念跨界，一般需要有相同的品牌理念，才能让跨界营销达到"1+1>2"的效果。例如 2021 年杜蕾斯和沃尔沃汽车联合拍了一支主题为"安全感受新世界"的微电影，来了一场未来科幻之旅，探讨人们在虚拟的科技幻境中，如何触达真实生活，引发人们对于现实生活的思考。

一个是以"安全出入"闻名的安全套品牌杜蕾斯，另一个是以"安全出行"著称的汽车品牌沃尔沃。杜蕾斯与沃尔沃汽车的跨界合作，将杜蕾斯"安全出入"和沃尔沃"安全出行"的理念有效串联，能够强化消费者对于品牌价值的直观感知。

4. 资源跨界

资源跨界中的资源一般包括渠道资源、人才资源和技术资源。

渠道资源跨界的主要方式是在 A 品牌产品销售过程中加入 B 产品的传播，借助

A 品牌的渠道能力，将 B 产品作为附加价值给予消费者的跨界合作。例如，用户在购买手机时可选择购买碎屏险服务，一方面对于手机品牌来说，通过小预算帮消费者争取到极具性价比的碎屏售后保障，给消费者增加购买信心；另一方面，保险公司也通过手机品牌的消费渠道快速拓展了自己的碎屏险销售。

人才资源跨界的主要方式是 A 品牌和 B 品牌合作，使用 B 品牌的人才资源为 A 品牌推出产品或服务。例如，酒类品牌绝对伏特加通过与波普艺术家安迪·沃霍尔的瓶身联名合作，不仅迅速打开产品在美国的市场，而且开启了一条艺术化的营销道路。这正是一种设计师资源的合作。

技术资源跨界的主要方式是 A 品牌具有相当的技术优势，能够为双方的合作提供技术支撑。例如，江小白与两点十分动画公司合作推出动画《我是江小白》，两点十分公司就是技术提供方，而江小白则是赞助商。

三、植入式营销的创新与挑战

传播学者埃弗雷特·M. 罗杰斯（Everett M. Rogers）认为"当一个观点、方法或物体被认为是'新的'的时候，它就是创新"，而扩散则是"创新通过特定的渠道进行扩散传播的过程"。传播策略的多元化有利于推动内容的创新扩散，增强内容影响力。本节以《上新了·故宫》为例，分析植入式营销创新传播的策略。

（一）渠道策略：线上线下病毒式传播

1. 统筹媒体平台，跨屏整合传播

全媒体传播是指媒体平台的内容数据、渠道资源和功能价值实现创新协同与差异交融，以实现信息文本的全方位传播，不同媒体传播资源的全方位互补与配置共同构建全媒体传播格局，扩大传播场域，更好地发挥传播的功能。《上新了·故宫》节目借助社交媒体、电商平台及主流媒体等不同媒体实现"病毒式传播"，构建媒介社交场域，统筹媒体平台，跨屏整合传播，从而提升节目影响力和传播力。如节目与今日头条国风频道合作设置故宫文创产品创意投稿和上新投票等创意互动，融合国风流行元素，实现节目内容碎片化、及时化传播。北京卫视与爱奇艺的台网联动传播有效拓展了文化传播场域，在节目播出期间实时发布动态趣味视频，使得第三季节目短视频播放量超 3.6 亿，借助媒体传播渠道优势和文化影响力，提升了节目传播效果。

2. 开发线下渠道，拓宽传播场域

伴随传播媒介的多元化和传播环境的变迁，互联网技术的发展不断拓宽传播的媒介生态边界，媒介触角延伸覆盖线下大众日常生活，逐渐建立传播共情点，形成线上与线下完整的传播闭环，拓宽文化传播场域。《上新了·故宫》节目积极开拓

线下互动传播渠道，整合"线上+线下"创新传播方式，打造线上线下同频共振的传播格局，实现全媒体传播。跨界联合线下书店开设文创产品实体店展览，实现大众化传播。例如，节目中杭州首家线下体验店入驻浙江新华书店萧山书城，展览节目文创产品，精准传播场景，满足受众沉浸式体验，在文化消费和文化体验过程中传播故宫文化。

《上新了·故宫》节目通过举办线下主题活动扩大影响，直接触达圈层粉丝群体，通过粉丝互动传播实现故宫文化年轻化传播，延展文化传播广度。节目成都线下主题展以故宫传统文化为载体，围绕"朕的奇鉴殿"创意构思设置"千里江山"、"人间星河"、"琉光逸境"及"御前喵殿"四个主题展区，挖掘故宫文化新生命力，打造沉浸式体验空间，设置"互动星盘"互动环节和文创产品周边展区，将故宫文化内容输出与文创产品创意营销相融合，吸引粉丝群体关注，在传播故宫文化知识的同时满足用户互动参与和文化消费体验。此外，节目在北京国贸地铁站展览"故宫雪景长卷图"，不仅通过数字化技术展现故宫冬日雪景，而且将现代科技与故宫文化相结合描绘宫廷趣事和传递文化知识，通过线下互动满足用户沉浸体验，更好地传播故宫文化。

（二）整合策略：整合内容营销式传播

1. 文创产品众筹预售营销传播

众筹是中小微企业、个人或非营利组织借助互联网和各种媒体向大众展示创意和思维、争取大众关注和支持、实现资金筹集并启动项目的金融行为。从传播学视角来看，互联网时代不同媒体实现信息的传播扩散和信息资源的流动共享推动众筹模式的形成和创新。在传统文化类电视综艺节目中，受众扮演节目内容生产与传播链条最末端的文本接受者角色，众筹模式重新定位受众的社会角色身份，实现从被动接受者到主动参与者的身份转变，强调通过社交分享传播与用户参与互动共同完成节目内容生产，挖掘文化IP变现能力，打破节目内容生产的固有模式。① 《上新了·故宫》节目中的文创产品采取线上众筹方式实现商业资金、媒介资源的有效整合和充分利用，加强用户互动，依托文创产品创意融合故宫文化创意，最终推动故宫文化传播。2020年12月，故宫文创与小米有品联合推出的文创产品蕴生系列艾灸仪14天超额完成339%，众筹金额高达325万；乐陶陶系列铜摆件在众筹期内达成率超835%，众筹金额超41万。

《上新了·故宫》以文创产品为载体传播故宫文化，节目每期上新文创产品会在线上发起众筹和预售营销，助力文创产品上新。与前两季相比，第三季节目增加

---

① 董俊祺. 广告定制化传播研究：观念、应用与实践[M]. 北京：中国传媒大学出版社，2019：132.

元文创产品，节目未成功上新的元文创产品在淘宝"造点新货"进行大众票选，票选成功的设计产品进入众筹生产阶段，通过众筹生产最终助力文创产品上新。节目文创产品众筹在无形中引发受众的消费触点和共情点，满足用户消费需求，在文化消费者产生兴趣并形成互动的众筹过程中对故宫文化产生新的认知，用户在消费体验中分享与互动，扩大节目传播效果。晕轮效应是指对于事物局部的文化认知延伸联系到整体或其他事物并产生新的认识和理解。节目文创产品众筹模式使得文化消费者积极参与节目内容的生产与创作，增强文化体验和用户黏性，在情感共鸣和文化认同中自然而然地产生连带效应，辐射的晕轮效果则是大众主动参与故宫文创产品众筹，在文化消费中传承故宫文化。《上新了·故宫》节目文创产品众筹模式的双向互动赋予大众文化消费者与电视节目参与者的双重身份，从节目内容生产到节目文创产品的营销传播阶段，逐渐形成一种潜移默化的影响力和口碑效应。同时，文创产品预售营销传播拓宽了节目传播渠道，挖掘了潜在的文化消费群体，能更好地传承故宫文化。

2. 电视植入式广告内容营销传播

文化类电视综艺节目植入式广告，一种是语言植入式广告，以口播形式植入广告内容，加强观众对品牌的文化认知和记忆，广告内容与节目内容相互结合，拓宽节目传播范围。《上新了·故宫》节目广告内容挖掘了故宫文化和品牌内容的契合度，将营销内容转变为有价值的内容传递给受众，通过广告内容营销实现了节目二次传播，扩大了受众群体。如植入式口播广告"安利纽崔莱邀请您观看《上新了·故宫》，故宫经典，上新不停，安利纽崔莱85年成就经典，用科技推陈出新，用自然守护您的健康"。另一种是情景式植入广告，以情景演绎形式建立受众对品牌的熟悉度，增加趣味性，使观众更容易接受。节目利用情景植入和广告小剧场方式，在广告场景营造中融合故宫文化和品牌文化，为受众创造场景联想，进而传承故宫文化。如节目以小剧场情景演绎"姚子雪曲五粮液"和"福临门家香味花生仁油"广告，创意广告内容，融合故宫文化，场景塑造沉浸式体验，在广告内容营销的过程中传承故宫文化。

（三）垂直策略：精准互动裂变式传播

1. 注重"生产性受众"精准传播

约翰·费斯克认为：我们要把受众想象成一个多元的和不断变化的社会群体，是一个"不断变动的和相对短暂的构成体的群体联盟"。伴随受众审美变迁和传播媒介多元化，传播主体不仅要精准定位目标群体，刺激大众主动性生产意愿以"反哺效应"达成节目内容的精准化传播，强调"生产性受众"的文化生产力和游牧式的传播文本生产，还要创新产品的内容生产，提供优质服务，以契合用户的多元化需求，通过参与互动行为完成对节目原始文本的主动性生产与裂变式传播，拓宽节目传播渠道。一方面，文化类电视综艺节目要坚持受众本位的传播理念，积极挖掘受众兴趣点，契合受众多元需求，搭建与受众互动交流的桥梁，注重传统文化的现代化表达，生产优质精品内容，激发情感共鸣和文化认同，吸引受众主动参与节目传播。如《上新了·故宫》节目精准定位目标群体，以年轻化群体为主，致力于推动故宫文化年轻化传播。另一方面，从费斯克的生产性受众理论来看，强调要关注受众的主体地位和文化创造性，突出受众传播生产力和能动性。信息文化在传播过程中会逐渐产生质的裂变和放大效应，由于受众主体的差异性，不同的受众会根据已有的文化知识和自我经验与传播内容之间建立新的联系，进行文化内容反馈和传播文本再创作，生产出新的文化和意义。例如，第一季每期节目在文创上新环节分享今日头条大学生创意投稿，从中选择符合节目主题的创意灵感，再由文创设计师的创意转换和设计共同为文创产品上新集思广益。今日头条"创意投稿"专栏的设置吸引了作为生产者的粉丝群体参与节目内容的生产创作，精准投放传播内容，实现了从吸引受众兴趣到主动分享传播再到深度参与互动传播的裂变式传播，注重用户生产内容（UGC）。

2. 注重"粉丝社群"互动传播

媒介技术的发展促进了传播主体从个体到社群的转变。有别于过去传统的、单向的、线性的传播方式，分众化传播双向互动的特点有效地提高了传播内容的精准度。而作为文化生产力的粉丝文化也影响着传播路径的圈层化与社交化。"粉丝社群"是基于情感认同的以关系为核心要素的自发性聚合群体，其通过关系传播凝聚兴趣群体，生产粉丝文本，并在"粉丝社群"中进行主动传播与内容共享。文化类电视综艺节目互动传播要重视"粉丝社群"的运营，有针对性地面对粉丝群体进行精准内容传播，增强用户黏性。

伴随故宫博物院的数字化发展，"故宫 IP"逐渐形成稳定的粉丝群体。在故宫文化创意产业链的发展、完善过程中建立受众对"故宫 IP"品牌的认知度和忠诚度，逐渐塑造完备的社群产业链，这些粉丝群体则成为《上新了·故宫》节目的潜在粉丝群体。由于粉丝群体的互动传播和社交圈层的情感凝聚具有潜在的文化生产力，粉丝以对《上新了·故宫》节目的喜爱为情感纽带而聚集，参与节目文创产品淘宝众筹等互动活动，自发性地在社群空间分享传播节目内容，生产粉丝文本，促进故宫文化传播，拓展节目传播内容和文化意义。詹金斯认为，粉丝构成了一种"参与性文化，这种文化将媒介消费的经验转化为新文本，乃至新文化和新社群的生产"。

粉丝经济本质上是一种基于情绪化消费的情感经济。由于粉丝群体在情感上对节目文创产品的认同自发产生文化消费行为，粉丝消费文化的过程也是节目传播和故宫文化传承的过程，最终实现故宫文化二次传播的目的。《上新了·故宫》节目注重利用明星效应和流量效应提升节目传播效果，邀请的明星嘉宾倾向年轻化群体，这些明星本身具有稳定的粉丝群体，携带流量与热度，通过明星引流激发粉丝群体的情感认同，带动节目文化传播和文创产品营销传播，凝聚对故宫文化的吸引力和提高对其关注度。此外，节目通过各种形式的互动传播活动以吸引受众的兴趣乃至自发性集聚生产传播文本，将受众潜移默化地转变为节目的忠实粉丝，由此建立节目与受众群体之间的情感信任。例如，节目在微博社交媒体平台设置"我为故宫画御猫"互动话题征集"御猫天团"漫画形象，以互动传播抵达喜欢"萌文化"的粉丝群体，这部分粉丝通过御猫卡通形象的趣味角色设计，拓展对御猫角色的想象空间，延伸故宫文化内涵，在传播过程中也有利于将这部分潜在粉丝群体转变为节目忠实粉丝，对节目传播和故宫文化传播起到良性作用。

第三节　植入式营销面临的挑战

一、植入品牌的适用范围较小

植入品牌的适用性范围较小，多数情况下只适用于知名品牌。这是因为受众需要在相当短暂的时间内准确识别出商品包装、品牌或产品外形，植入的产品或品牌需要受众已产生认知，否则，很容易被当作虚构的道具而存在，从而失去广告的意义。相对而言，综艺类节目更有可能利用植入式广告提高某些导入期产品或新进入品牌的知名度。[1]

二、植入式广告难以达成深度说服

植入式广告不适于深度说服，不适合做直接的理性诉求或功能诉求。影片《难得有情人》是一个很好的例子，剧中女主角借用男主角的手机与前男友联系，不巧手机缺电，男主角便借此介绍了该手机的优越性能，说道："因为最近我们公司正在设计这种手机的广告，所以我比较了解它的功能，可以用普通电池替代锂电池，换上干电池。"男主角一边熟练地讲解，一边熟练地拆装手机电池。这种强行植入被评论为"俨然和电视直销现场一样"，这明显是对剧情的一种破坏，让观众感到生硬和不自然。同时，一些前卫产品的功能性诉求甚至可能被受众当作影片的虚构。

---

[1] 薛敏芝，胡雅. 数字环境下的广告实战研究：理论、案例与分析 [M]. 上海：上海交通大学出版社，2016：119.

因此，品牌诉求一般停留在简单告知与提高特性认知度方面。基于上述原因，广告主可以考虑在同一档期发布硬性广告配合植入式广告，及时将潜在消费者的"兴趣"转化为"欲望"。

三、植入式广告的效果较难评估

如何评估广告植入的效果，目前业内并没有一个普遍认可的公式来量化"投入"和"产出"。对于品牌来说，其实不同的植入背后的诉求都不一样，有时是为了扩大品牌知名度，还有一些则是为了刺激产品销量。当然前者可以通过用户调查来评估，而后一种情况可以通过事后销量增加的幅度来衡量。

传统广告目前已经形成了一套科学的效果评估方法，而植入式广告目前还没有统一的效果评估体系。植入式广告的融入模式使其不能按照传统手段对其进行曝光时长的评估，植入方式的多样化和植入媒体的多样化使植入式广告效果的评估很难科学地量化。在多元信息时代，植入式广告无疑已经是广告经营上一项重大突破，但唯有打造出一套完善的评估体系才能够为进一步准确观察与衡量这一类型广告效果与整体产业链提供基础，继而建立优质的良性循环环境，最终帮助植入式广告更健康地发展。

植入广告的最终效果是各种因素综合叠加的产物。从时间维度上，可以分为接受广告时的瞬间效果和长期的潜在效果；从效果的层次上，又可以分为广告自身的效果和售卖效果。好的植入广告应该是具有长期的潜在效应、带来好的售卖效果和情感效果的广告。

四、植入不当可能导致品牌形象受损

生硬的或是媒介内容中过度的广告植入会导致观众的反感，进而导致品牌形象受损。首先，内容制造商制作水准的低下可能导致产品与品牌在进行植入时，选择了不恰当的情景、情节或人物，这些负面的信息可能引起观众对品牌的负面联想。如《疯狂的石头》中台词"班尼路，牌子货"，在这个场景下，班尼路品牌成为一种略带讥讽的对象，植入效果与广告商的初衷背道而驰。其次，观众在信息接受时，倾向于将所有说服性信息理解为广告，他们对广告有一种高度敏感能力，不当的广告信息植入有可能会分散观众对情节的注意，使其思维流程被中断或受到干扰。广告信息被识别出来会使观众有种上当的感觉，从而抵制广告信息，导致品牌形象受损。

2015年出台的新版《广告法》第十四条做出明确规定："广告应当具有可识别性，能够使消费者辨明其为广告。"从法律法规的条款来看，植入式广告作为隐性广告没有合法的法律地位。我国对植入式广告也没有明确规定。在业界对植入式广

告大加追捧的今日，我国尚无相关法律法规对此进行监管。

因此，企业在做植入式营销时应注意以下问题：一是具有实体的产品与影视作品的融合更为容易，也更容易被消费者接受，尤其是将该产品作为主要道具使用时更具有营销力量，如宝马与007系列电影的合作就是经典之作。二是影视作品中的隐性营销如果配合显性营销进行互动，可以促进营销效果最大化。三是如果有可能，企业尽量让影视作品与更少的品牌合作，以免过多的隐性营销削弱营销效果。四是要选择合适的影视制片人合作，或者选择合适的影视剧进行赞助，这需要企业在进行隐性营销之前有充分的前景预测能力，因为一部影响力弱的影视剧不但不能提升品牌，甚至可能损害品牌。植入的重要前提是不能引起观众的反感，而且在该植入的地方植入，也不要一味要求出现高频次，出现得多不如出现得巧。

一个让人生厌的植入式广告虽然被观众记住了，但实际效果适得其反，本是希望达到让观众"记忆、感兴趣、乐于购买"的目的，却不幸给观众注射了"抗体"，让他们对品牌形成负面印象。因而应注意"度"的把握。

企业与名导、名片、名演员合作，如果合作顺利，取得的结果自然是双赢，但是如果双方选择的切入点不合适，那么就会对一方或双方造成负面影响，如2003年的某晚会上，在一个魔术节目开始之前，主持人在众目睽睽之下变出了一瓶非常可乐，这被媒体严厉指责为"愚弄观众"，让人一看就知道是广告，产生反感。由此可见，企业虽然选择了参与和投资影片，但是如果没有仔细分析电影的剧本和情节，就会一不小心在影片中成为一个负面"角色"，那么即使影片可以很成功，也不能带来产品或品牌的正向传播，反而会因为影片带来的巨大影响力，使品牌的负面影响被无限扩大。这也正是植入式营销所隐藏的风险，所以企业在选择载体时一定要进行仔细分析和研究，不能只看影片或电视剧本身的价值，还应该仔细分析其中的品牌产品与情节的契合程度。

五、法律监督管理地带模糊

2015年出台的新版《广告法》第四章，规定了广告审查机关对广告的审查监督管理的内容，但对于影视剧中的植入式广告，它只是作为剧情的一部分送到影视作品审查部门进行审核，影视作品审查部门和广告查验单位由于职能和工作性质不同，往往会忽略对植入式广告的审查，因此植入式广告往往缺乏事前的监督审查。商品与消费者的权益相挂钩，植入式广告缺乏相应的监管机制，游离于传统式广告监管体制之外，这不仅不利于保护消费者的合法权益，还对广告行业标准产生影响，导致行业标准不平衡，破坏广告行业的平稳发展。

通过对美国电影历史的了解，我们得知在"淘金热"时期流行的牛仔裤就是通过电影深入人心的。可以说美国好莱坞创造了电影植入广告的巅峰，电影工业的发达程度增强了植入广告带来的经济效益。

美国全球品牌内容营销协会分会主席辛迪·开来普斯说过,"我们正从一个营销沟通的打扰时代进入一个植入的时代",也就是说植入广告将会成为一种较为主流的广告形式。可见植入广告十分符合市场需求,同时也符合投资方的要求,投资少、效益高,付出少、回报大。

总体来说,植入式营销是一种补充营销手段,是品牌宣传中可以利用的一种营销方式。其优势在于能够结合被植入的内容,与品牌进行深度合作,包括对品牌理念的挖掘,以及品牌内涵的高层次元素的体现和展示。

同时也要注意,植入式营销是依附于被植入的内容载体的一部分,其传播效果在很大程度上依赖于内容本身的品质,因此要坚持"内容第一,广告第二"的原则,切勿在植入过程中喧宾夺主。身处注意力经济时代,广告是要吸引观众的注意与兴趣;而在影响力时代,广告则是要充分发挥优势引发观众的购买欲。如何实现从注意力经济向影响力经济的跨越,隐性的植入营销与社会化的互动营销相结合仍然是广告传播效力变现的重要方式。

● 思考与练习

1. 如何界定植入营销行为?
2. 品牌植入如何才能实现利益的最大化?
3. 如何看待植入式营销法律规制的问题?
4. 新生品牌与成熟品牌在植入式营销中有哪些差异性的策略?
5. 如何看待植入式营销未来的转型方向?

第七章
新媒体广告传播：技术与创意的融合

本章内容提要： 本章重点论述新媒体和广告传播之间的关系。首先简要介绍了新媒体的发展，指出数字化技术的发展给媒介格局带来的变化及给广告活动带来的深刻影响。本章还对微博和微信原生广告、信息流广告、虚拟现实广告（AR/VR/MR）做了简要介绍，并结合案例分析了新媒体广告选择应考虑的因素和广告媒体组合的有效形式，从而揭示新媒体广告的发展趋势。

第一节　新媒体技术与传播

在传统的广告传播模式中，消费者永远处于最后的位置，是广告内容的接受者，是信息和产品的最终消费者；消费者只是广告媒介内容的靶子。然而随着科技的发展，特别是新科技所催生的新媒体不断发展，广告受众从"被动接受者"（Passive Recipients）发展到"积极参加者"（Active Interpreters），甚至到了"高卷入度的参与者"（Engaged Participants）。早在 2006 年年底，美国《时代》周刊杂志就选出"YOU"（你）作为年度风云人物，"YOU"成了"抓紧全球性媒介的控制力、开创和塑造新的数码民主时代"的内容主角。无独有偶，也是在新媒体盛起的 2006 年，以关注创意而著称的克里奥全球广告奖项评比中，一幅名为《HEAD》（头）的广告作品获得了产品平面广告类的全场大奖，这个由法国巴黎 TBWA 广告公司为娱乐产品 Playstation-2 所做的产品平面广告，以一个普通消费者的头像为表现核心，消费者大脑所存储的内容就是产品精髓的表现，大脑功能区就是产品的性能表现。在这个广告传播作品中，消费者本身成了广告的媒体内容，正如麦克卢汉所预示的"媒介即信息"。而随着新媒体成为热门的话题，广告传播更呈现出新的形式和新的特点。

一、何谓"新媒体"？

（一）新媒体释义

"新媒体"这个概念的出现是在 20 世纪 60 年代末。1967 年，美国哥伦比亚广播电视网（CBS）技术研究所所长 P. 戈尔德马克（P. Goldmark）发表了一份关于开发电子录像（Electronic Video Recording，EVR）商品的计划，其中首次提出了"新媒体"（New Media）一词。1969 年，美国传播政策总统特别委员会主席 E. 罗斯托（E. Rostow）在向时任总统尼克松提交的报告书（简称"罗斯托报告"）中，也多处使用 New Media 一词及有关概念。而实际上，我们知道"新媒体"是一个相对的、不断更新的概念，相对于广播，电视是新媒体；相对于电视，互联网是新媒体；相对 PC 互联，移动终端互联则是新媒体；等等。所谓"新媒体"的"新"一方面是指出现的新，以前没有的；另一方面是影响，所谓影响是指受计算机信息技术影响产生变化而来的。

我们现在所说的新媒体是指基于数字技术、移动互联技术、通信技术、虚拟现实技术（VR/AR/MR）、人工智能技术（AI）等，拥有众多使用者的信息载体，以与常态下互联网媒体相区别。可以说，新兴媒体是以个体为中心构造的媒体，是"人体的延伸"。以智能手机媒体为例，一方面，智能手机作为信息终端可以接收文字、语音、视频信息；另一方面智能手机可以采集、处理音视频、文字信息，方便地利用网络发送到个人或社区网站中，实现与他人的信息共享，而且这种信息的处理和传播具有跨越时空、移动性的特点，即可以实现随时随地与任何人实现任何信息共享。

我们知道，随着科技的发展，媒介会不断变革和进步，传播手段也日趋丰富。加拿大学者麦克卢汉在其著作中把媒介划分为口传媒介、文字媒介、印刷媒介和电子媒介，其中电子媒介包括广播、电影、电视及互联网媒体。而"新媒体"这一概念可以从内涵和外延两个方面来界定，就其内涵而言，"新媒体"是指20世纪后期在世界科学技术发生巨大进步的情况下，在社会信息传播领域出现的建立在数字技术基础上的，能使传播信息大大扩展、传播速度大大加快、传播方式大大丰富的，与传统媒体迥然相异的新媒体。就其外延而言，新媒体主要包括光纤电缆通信网、都市型双向传播有线电视网、图文电视、电子计算机通信网、大型电脑数据库通信系统、通信卫星和卫星直播电视系统、高清晰度电视、互联网、智能手机和多媒体信息的互动平台、多媒体技术，以及利用数字技术播放的广播网等。

（二）新媒体技术

从技术上讲，新媒体是依托于数字技术、互联网技术、移动通信技术等新技术向受众提供信息服务的。目前的网站、数字报纸、电子期刊、手机报、数字电视等新媒体都有一个共同的特征，那就是其传播功能非常依赖对新技术的运用，可以说，新技术是新媒体重要的制胜因素。同时，这些技术也有共同的特征，就是绚丽多彩的表现力和良好的互动功能，这些大大提升了新媒体的传播效果。具体来看，新媒体技术包括以下方面。

1. 数字技术

随着计算机的问世，数字化时代到来，数字技术开始发挥它惊人的作用，近几年，"新媒体"这个热门话题的关键词也就是"数字化"，正是数字技术使得"新媒体"区别于"旧媒体"。数字技术是信息社会的基础，也是新媒体的核心技术，因此也有人称新媒体为数字媒体。数字技术是一种新的信息编码方式，它将数字"0"或"1"作为信息的最小单位——比特（bit），任何信息都表达为一系列"0"和"1"的排列组合，并在数字编码的基础上，通过电子计算机、光缆、通信卫星等设备，来表达、传播、处理和存储所有信息。就大众传媒来说，在运用数字化系统之前，包括广播、电影和电视在内的旧媒体，均采用的是类计算机的编码和传送形式，在这种类计算机的系统下，不同的文化表达形式，如图像、文字和音乐等被转换成连贯的信息或波段，然后在生成过程中通过接收器来解码，但如果是基于数字信号的系统，上述提到的表达形式都被译成"二元码"，即只供计算机进行读写的由"0"和"1"组成的数字串。这个新方法打破了过去不同媒体之间的界限，并将他们以数据包的形式结合起来。

2. 移动通信技术

移动通信是移动体之间的通信，或移动体与固定体之间的通信，移动通信技术使数字信息的传播摆脱了电线、光缆等实体网络的限制，通过无线网络实现随时随地的传播。

第一代移动通信技术（1G）只能提供模拟语音服务，不能提供数据服务，这时的移动通信终端（手机）只是一部可以移动接收语音信息的电话。随着数字技术和微型电子芯片技术的发展，移动通信终端的硬件和软件进一步数字化，第二代的移动通信技术（2G）不仅可以提供语音服务也可以提供慢速的数据业务，移动通信终端可以随时随地地收发短消息、电子邮件，浏览网页。目前主流的移动通信终端使用的是第二代移动通信技术，可以提供的信息服务主要有语音、短消息、彩信、互联网接入、移动商务等。第三代和第四代的移动通信技术（3G和4G）是以有限多媒体业务为目的的宽带移动通信技术，目前已处于普及状态。3G、4G与前两代移动通信技术的主要区别是声音和数据的传输速度大幅度提升，它能够传输图像、音乐、视频流等多种媒体形式，提供包括网页浏览、电话会议、电子商务等多种信息服务。

进入智能时代，除了手机、电脑等上网设备需要使用网络以外，越来越多智能家电、可穿戴设备、共享汽车等更多不同类型的设备及电灯等公共设施需要联网，在联网之后就可以进行实时的管理和智能化的相关功能，而5G通信的互联性让这些设备具有了成为智能设备的可能。

3. 计算机网络信息技术

数字技术为多媒体信息的传播提供了统一的信息格式，但是信息的传播还必须要求信息终端之间存在链接，计算机网络信息技术就提供了相互链接的信息传播的渠道。计算机网络是一种数据通信系统，机构上将许多地理位置不同的具有独立功能的多台计算机及其外部设备互联起来成为一个集合体，互联可通过通信线路连接实现，也可以通过微波、通信卫星等实现。互联的计算机系统在网络操作系统、网络管理软件及网络通信协议的管理和协调下，实现资源共享和信息传递。简单地说，计算机网络就是通过电缆、电话线，或通过无线通信设备将两台以上的计算机互联起来的集合。互联网技术与数字技术相融合，使得网络中的计算机实现了信息的数字化交互传递。现在网络新媒体提供的信息服务完全是基于一种最为实用和优越的计算机网络——因特网（Internet）。因特网是由许多小的网格（子网）互联而成的一个逻辑网，每个子网中连接着若干台计算机，这些计算机基于一些共同的协议，并通过许多路由器和公共互联网连接在一起，以实现相互交流信息资源的目的，因特网还实现了信息的共享，任何一台计算机都可以通过网络访问其他任何计算机中公开的信息，因此它也是一个信息资源共享的集合，是全球信息资源的总汇。

万维网（World Wide Web，WWW）是无数个网络节点和网页的集合，它们一起构成了因特网最主要的部分。从技术角度上说，万维网是因特网上那些支持万维网协议和超文本传输协议HTTP（Hypertext Transport Protocol）的客户机与服务器的集合，透过它可以存取世界各地的超媒体文件，内容包括文字、图形、声音、动画、资料库及各式各样的软件。

因特网的六大类信息服务有电子邮政服务、文件传输服务、远程登录服务、信息查询服务、信息研讨和公布服务、娱乐和会话服务，其发展趋势是进一步商业化、全民化和全球化。现在随着各类基于因特网的软件和信息服务的推出，因特网已经成为各类新媒体存在的平台，许多新媒体的形式也可以理解为因特网推出的新的信息服务方式，如网络电视、网络游戏等。计算机信息网络技术的发展将把媒体带入一个崭新的发展历程。

（三）新媒体特点

"新媒体"是传媒运作在全球信息化这一时代大背景下提出来的概念。信息全球化不是一个抽象的概念，而是一种客观存在，是由于互联网的发展和广泛应用实现了真正意义上的全球信息化，即全球信息化的实现途径是以互联网发展为标志的"信息网络化"，即在计算机网络的环境下生产、传播和分享信息。所以，新媒体应以"信息网络化"为特点。新兴媒体作为一种媒体形式，一定具有传递和互动的功能，以及公共信息的流动，并有大众的主动参与。因此，新媒体最大的特征就是互动性大大加强，个人化、分散化及传播系统的非同步性日益突出。

1. 颠覆性的互动，受众拥有广泛的公共传播接触权

新媒体有别于传统媒体的最大不同在于传播状态的改变：由一点对多点变为多点对多点。也就是说，在新媒体时代，人人都可以是新闻内容的制造者、传播者，媒体的界限被打破，主流媒体的话语权壁垒也被打破，信息传播是双向的、交互的，只要你愿意，就可以通过微博、微信和智能手机等各种媒介把你所要传达的内容传播出去，新兴媒体技术的出现改变了传播者和受众的关系，再也没有单一的受众这个概念了，每个人都互联在媒介社会里，在全球同步的每一刻，每个人都是自媒体，与别人互为传播者和受众。互动如图7-1、图7-2所示：

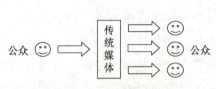
图 7-1 传统媒体传播流程

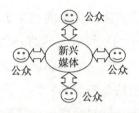
图 7-2 新兴媒体传播流程

2. 多元化传播，满足大多数消费者的公共信息需求。

"碎片化"是近年来社会学领域的一个关注焦点，当社会阶层分化的时候，各个分化的阶层内部也在不断分化成社会地位和利益要求各不相同的群体，即使是年龄、教育、收入基本相同的消费阶层内部也可能由于态度、观念的不同，呈现出逐步分化离散的状态，这种状态被称为"碎片化"。大众品牌影响力的下降和大众媒体接触的减少是大众市场"碎片化"的两大特征。传统媒体市场格局转变，受众在"碎片化"背景下开始重新聚合，拥有相似生活形态的受众逐渐聚集，形成分众群体，分众群体对公共信息与自我表达的传播需求在新媒体的版图内得到相当大程度的认同，这种认同强化了他们对新媒体的趋向，这种趋向促进了新媒体的发展。

同时，新媒体的发展又加速了"分众化"趋势。在"分众化"趋势中"虚拟社区"应运而生，虚拟社区在一定程度上拥有真实社区的特征，包括互动的共同的目标、认同感与归属感，还有一些行为规则和不成文的规定、惯例、仪式，甚至表达模式。由于网络的匿名性和开放性，这些社区是容易接近的，社区中关于公共话题的讨论渠道更为畅通，这也就意味着满足了媒介市场中大多数消费者的需求，同时也意味着"给予公众所想要的"公众利益。

二、媒体形态的嬗变与升级

（一）人类历史上的媒介变革进程

纵观人类传播的历史，媒体形态的变化总伴随着人类文明的进程，科技的每一次进步都在媒体形态上打上烙印，自从语言诞生至今，人类传播经历了三次媒体形态的变革。

1. 第一次媒体形态变化

第一次媒体形态变化与口头语言有关。尽管我们对农业文明以前的人类活动及其传播技术认识不多，但多数科学家和传播学者往往愿意承认符号、信号和表达性语言的其他形式，如音乐和舞蹈等，长期以来一直被人们用于群体间的交流和沟通。其实，人类最初的沟通形式，同其他动物十分相似，如复杂的歌声和动听的鸣叫声，甚至能远距离、高效率地向其同类的其他成员传送信息。然而，人类以此为基础，赋予原始声音和信号以延伸的意义和表达内在的需求。距今 4 万到 9 万年前，现代人类获得了说话的生理能力。口头语言的基本形式出现在人类进化过程的早期阶段。随着口头语言的兴起，人际传播加速发展，通过对字词的掌握和其他符号的使用，人类用一种新的方式来处理他们的自然和社会环境，口头语言同时使人们集成更大的群体，有组织地处理复杂的难题。通过口头语言进行信息编码，为收集、处理和扩散信息提供了有效的方式。口头语言除了使人与人的外部沟通更加有效，也为人自身内部沟通（人的思想）提供了更加有效的介质，在语言规则的指导下，大大提高了人类推理、计划的能力。从而，口头语言给人类提供了一种将他们收集到的知识、经验和信仰传递给下一代的方式。

第一次媒体形态的即时、交互式传播，那种无中介、一对一的形式逐渐为有中介的、有计划的、一对多个的形式所补充。史前的岩洞壁画就是中介形式的媒体，绘画者们借此向周围群体传达其内心的复杂思想，然而，随着人类的群居规模的扩大化，讲故事和宗教仪式表演的形式也日趋多样化，古代的圆形剧场和中世纪教堂讲坛的设计，将受众和信息传播者分离了开来，使表演者的声音传播得更丰富，这种口头广为传播的方式日益结构化和标准化。而这种方式也正能满足统治者的需求，对古代帝国的统治者来说，向分散在各处的受众传播他们权力的合法性和文化的认同性是至关重要的。对于人民大众来说，这种方式较大范围地同时接收统一的传播信息，起到了广播的效果，但毕竟是口头传播，随着时间推移又表现出不稳定和不可靠的特性，当信息从一个族群传向另一个族群，或者代代相传时，它们往往会出现与原意不符甚至相悖的结果，最终变得难以理解。

2. 第二次媒体形态变化

正因为口头传播的局限，人们试图可靠地保存信息，以克服口头传播的缺陷，人们最早的努力也许始于史前的洞穴画时期。据史料记载，人类的祖先将符号刻制在动物的甲骨上，保存有意义的信息，在我国境内发现的甲骨文便是明证。关于记录和保存信息的系统，从世界文明古国的历史看，不同地域的人采用了几乎一致的方式——书面语言。书面语言为第二次媒体形态的变化提供了符号方式。早期文献记录技术对人类传播和思想产生了根本性的影响，语言学家发现，随着书面语言的发展，口头语言和人类文化越来越稳定。随着信息的书面化，传播过程改变了传播者和受传者同时在场的局限，传播从时间和空间的束缚中解放出来，削弱了人们记忆的重要性，我们可以更加独立和从容地审视信息内容。书面文献将信息定格下来，流芳百世。

书面语言留存和媒体的发展，如果离开了物质生产和技术进步，也是一种空想。书写介质的出现和书写工具的使用是书面语言成立的基础，我国古代的文房四宝是文人墨客舞文弄墨的必备条件，而四大发明中，蔡伦的造纸术和毕昇的活字印刷术为我国古代文明的传承奠定了基础。在西方，由古登堡对印刷的革命性贡献，使机械化、大批量印刷高质量的文献变得可行并经济化,印刷技术和出版业的持续发展导致书面语言的标准化。

因此书面语言和文献技术在创造和保存人类知识方面扮演着不可或缺的角色,但是在西方社会,每个人都应识字的观念到16世纪末才流行起来,一直到工业革命开始,这个观念才为大多数西方文化所接受。报纸的诞生刺激了教育的发展,工业时代的印刷业不断地降低生产成本,催生了现代大众媒介的兴起。同时,无线电收音机及电视的问世,使得专家得出印刷媒体将要消亡的预测。它们一度确实威胁了报纸和杂志的生存,但文献领域以最大限度和穿越时空的便携性,为受众提供了结构化的中介信息。其实应该只能说印刷的垄断性地位渐告结束。

3. 第三次媒体形态变化

在过去的几十年中,我们明显地感受到自己身处第三次媒体形态大变化的过程中。从早期电在传播中的应用开始,随着电报和电话的发明,各种形式的媒体正以惊人的速度由低级向高级发展。第三次媒体形态的变化与数字语言有关,用数字形式来编码并处理信息的数字语言,通过数字终结的转译程序,数字语言在人与人的沟通中扮演着越来越重要的角色。在当今社会,人们似乎没有数字语言的最低限度的基本知识,就不能理解当今和未来的变化。在新闻媒介和当代文学中,像数字、兆字节、电脑空间和互联网等概念已司空见惯,数字语言与人们的生活关系越来越紧密了。

数字语言在数字技术的支撑下,经过了模拟技术向数字技术转变的过程。数字系统相对模拟技术有三大优势:其一,有效地降低处理、存储、现实和传输信息所需的数据量;其二,可以无限地复制数据而没有明显的质量损失;其三,可以高精度、轻松地控制数据。数字语言可以识别所有字词、图片、影像和声音,并缩减为无法区分的计算机"比特",就像尼葛洛庞蒂在《数字化生存》里强调的那样,"比特就是比特"。从20世纪80年代起,PC和Internet逐渐成为人们生活的一部分,创造了对更快、更可靠的数字传播稳定增长的需求。数字技术如果不能很好地解决增加带宽或压缩传输数据的问题,那么就会对数字语言的传播形成很大的阻碍。在数字技术不断完善的基础上,全球网络互联的虚拟社区正在形成和发展。通过数字语言,人类可在第一时间分享各自的思想和知识。

(二)新媒体技术变革

在最初的传播历史中,媒介表现为语音、语言和一些简单的符号等形式,随着科技的发展,媒介的技术含量越来越高。随着造纸技术和印刷机的发明,印刷媒介正式诞生,传播第一次有了现代性的意义,摆脱了时间性与地域性的制约,使地球上每一个个体都身陷现代传媒的巨大旋涡之中。到了19世纪,传播科技迅猛发展,各种先进媒体层出不穷,电报、电话技术的发明导致了电子媒介的出现;无线电技术的发展与光电效应的发现促使广播电视加入电子媒介的阵营。20世纪70年代,随着太空技术的运用,卫星直播电视出现,人类进入卫星传播时代。卫星传播通过卫星上安置的转发器接收地面的微波信号,将它变频放大后再发射到预定区域的地面站和电视台,这在很大程度上克服了地面微波传送系统的种种缺陷,使电视信号在同一时间内跨国界、无障碍传播成为可能。

科技革命正在改变媒体,数字技术为不同传媒提供了资源整合的平台,改变了不同形态传媒的边界,造就了新意义上的数字媒体,还带来了媒介的融合化趋势。以前因专门技术、方法和分配模式而各自分立的电信、计算机和视听技术开始融合,这场通信(Communication)、计算机(Computer)和内容(Content)的所谓"3C结合",从技术层面模糊了媒介通信和文化产业的界限。科学技术的发展引起了社会主导媒介形式的变化,而主导媒介形式的变化又深刻地改变了原有的社会结构和形态。陈力丹先生说:电报是第一个使人体运动与信息运动分离的发明;电话无形中打破了个体间保持适当距离的社会规则,它无一例外地获得了只有在朋友和情侣间才被允许的耳边呢喃的距离;电视将不同类型的人群带到了相同的场景,于是不同的社会角色在电视面前变得模糊了;而网络传播则进一步提供了隐去身份、同步参与交流的条件。传播中最本质的事情不是内容,而是媒介自身,可以改变世界和思想方式的是媒介的形式而不是传播的内容。

(三) 媒介形态演变的特点

随着互联网时代的到来,有数据显示,美国报纸读者群的减少势不可挡,读者的注意力从报纸转向从互联网获得信息和数据,媒介在不断变化。

用历史的眼光看待媒介形态的演进,我们可以发现媒介发展有规律可循。

1. 共同演进与共同生存

一切形式的传播媒介都在一个不断扩大的、复杂的自适应系统以内共同相处和共同演进,每当一种新形式出现和发展起来,它就会长年累月和程度不同地影响其他每一种现存形式的发展。

2. 新旧融合

新媒介决不会自发地孤立地出现——它们都是从旧媒介的形态变化中逐渐脱胎出来的。当比较新的形式出现时,比较旧的形式就会去适应并且继续进化而不是死亡。

3. 增殖

新出现的传播媒介形式会增加原先各种形式的主要特点,这些特点通过语言的传播代码传承下去并普及开来,而这一切媒介的新的发展,都在印证着"媒介是人体的延伸"。

当然，媒介形态的发展和演进是受一定条件和环境的制约的，席勒在他的《思想管理者》一书中说："现在，全国传媒业庆典活动的交响曲，是由国家资本主义经济的代理人——白宫总统办公室、麦迪逊大街公共关系和广告公司办公室的居民演奏的。我们完全有理由相信，今后，媒介控制者甚至将对资讯管理采取更加严密的组织手段。在一个复杂的社会里，资讯流通乃是无与伦比的权力资源。幻想这种权力的控制会销声匿迹，则是不现实的。"

三、媒介技术与新的生活方式

（一）媒介技术与新的生活方式

新媒体的出现使现代信息传播技术发生了巨大变革，并且广泛改变了人类的社会生活方式。从虚拟现实到万维网，快速变化的新媒体景观逐渐表现为多种多样，每一种新的表现形式都以技术为支持。新媒体技术的日新月异和飞速发展不仅改变了我们的交流方式和交流对象的方方面面，而且开启了新的技术景观，世界越来越像麦克卢汉所描述的"地球村"。从1450年古登堡铅活字印刷技术的发明到1639年印刷媒体在美洲的出现，相距了将近两百年。但在过去仅仅一个世纪的时间里，人类却见证了电话、广播、电视、卫星通信、计算机、互联网及其他数不清的技术发明，对人类传播而言，每种技术都具备革命性的意义。

在人类社会发展初期，信息的传播以口语为主，表现为人际传播，这种口口相传的形式很难超越时空的限制，跨时空的传播较为困难。当文字作为新的符码进入传播领域，超越时空限制的传播成为可能，尤其在人类文明传承史上发挥重要作用。但与电子媒体相比，印刷媒体又有着自身的局限性，"文字传播是抽象的、间接的、线型的、静态的、易受空间限制的、传播较慢的符号媒体"。尤其是文字理解必须借助数年的教育才可获得，致使不识字群体被挡在传媒圈外。但当以视像作为主要传播手段的电子媒介第一次与受众见面时，这一问题便迎刃而解了，人们似乎已经忽视印刷媒体的存在，而把电子媒介视为"新时代的福音书"。出现这种局面的原因是多方面的，但技术因素所促成电子媒介具有具象的、直接的、多维动态的传播特征无疑是传播效果链条上最重要的一环，特别是它通过活动的画面来表征现实、反映世界，引领人们进入一个与牛顿式物理空间相对立的"虚拟空间"（Visual Reality）或"第二现实"。现代电子传媒技术还使得精彩的文艺活动和体育比赛可以通过卫星现场直播展现在观众面前，甚至通过特写和多视角拍摄的视像，观众可以得到比现场更为逼真的视觉形象，这种视像艺术足以风靡全球！

（二）新的生活方式与广告方式

许多新兴专业化传媒出现的背后都有广告的因素参与其中，不断改变着人们的生活方式。20世纪80年代美国最重要的流行文化是一种新兴的媒介形式，即"摇滚影带"或"音乐影带"的巨大发展，这种新兴媒介与广告的渊源很深，因为它就是由唱片公司投资制作，借以充作唱片的广告，辅助唱片的销售。而且这种新兴的大众文化催生了另一种新的媒介形式，即音乐电视（MTV），美国MTV网于1981年设台开播，以收音机电台的方式运作。MTV最初几年可以从唱片公司得到免费的影带，后来，MTV以付费的方式独家买断某些乐队的影带，而MTV的经济来源除了向订户按片收取费用外，还有就是出售广告时间给那些非音乐商品的厂商。

同时，随着媒介技术的不断发展，广告主原来那种只投资所谓的主流媒体、大媒体的盲目做法发生了很大变化。互联网、户外、楼宇电视、音频媒体等新的广告传播媒体及媒体融合不断出现，给广告主的媒体多元化选择提供了更大的空间，而且，随着竞争环境越来越不确定，许多企业开始摸索新的整合传播机制，讲求媒体有效整合与创新，以精细化的传播策略来整合以分众为目标的媒体，尽量将多元化的传播价值发挥到极致，使传播内容更有效地进入目标受众视野。由于广告主和广告合同的广告行为日趋理性化，他们已经逐步摆脱了那种一夜暴富、一夜成名的想法，并对以往那样将所有的资金甚至是借来的资金全部投向某个媒体的黄金时段的做法进行反省，因此，他们更多的是实行整合营销的经营策略，通过对自己的品牌、竞争对手及消费者的理性调查和分析，以强势媒体为依托，选择多元化的传播途径，尽心尽力打造企业的品牌形象，将广告预算理性地分摊在不同的媒体上，形成全面的传播态势。

多样化的产品组合是关键。以《纽约时报》为例，截至2021年12月，在新增订阅中，55%的用户订阅了新闻产品，另外45%则来自订阅烹饪、游戏及音频内容，这也是该报迄今为止非新闻产品订阅的最高百分比。

2021年，音频内容被用户赋予更高的期待，也迎来了快速增长的机遇期。美国媒体调查公司Edison Research的报告指出，除了伴随性高、适用场景多之外，音频还能"在浮躁的数字世界中提供有意义的对话"，当肆虐的疫情在世界各地建起屏障，越来越多的用户尤其是年轻用户通过音频与外部世界建立连接，实现教育学习、获取新知、自我提升的目标。根据Edison Research的测算，2021年，62%的12岁以上美国居民每周收听线上音频内容（在16岁以上的英国居民中这个数字为66%），每周平均收听时间为16小时14分钟，比2020年增加了一个多小时。

美国广告专家乔治·E.贝尔齐等人曾指出："媒体市场的细分化降低了对大众媒体的重视，而集中精力于小型、目标性的媒体选择。"这种小众化、专业化媒体的出现与其说是媒体市场细分的结果，不如说是源于广告主因对差异化行销和目标消费者的重视而细分媒体的欲求更准确。自从传媒成为广告主宣传的工具以后，广告主对传媒的要求就越来越细致，无论是对"量媒"（注重覆盖率）的关注，还是对"质媒"（注重受众和内容的品质）的期待，广告主都需要传媒能营造一种有利于它的氛围和价值观，能提供一种强化消费倾向和消费习惯的讯息，而专业化的"质媒"能更好地回应这种欲求，能够更精确地传达到他们所预期的目标受众群。

麦克卢汉认为，传播媒介是社会发展的基本动力，也是区分社会形态的标志。虽然这种观点过大地强调了媒介的作用而忽视了社会制度对它的制约性，但是媒介的作用正如其所言日益凸显出效果。从原始社会主要以口语为媒介所产生的近距离部落群体到现代社会中大众传媒的出现使世界变成了"地球村"，再到网络、楼宇等新媒体的出现迎合并加速了社会中阶层和群体的分化，媒介的不断演化也不断地影响着社会形态的演化。正如同麦克卢汉所认为的那样，从漫长的人类社会发展过程来看，真正有意义、有价值的"讯息"，是各个时代的传播工具的性质，他所开创的可能性，以及带来的社会变革——媒介的产生会改变或者影响文化的进程和历史的发展，一种新媒介的产生或者媒介形态的改变，往往导致新的社会关系的形成，进而影响整个社会文明的发展。

第二节　广告新媒体

我们知道，广告媒体传播是以一种消费者熟知的形式把握其内心世界，使产品产生与消费者共鸣的场景和意境，从而去打动消费者。如果把消费者也拉进来成为广告媒体传播的内容，那结果就可想而知了。在以消费者为核心的"YOU 时代"，广告传播不是强行灌输，不是把广告内容强硬"推出给（PUSH）"消费者，而应该通过相关的媒介事件把消费者"拉入（PULL）"媒体内容，使消费者深度卷入广告传播运动之中，成为广告运动过程的参与者。在泛媒体的广告时代，我们在媒体包夹之中生活，每天接受着各种媒体通过各种方式带来的大量信息，也接受着更多、更新的广告传播样式。

一、广告新媒体样式

新媒体的形态非常繁杂，目前受到较多关注的新媒体多达十几种，包括网络电视、网上即时通信群组、对话链（Chatwords）、虚拟社区、博客/播客、搜索引擎、简易聚合（RSS）、电子邮箱、门户网站、网络游戏、动漫、手机短信、手机彩信、手机游戏、手机电视、手机广播、手机报纸、数字电视、IPTV、移动电视、数字广播、电子杂志、楼宇视频（各种大屏幕）、音频媒体等。总体看来，新媒体主要涉及电视、电信、互联网三大领域，并且主要表现为视频、音频信号同时传与受。其中，有的属于新的媒体形式；有的属于新的媒体硬件、新的媒体软件，或者新的信息服务方式。这些新媒体都可以构成广告的新样式，并形成新的广告发布媒体。

（一）智能手机媒体

中国信息通信研究院发布的数据显示，2021年1月至7月，国内市场手机总体出货量累计达2.03亿部，同比增长15.6%。专家认为，总体上看，国内智能手机市场已处于饱和状态，但随着5G基础设施不断完善和5G技术成熟，5G手机还会驱动智能手机迎来新增长。IDC中国企业级研究部咨询经理李朕认为，在5G时代，国产手机要从单一的产品设计与生产转向打造整个生态链，布局手机、智能穿戴设备、智慧城市设备等一系列产品，形成更加完备的产品生态网络，重新定义手机的功能，使其成为数字经济时代的重要产品之一。

随着智能手机的快速发展和普及，国内智能手机广告市场涌入大量国外资本。在强大资金力量的支持下，智能手机广告业势必将成为未来新媒体广告领域最出色的业务之一。通过全面记录和分析用户行为、智能归类、准确判断消费者的潜在需求，在网络环境下精准营销是通过沟通交流促使客户产生实际购买的一种新型营销方法和理念。在4G、5G技术支撑下，智能手机的互动能力、上网功能和终端表现都得到极大的提高，这使得智能手机广告成为实现精准营销的绝佳平台。后疫情时代，大众消费能力逐渐恢复，大众对消费升级的多样化和品质化需求也逐渐提高。同时，随着全球5G基础设施的完善，5G时代的来临必将引领手机市场消费进一步升级。

（二）与数字终端媒体不断融合的楼宇广告和户外广告

2003年以来，以分众传媒（Focus Media）为代表的楼宇广告，是中国生活圈媒体群的创建者，是面向特定的受众族群的媒体。楼宇广告将消费者锁定在既有消费能力又有消费需求的写字楼白领群体中，因为这类群体收入颇丰，大部分是城市中产阶级，受过良好的教育，能够积极接受新鲜事物，也容易受到传媒的影响。截至2020年12月，分众传媒旗下拥有中国商务楼宇联播网、中国领袖人士联播网、中国时尚人士联播网、中国商旅人士联播网、中国医药联播网、中国大卖场联播网、中国超市便利店联播网、中国公寓电梯联播网（框架平面媒体）、户外大型LED彩屏网络等，已经覆盖中国近75个城市，3万多栋楼宇，以及6万多个液晶显示屏，占市场份额的98%。

传统意义上，凡是能在露天或公共场合通过广告表现形式向消费者群体进行诉求，并达到产品与品牌销售或推广目的的载体都可称为户外媒体，主要包括：灯箱、路牌、交通终端场所、单立柱、楼宇、阅报栏等。新媒体环境下受众注意力日益碎片化，媒体与受众生活轨迹和接触点的重合性要求也不断提高，户外媒体也依据与受众轨迹的接触点开始分化出不同的形态。据DCCI互联网数据调查中心统计，户外媒体受众对媒体信息的忽略率高达78%。新媒体环境下，以楼宇广告为代表的户外媒体面临越来越多的困境：（1）受众的忽略性接触，即受众眼球注意力的获得较难；（2）传播力有限，眼球和传播力转变为品牌力或销售力路径不顺畅；（3）评估效果的科学性和系统性较差。

从受众的角度来看，纯粹静止不动的媒体从视觉上讲更容易映入消费者眼帘，但是却不够有冲击力；具有声音和图像的视频广告冲击力强，但是由于消费者处在移动的过程中并且停留时间短，导致信息很容易被错过。因此，作为户外新媒体要想让传播更有效果，就需要结合消费者的特点，并保证一个广告中有多种方式可以传递品牌信息，或者是当视频广告出现的时候，有一些其他信息可以帮助传播品牌信息，这样就可以实现户外新媒体广告价值的最大化，使得传播更加精准。同时将动态视频广告与平面视频广告进行互补，不仅能充分利用LED屏的空间，更能达到传播的最佳效果。此外户外新媒体的广告创新对广告公司也提出了更多的专业化制作要求。

户外媒体要想从"眼球"转变销售力，首先是要提高与受众的黏性和互动的体验，让受众乐于和媒体互动，并从互动中得到感官和情感上的愉悦和满足。法国剃须刀品牌Wilkinson在情人节举行了一场户外广告，一个男人脸部的大展板上，一朵朵玫瑰花变成男人的胡须。路人可以拿起胡须，胡须就变成一朵朵玫瑰花，并送给心爱的女士。户外广告的主题是"过一个平滑的情人节"。这次户外营销和广告将受众的情感需求和互动完美融合，使参与的受众情感上得到极大满足，同时也极大提升了品牌的美誉度。Wilkinson品牌并没有使这次精彩的户外广告就此结束，而是将整个过程录制下来制作成视频广告，情人节期间在各大网站进行播放，更是引起了很大的反响。

（三）微博、微信原生广告和信息流广告

"新媒体""精准营销""互联网"是近年来传播学界、广告业界、媒体等在探索、分析各自领域的发展趋势时屡屡谈及的词汇。而原生广告作为兼容"新媒体""精准营销""互联网"的新生事物，加之原生广告对当前的广告业态秩序产生的极大挑战，一时之间，学界和业界都对之充满了兴趣。

关于原生广告概念的界定，学界和业界众说纷纭。中国人民大学新闻学院喻国明教授认为，原生广告是指"内容风格与页面一致、设计形式镶嵌在页面之中，同时符合用户使用原页面的行为习惯的广告"[1]。凤凰网全国营销中心总经理付继仁则

---

[1] 喻国明. 镶嵌、创意、内容：移动互联广告的三个关键词——以原生广告的操作路线为例 [J]. 新闻与写作，2014（3）：48-52.

简练地概括，原生广告是"内容营销的最高形态"①。喻国明教授着眼于互联网广告的发展趋势，将原生广告视为互联网广告的未来趋势并分析其价值要素；付继仁的概念则突破了传统的广告范畴，将原生广告的实质拖入品牌营销的阵营。虽然着眼点不同，但是两人在对原生广告的具体阐述中都不约而同地指出原生广告的核心要素是"嵌入媒体环境""提供价值内容""依托互联网平台"。

核心要素中的"嵌入媒体环境"和"提供价值内容"是彼此依托的。例如2013年凤凰网针对中日钓鱼岛争议制作了"钓鱼岛争端"专题。作为这一专题广告主的上汽集团，为其品牌"荣威"在专题页面中推送了一系列诉诸民族情感、民族尊严的网幅广告和漂浮广告，借着中日领土争端中民众爱国热情的高涨，"荣威"适时进行了爱国营销。实际上，这一案例就是较为常见的热点事件营销在广告中的具体运用。而凤凰网则进行了精准推送，也就是通过新闻专题的方式，将品牌的营销受众圈定为关注这一事件的群体。在这个案例中，"荣威"的爱国诉求广告与凤凰网的专题新闻节奏合拍，是典型的"嵌入媒体环境"，而关注时事、分析热点事件的专题新闻则是凤凰网提供的"价值内容"。

近年来，原生广告从 PC 端转向移动端、转向社交平台，信息流广告的概念随之产生，而且两者有融合的趋势。

移动互联时代，原生广告所爆发出的巨大能量正在快速颠覆传统营销价值观和预算分配模型。"如其他原生广告格式一样，原生视频和原生富媒体可以自然融入应用的内容中，创造积极的用户体验。原生视频和原生富媒体看起来和媒体本身的内容并无二致，这对发行商来说，有利于提升品牌好感度，而对营销商来说，可以提高参与度。这种格式的广告支出在持续增长。事实上，根据 eMarketer 预测，到2023 年，仅在美国，原生视频广告的支出将达到 308.8 亿美元。"②

就国内而言，微博自 2012 年推出国内首款信息流广告产品"粉丝通"以来，一直是广告业内深耕信息流领域的佼佼者。而为更好地助力营销，2020 年，微博再次推出"互动宝"功能，拓宽内容互动的场景，强化花式互动玩法，帮助品牌建立与用户之间更深层次的互动。

"互动宝"是一系列与社交互动相关功能的组合拳，搭载于微博超级品牌速递的信息流广告之上，在深度解析用户浏览路径的同时，实现互动玩法全覆盖，开启了品牌互动营销新场景、新玩法。当用户在信息流中刷到超级品牌速递博文并对内容产生兴趣，点击进入正文页查看网友的评论时，就会惊喜地发现在评论区第一位，品牌的原生评论广告高调置顶呈现，吸睛力爆棚。可见，在评论区植入品牌互动，

---

① 付继仁. 原生广告，媒体营销模式的创新 [J]. 广告大观（综合版），2013（8）：94-95.
② eMarketer 官网:https://www.insiderintelligence.com/articles.

能够更加贴合用户评论的互动场景，拉近品牌与用户的距离，让品牌权益广泛露出，真正地实现广告即内容。

（四）网络游戏广告

网络游戏广告是一种以大型线上游戏的固定用户群为基础，通过固定的条件，在游戏中适当的时间、适当的位置出现的广告形式。正如在某个游戏广告所表现的那样，"在下午2点钟玩游戏时，游戏中的人物可能会拿起一听可乐；而到了5点钟，同一个场景下，这个游戏人物就可能拿起一瓶百威啤酒，这取决于广告商购买了哪个特定时段"。随着网络游戏与广告的融合越来越自由和多样化，二者的磨合也会产生更多的火花。网络游戏除有形式多样性和互动性优势外，分众性也是其最大优势。网络游戏主要的特定受众群年龄主要集中在16岁至30岁之间，他们集时尚、青春与热情于一身，是快速消费品、时尚数码IT产品和运动品牌的最大消费群。由于游戏题材方面的差异，每一款游戏在开发设计之初都会选定一个特定年龄段有某种共同爱好及特点的玩家群体作为主要的目标市场，在人们的玩乐中广告悄然植入其中。

（五）数字电视与IPTV

所谓数字电视是将传统的模拟电视信号经过抽样、量化和编码转换成用二进制数代表的数字信号，然后进行各种功能的处理、传输、存储和记录的电视。IPTV（Internet Protocol Television）也叫网络电视，是指基于IP协议的电视广播服务，该业务将电视机或个人计算机作为显示终端，通过宽带网络向用户提供数字广播电视、视频服务、信息服务、互动社区、互动休闲娱乐、电子商务等宽带业务。数字电视有上百个频道供观众选择，他们可以任意选择喜欢的节目并且还能自己来控制时段，对于观众来说，只要按下新型电视机遥控板，他们的要求就可以充分而迅速地得到满足。更为重要的是，数字电视具有互动性的特点。互动功能允许观众参与，观众仅需按下按钮就能和电视机对话，就各种事件表达自己的观点，利用这种新型电视，观众还能与其他订户联机打游戏。此外，数字电视能作为一个"卖场"，它可以为订户提供商业性服务，例如家庭购物和家庭银行。这样就为广告提供了更为广阔和更为便捷的媒体空间和时间。

（六）事件和活动传播

我们知道，媒介是社会信息传播中的载体和中介，正如施拉姆所说："媒介就是插入传播过程之中，用以扩大并延伸信息传送的工具。"但是随着信息社会的到来，媒介有了更广泛的含义，媒介得到了更广泛的延伸，事件和活动就是在营造一种"场（Field）"，人们通过"场"传达、交换和收集各种信息，诸如奥运会、神舟飞船升空等事件都成为可资传播的媒介，对于广告传播有很好的推动效用。而且，品牌常常会选择活动去传播信息，往往是因为很多活动有强大的吸引力，可以不受年龄、性别的限制，可以通过各种卖场与消费者产生互动，达到良好、持续的效果，从而帮助企业品牌深入人心，不断进行市场区隔，达到深远的影响。

（七）体验传播

体验传播是指企业通过采用让目标顾客观摩、聆听、尝试、试用等方式，使其亲身体验企业提供的产品或服务，让顾客实际感知产品或服务的品质或性能，从而促使顾客认知、喜好并购买的一种营销方式。体验也是口碑传播的一种，美国经济学家 B. 约瑟夫·派恩和詹姆斯·H. 吉尔摩在《体验经济》中这样描述：如果协作一个制造商开始以概念思考——使你的东西活起来——他就会给自己的产品添加服务以增加使用这些产品活动的价值，然后可能会对那些服务附加体验，最终使得这些产品变得更加令人难忘。这就是体验的魅力和作用，消费者的体验传播可发挥巨大的威力，以顾客体验为核心，顾客购买的不只是产品和服务，更是一种心理体验过程，是一种很有价值的传播过程。

（八）电子杂志传播

电子杂志对先进计算机技术和互联网的新运用，是杂志的一种新的媒介形态，是广告传播的新的媒介形式，电子杂志往往采用 P2P 的技术发行，集 Flash 动画、视频短片、背景音乐甚至 3D 特效等各种效果于一体，内容更丰富生动，如同给传统杂志披上了绚丽而自由的数字外衣。电子杂志能够提供多种多样的阅读模式，可在线或离线阅读、直接 IE 打开或独立可执行文件等，也可通过发行方提供的阅读器进行阅读。电子杂志延展性强，未来可移植到掌上电脑（PDA）、数字电视等多种个人终端进行阅读，可以对展示内容进行详细立体的展现，图文结合，很有视觉冲击力。

（九）Myspace 和 YouTube 的广告传播

Myspace 和 YouTube 都是 Web2.0 网站成功的典范。Myspace 成立于 2003 年，是一个"内聚型发展"的社区，最开始是少数几个核心用户，然后类似"滚雪球"一个带一个，形成千万用户群，社区因此呈一种"网状"联络。2005 年 Myspace 推出了 3 个特色服务："活动邀请"、"msn 病毒式推广"和"校友录"，这三项服务都是扩大交往强度的服务，一方面加深了老网友之间的互动，另一方面又加强了老网友"拉"新网友的强度，其人气聚集了大量广告投入，Myspace 迎来了真正的成功。

YouTube 是美国的一家视频网站，创办于 2005 年 12 月份，它能让用户在一分钟内将其喜欢的几乎是任何东西贴在该网站上，现在该网站每天播放逾 1 亿条视频短片，每天下班打开该网站浏览，已经成为很多人的习惯。精准投放广告，是YouTube 网站的突出特点。网络广告机构 Marin Software 提供数据称，移动端信息流广告的点击率要比 PC 端高出 187%，而点击成本却低了 22%。① 显然，基于精准的大数据是 FB 成为网络广告巨头最核心的原因。那么，FaceBook 是如何做到精准的呢？用户在 Facebook 上喜欢分享和点击哪些文章，使用什么样的应用，关注了哪些页面，有哪些书、影音喜好，等等，这些数据都会成为 Facebook 用来判断一个用户身份的依据，从而帮助广告主提供精准投放。为了避免一些失误的广告投放给用户带来干扰，Facebook 还为用户提供了信息流广告的附加选择：如果用户发觉某条广告和自己毫不相关，可以选择屏蔽该条广告或者屏蔽该广告主发出的所有广告信息。

二、新媒体的特征

新媒体的涌现带来了新的媒介形态，而这些新的媒介形态并不是自发或孤立的出现的，而是在媒体的形态变化中逐渐脱离出来的，仍然会保持旧有的媒介形态的部分特点，并在其基础上有所发展。那么，让我们来看看这些新的媒介形态主要有哪些明显的新特征。

（一）消解性

诚如传播学学者喻国明所言，以数字技术为代表的新媒体，其最大特点是打破了媒介间的壁垒，消融了媒体之间，地域、行政之间，甚至传播者与接受者之间的边界。新传媒更多体现在不同媒介形式间的整合上，而不是谁颠覆谁，谁替代谁。这可以从两方面来理解：实际上，网络媒体从某种程度上来说，就是各种传统媒体在互联网上的一种综合媒体表现形式，如流媒体；另外，新媒体拥有超强的跨越地理性，使得信息可以在全球范围内自由传播，从而消解了信息发布者和接受者之间的边界。

（二）互动性

这是新媒体区别于旧媒体的一个最主要特征。依赖新技术，传播者与接受者之间不再是那么泾渭分明，两者之间可以实现实时性的有针对性的互动交流，甚至是角色转换，受众既可以是信息的接受者也可以是信息的传播者。受众可以根据自身的需求选择信息，自主选择性大大提高。

（三）虚拟性

借助数字技术开发的软件，新媒体的传播内容可以被随时随地地修改，信息本身就带有很强的虚拟性。另外，新媒体的传播过程也带有很大的虚拟性，在新媒体

---

① FaceBook、微博、微信信息流广告对比，信息流广告风暴已来！[EB/OL].（2014-08-10）[2022-01-20］. https：//www.vshouce.com/facebook-weibo-wechat-flow-ad-comparing.html.

环境下，交流信息的双方彼此都是未知的，"谁也不知道电脑另一端的是人还是狗"，所以虚拟性也是新媒体区别于传统媒体的一个重要特征。

（四）碎片化

受众在"碎片化"背景下开始重新聚合，拥有相似生活形态的受众逐渐聚集，形成分众群体。他们对新媒体的趋向促进了新媒体的发展。同时，新媒体的发展又加速了"分众化"趋势。

市场竞争越来越激烈，商品和服务同质化加剧，市场呈现零碎化，受众对广告抵触情绪也上升，高额的广告投入未必产生相应的广告效果。事实上，传统媒体不得不面对受众"注意力缺失"的现实。受众市场细分化程度越来越高，相应的营销活动策略也需要进行调整。如何有效地与目标消费者沟通，提高传播效果成为众多企业营销的重点所在，传统的媒介投放方式需要有所改变，在这种形势下，正如本章前文内容所述，原生广告、信息流广告便呼之即出。

（五）体验性

新媒体仰仗先进的技术支持，可以使传播者和接受者之间实现实时互动。但是新媒体广告与传统广告相比，其优势又体现在技术上（如虚拟现实广告 AR/VR/MR），更体现在心理上。新媒体传播以消费者为核心，它改变了受众被动接受广告的事实，通过符合用户需求和兴趣的设置，吸引受众亲自体验和主动参与到广告传播中，潜移默化地接受广告。

体验的方式主要有让目标顾客观摩、聆听、尝试、试用等，通过亲身体验企业提供的产品或服务，拉近企业和消费者之间的距离。能够让顾客实际感知产品或服务的品质或性能，从而促使顾客认可、喜欢并最终形成购买。

因此，准确地把握细分用户的需求，强化用户的体验，同时为这些需求提供相应的服务，就是新媒体把营销价值和用户价值结合到一起从而形成传播优势的关键所在。

第三节　新媒体广告传播案例[①]

今天的消费者不再满足于信息高速公路，据最新的市场情况显示，信息正在日益分化，消费者普遍缺乏对信息的信任感，不知道应该相信谁，在这种背景下，消费者宁可相信强势的论坛信息或者查看他人空间，而不是去相信媒体和广告上发布

---

① 本章涉及的案例（包括图片和视频等），可登录"创意、视觉、营销、传播——理解广告"在线课程平台（https://next-studio.xuetangx.com/pro/editcoursemanage/teachcontent/3224409）查阅。

的产品相关信息,这样,消费者就站在需求独立评判的方向,他们需要更敏锐的、与他们的需求有互动能力的媒体!随着新媒体的发展,今天的消费者不再是被动地接受媒体,不再是坐在电视机旁或者打开报纸任凭别人提供信息,他们在寻求一种与媒体的关联,他们需要整个世界知道他们的感觉并且掌握信息接收的主控权,这也就意味着传统媒体必须联合新的技术和观念,创造出一个与消费者具有互动性质的媒体平台。而且,消费者也具备推动力:越来越多的消费者拥有自己的电脑和手机,他们花费了很多时间,发掘出一个新的互动媒体频道,当消费者自己拥有选择权的同时,也就意味着他们发掘和选择了一条新的媒体之路。这就是新媒体的广阔舞台!

让我们来通过几个新媒体广告传播案例来初探其中端倪。

(一) 无人机技术引领传播浪潮,应用于多个传播领域

从国内来看,新华网和人民网是较早将无人机[①]应用于新闻报道领域的。

2015年6月,新华网改版,6月15日,新华网组建了国内首支新闻无人机队。按照新华网融媒体产品创新中心总监刘宏伟的介绍,新华网的无人机一方面服务于"新华系"的新闻报道,尤其是在重大突发事件的报道上优势独特;另一方面,无人机还服务于整个产业、行业应用。在刘宏伟看来,新华网无人机报道主要聚焦四大方面:突发事件、重大主题、唯美景观和社会民生。

2016年1月,新华网无人机频道就已经正式上线。如今,新华网的无人机新闻采集队伍已经在全国31个分公司都做了重点布局,每个省会城市都配备了无人机转播车、专业飞手,在重大报道和航拍中,除个别极端地域外,一般5个小时内无人机就可以到达新闻现场。"未来,无人机在航拍产品上的价值潜力值得挖掘。"刘宏伟说道。[②]

在重大突发事件报道中占据得天独厚的优势,奠定了无人机在新闻传播中的特殊地位。2015年天津港发生爆炸,人民网的视频记者在第一时间赶到现场随防化部队进入到爆炸的核心区之外,还带去了一部无人机,把现场一些受损的情况回传到后方。

2016年5月,人民网和美国高通公司合作,通过无人机拍摄长江经济带沿岸11个省市壮美的自然人文风光同时结合地面拍摄,完成了一部风格独特的微纪录片《起航:新棋局·瞰长江》。在这种主题式的大型采访报道和纪录片拍摄当中,无人机航拍发挥了巨大的作用,拍摄的很多画面,为受众提供了更丰

---

① 本文讨论的无人机是较常见的一种小型无人驾驶飞机(Small Unmanned Aircraft),体积轻巧,配备摄录仪器,由电池驱动,一般航程在30分钟以下。
② 赵新乐. 酷炫技术引领传播浪潮[N]. 中国新闻出版广电报,2016-11-01 (05).

富的视角。

从国外来看,早在 2015 年,包括《纽约时报》(The New York Times)、《华盛顿邮报》(The Washington Post)、全国广播公司(NBC)等在内的美国十家新闻机构与弗吉尼亚理工学院就宣布建立联盟,共同研究测试无人机在新闻报道中的应用,开拓无人机新闻报道的市场。据《纽约时报》报道,无人机将被用于进行一系列真实生活场景的安全性能测试,新闻媒体可以运用小型的无人机技术获取信息。无人机具有遥感、执行和预测功能,企业机构运用无人机收集和分析数据,可以降低运营成本和人工操作风险等。此外,无人机也可以深入更多危险区域,替代人工作业。

十家联盟的合作伙伴弗吉尼亚理工学院是美国联邦航空管理局(FAA)批准开展小型无人机民用项目测试的六个机构之一。弗吉尼亚理工学院 Rose Mooney 对《纽约时报》表示,无人机可以为新闻报道提供安全、高效、及时和可负担得起的途径,帮助记者收集和传播信息,保护记者免受伤害。该联盟其他成员还包括:高级出版公司(Advance Publications)、报纸出版商(A. H. Belo)、美联社(The Associated Press)、甘奈特报业集团(Gannett)、华盖创意(Getty Images)、斯克里普斯公司(E. W. Scripps Company)和辛克莱广播集团(Sinclair Broadcast Group)。①

从环境报道、应急报道到突发事件的现场及大型纪录片的拍摄,从 360 度全景到无人机采访以及机器人写作、移动端直播……短短几年之间,无人机技术被广泛应用于新闻报道的多个领域,并一次次刷新着人们的认识。

除新闻报道的多个领域以外,无人机还因为美国亚马逊"空中宅配服务"② 的构想而备受瞩目。在广告或营销层面,无人机的市场潜力巨大。根据美国无人机协会(Association for Unmenned Vehicle Systems International)发表的"ECONOMIC REPORT"显示,无人机的市场规模于 2025 年仅美国国内预估就会达到 820 亿美元,创造出 10 万个就业机会。③ 另外,就企业的层次来看,除了美国亚马逊之外,谷歌、DHL、AIG、达美乐比萨、KOMATSU 等企业也正积极探索应用无人机的可能。这也很好地说明了,为什么美国无人机商业联盟对政府欲加大无人机商业使用表示欢迎。

---

① 界面新闻. 派无人机去做采访 纽约时报要尝鲜[EB/OL]. (2015-01-19)[2021-12-10]. https://www.jiemian.com/article/226568.html.
② 美国亚马逊公司(Amazon)于 2015 年开始测试无人机宅配服务,这种送货方式不但能有效提高速度,还能大幅降低运送成本。该公司最近推出无人机新机种,宣称可在消费者订货 30 分钟内送货到府,可望再提升其宅配效率。
③ 环球网. 报告预测:美商用无人机未来 5 年将呈现"跳跃式增长"[EB/OL].(2017-03-23)[2021-12-20].http://uav.huanqiu.com/hyg/2017-03/10363478.html.

在国外，无人机在营销方面的应用已经贯穿企业"商品—人力—广告—店铺"的整体价值链。

1."商品"的应用

2015年1月，美国拉斯韦加斯举办了国际消费电子展（CES），其中备受瞩目的是"Nixie"。简单来说，这是一台用来自拍的无人机。手表大小的无人机，平常戴在手腕上，要自拍的时候伸长手臂让无人机升空拍摄。拍完之后，无人机又像回力标一样，在控制盘旋后回到手腕上。（图7-1、图7-2）

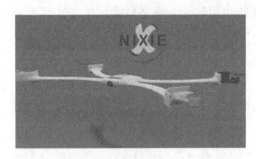 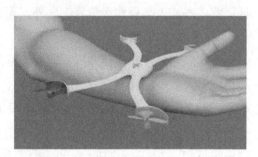

图7-1　Nixie 1　　　　　　　　　　　图7-2　Nixie 2

2."人力"的应用

新加坡连锁餐厅"The Timbre Group"正在进行一项"取代餐厅服务生送餐或饮料的无人机"计划，该计划目前已经完成实验阶段，国内5家店铺已经正式导入40架服务生无人机。不仅是送餐和饮料，未来的无人机可以接受点菜或付款。（图7-3）

图7-3　无人机送餐示意图　　　　　　图7-4　Drone advertising

3."广告"的应用

无人机让过去想都不敢想的特殊广告手法变得可行。莫斯科的某家餐厅让无人机带着午餐的宣传单，在午餐时间前盘旋在高层办公大楼的窗户外。这个广告手法一举成功，利用无人机的广告手法"Drone-vertising"（Drone advertising）也因此为世界所知。（图7-4）

4. "店销"的应用

2015年3月,卡骆驰(Crocs)在日本东京开设了世界首个利用无人机的期间限定"空中商店"。在店内用 iPad 选择想要的鞋子颜色后,无人机就会升空,从高5米、宽10米的展示空间,将选择的鞋子运过来。(图7-5)

图7-5　CROCS 空中商店

贯穿企业整体价值链的无人机营销促成了消费者的营销体验。按照菲利普·科特勒的观点,这促成了消费者的"5A 体验"。营销学中谈到营销争取消费者的过程,最常用到的就是"AIDA"(注意、兴趣、欲望、行动)与"4A"(认知、态度、行动和再次行动)。但是在移动互联和新技术时代,菲利普·科特勒等人认为,这整套流程应该是"5A",包括"认知、诉求、询问、行动及倡导"。具体来说,认知(Aware)是让消费者有品牌印象;诉求(Appeal)是让消费者被品牌吸引;询问(Ask)是让消费者对品牌好奇;行动(Action)是让消费者购买品牌;而倡导(Advocate)则是让消费者为品牌说话。在"营销4.0"时代,企业必须采用很多创新做法,才能引导消费者走完整套"5A"体验。特别是其中的"行动(Action)"与"倡导(Advocate)"更是关键中的关键。对此,菲利普·科特勒等人在《行销4.0:新虚实融合时代赢得顾客的全思维》一书中特别提出了两个衡量营销成功与否的关键指标:购买行动比例(Purchase Action Ratio,PAR)和品牌拥护比例(Brand Advocacy Ratio,BAR)。前者是认知品牌者最终购买的比例,后者则是认知品牌者为品牌辩护的比例。贯穿于企业整体价值链全过程的无人机营销,对于提升购买行动比例和品牌拥护比例都具有十分突出的作用和效果。

(二)虚拟现实(AR/VR/MR)广告:虚拟+互动

广义的虚拟现实广告包含 AR(增强现实)广告、VR(虚拟现实)广告及 MR(混合现实)广告,但是三者也是有明显区别的。

AR(Augmented Reality),中文名称"增强现实",也称为"扩增实境",是指以简单的描述方式,结合想象在现实场景上添加各种虚拟物品(信息),透过智能型手机相机下的真实影像，经由 App 将各种虚拟物品（信息）影像显示到手机屏幕上，让玩家可以感受到各种虚拟物品（信息）仿佛真的就在身旁一样。AR 是三种虚拟现实技术中最早开始广为应用在营销或广告中的，AR 游戏最为典型，其突出特点是：虚拟的内容和互动仍止于虚拟之中，但透过荧幕等辅助装置的呈现让你看到虚拟和真实世界的结合状态。

VR（Virtual Reality），中文名称"虚拟现实"，是指透过计算机创造出一个虚拟的 3D 空间，并以各种技术使得人类的感官产生错觉，使用者如身历其境般地进入一个人造的世界，在里面可以做各式各样的事情。VR 与 AR 的不同在于，让用户从真实世界中脱离，从视觉上进入一个完全不同的虚拟世界（部分装置还能提供听觉上的体验），一个基本完善的 VR 体验除了看得到听得到，还必须有互动。

MR（Mixed Reality），中文名称"混合现实"，也称为"混合实境"，顾名思义就是综合上述（AR&VR）两者的特点。AR 在本质上还是现实，只是加入了一些虚拟的元素；VR 的目标则是全面的虚拟；MR 则是将虚拟的场景与现实进行更高程度的结合。

2016 年以来，虚拟现实（AR/VR/MR）技术广泛应用于广告和营销领域，产生了诸多有代表性的虚拟现实广告案例：迪士尼结合户外公交站台媒体推出的"增强现实"广告；奔驰在 2016 年推出的"极智逃生"VR 视频大片；2016 年，由雀巢联合优酷突出的 VR 视频广告《喵巢星计划》现身雀巢（Nestle）150 周年鸟巢发布会现场；2016 年，美国政府推出了一款新的 iOS 应用，在 AR 技术的帮助下，能够用一张 1 美元的纸币创造出"白宫"3D 景色。(图 7-6)

图 7-6 一美元纸币里的"白宫"

（三）人工智能（AI）广告

2012 年，移动互联网突然进入我们的生活，让一些人措手不及。今天，人工智能时代正向我们飞奔而来。比如谷歌的智能音箱 Echo，简单的几句语音对话就能控制所有的智能家居设备，而人工智能驾驶系统比司机反应更快、更安全。如今人工智能的技术迅速在我们身边扩展开来，有些人对这种发展非常欢迎，因为不管在生活上还是在生产上，这都极大地提高了效率，对于企业的未来是一种更高效的生产力，能够使企业获取更多的利润。还有一部分人认为这种发展会像蝗虫一般带来毁灭性的灾难，但无论如何，社会的发展必然会经历人工智能时代，而人工智能在各个行业发展中必然发挥着独特的优势。而基于创意性的广告行业自然不会例外。

现在的广告商，对于人工智能或许还不是非常了解，毕竟 AI 虽然已经成为一种趋势，但目前来说还没有达到大众化的普及，只有一些大型的科技企业或人工智能公司在研发和使用。因此对于目前的广告商来说，人工智能所能给出的创意指示，可能只是停留在已存在的创意数据的延伸，而绝大多数的广告从业者并不相信 AI 的领导力。然而，所有的广告创意和活动都是为了给品牌带去最大的利益，不可忽略的是，AI 所拥有的大数据将会具有计算、数据存储、趋势分析等众多人工可能短期无法做到的能力。

AI 可以根据大数据最大化地挖掘出消费者的相关数据，比如消费习惯、消费能力、消费层次、所关注的方向，以及广告所需的预算等一系列的数据来为各种活动提供巨大的洞察力，从而让广告活动给品牌带去最大化的投资回报率（ROL）。AI 有能力处理一些复杂的矩阵，带领团队突破一系列复杂的行为，让团队可以及时把消费者最感兴趣的信息传递给用户。而传统的广告，其实也正是靠一些数据分析来了解消费者的口味，AI 正好吻合了该点，并且把该点发展到最大化。

那么是不是说未来的广告就不需要人了，完全由 AI 代替呢？其实所有的广告最终的目的就是 ROL 最大化，AI 只能从原始的数据库中寻找最适合的广告渠道、方式，但是广告需要创意，需要不断地创新，需要艺术层面上的思考，而这些方面是 AI 所做不到的。就连最有才华的艺术家都可能无法解释是什么激发了那些生动、丰富多彩、对变化充满感知的想象力，可能只是一次偶然的想象创造出了伟大的作品。

如果作为一个艺术家都无法弄明白灵感来自何处，那只有一种可能，就是过去从来都没有发生过相应的艺术，而 AI 的主要创作原理是基于原有大数据进行分析、整合，因此灵感是 AI 永远无法做到的。未来，让 AI 去担任广告或者艺术总监，也许可以带领团队突破更适合大众消费者的用户行为数据，但要想创作出更有创意性、独特的作品，就必须要人类来完成。未来的广告，或许只有 AI 和人力的结合才能创造出更好、更具特色的作品。

（四）麦当劳的体验式传播：让快乐深入人心

近年来，麦当劳力推"欢乐欢笑每一刻"的品牌形象，一改过去的"欢乐美味，在麦当劳！"和"百分之百顾客满意"的广告诉求，而是期望征服顾客的心，在不同的时段针对不同的顾客群，提供"对口"的服务，从而创造一种互动的欢乐气氛，让顾客觉得好玩、有情趣，用体验来让顾客满意，进而促使顾客重复购买，这也是造成国内外许多小朋友对它情有独钟的原因所在。

麦当劳的店内广告设计、环境的整体布局、针对少儿消费者设计的欢乐园、促销玩具，无不显现出一种无忧无虑的快乐氛围。麦当劳在一些发达的大都市，更是将品牌体验式促销发挥得淋漓尽致，由店内演绎全方位地走向繁华场所，让人耳目一新。其实，体验绝非就是一种虚无缥缈的感觉，它可化作一种实实在在的商品，消费者一旦被体验感动，就会心甘情愿地花钱买体验。站在消费者的立场，麦当劳将感官、情感、思考、联想、行动五个点作为设计思考的方式，根据不同的地区特性及终端销售环境，展现不同的体验诉求。

麦当劳在广州地铁上推出的一组体验式系列平面广告，就是一种完美的品牌体验大路演，在体验营销上玩得更是精彩纷呈，可以说将体验式营销发挥到了极致。

第一则平面广告：

在地铁的车门旁，一左一右有两幅广告海报一模一样，都是一个形象逼真的大汉堡包。口语化的广告语很特别——"张口闭口都是麦当劳"。整个广告简洁明朗，一目了然，卖点很是突出，让人不由地去联想。伴随着地铁门的一开一合，广告海报会让人想到嘴巴一张一合的用餐情景，很形象也很吸引人。

第二则平面广告：

在地铁车厢的进口处位置，也有一则广告，广告语也很特别——"想吃只需多走几步"，似乎人人往车内走都是想吃麦当劳，试想，车门一开，谁不往里走呢？

第三则平面广告：

在地铁车内的对门位置，一包金灿灿的薯条放在广告海报的一侧，仍是配以醒目的广告语——"站台人多不要紧，薯条越多越开心！"没错，就连我们在车上挤来挤去，这种滋味，它都知道！

第四则平面广告：

还有一幅贴在车窗上的广告——"越看它越像麦辣鸡翅？一定是你饿了！"画面上有一块麦辣鸡翅烤得黄亮亮的，很是诱人。黄亮亮的麦辣鸡翅，呼之欲出，看看，这些平面广告都清晰地把消费者体验说出来了，绝！

第五则平面广告：

在地铁座位的上方，原先有一块各站点的指示牌，也被取代成麦当劳的指示牌了，广告语——"站站都想吃"，每一个"站台"都高清晰度地以1:1的比例，再现了麦当劳在中国推出的产品，逐个相继标出，并用连线串起,"巨无霸、薯条、麦辣鸡翅、麦乐鸡、麦香猪柳、板烧鸡腿、奶昔、圆筒冰激淋、新地、麦辣鸡腿汉堡、开心乐园餐……每一个产品对应地表示每个停留的站点,点线串起,广告语顺势推出"站站都想吃"。

这组麦当劳的体验式广告都是经过精心设计、周密策划的,包括广告张贴的位置及广告语的创意,无论哪一幅都做到了把握住消费者的体验,传达感受,牢牢地抓住"眼球",提供人们更多值得回味的情境和感觉。

(五)喜力啤酒的赞助传播案例

在所有进入中国的外国品牌中,喜力不算是最早的,但中国大部分消费者都很认同这个品牌,大多是从喜力网球公开赛开始的。20世纪90年代末,中国的啤酒市场在经过了剧烈的震荡之后,开始进入了一个相对平稳的发展期,在这期间,很多外资啤酒品牌初次或再次进入中国市场,想从这个巨大的市场里分一杯羹,喜力也是其中的一个外资品牌。当时的市场状况是,中国虽然啤酒品牌众多,但品牌定位不清晰,而且高档啤酒的市场空间还没有绝对的领导者,在这种情况下,谁先进入这个区隔市场,并且站稳脚跟,谁就有更多的发言权和利润空间。上海喜力网球公开赛可以说是在这样一个时代背景下诞生的,喜力并没有大规模地在央视做广告,而用活动赞助这种最直接,也是最隐讳的方式开始培育这个市场。

在中国,喜力网球公开赛一做就是6年,其间的2002年的大师杯喜力也是创始赞助商。而且,喜力也赞助了上海大师杯赛。资料显示,喜力每年用于赞助运动、音乐及电影等项目的费用超过1亿。喜力除利用网球公开赛与消费者沟通外,也通过针对经销商及零售商的活动,让渠道销售商一起参与这个品牌的构建,在建立品牌的过程中,不仅让渠道销售商体验品牌的内涵及价值,也让它们拿到实实在在的好处,这是广告所无法达到的,虽然看起来没有花那么多的钱来做宣传,但事实上却是事半功倍的,这与我国的企业动不动就大手笔地投广告,是很不同的品牌传播方法和理念。

赞助一个活动,其本质是让消费者看到你,感受到你,所以赞助当中沟通的策略很重要。喜力啤酒市场与消费者沟通,不是从品牌角度出发,而是从品牌与消费者的沟通角度去做,喜力会成为一个朋友间交流的桥梁,即更多地以消费者为中心进行沟通,而不是仅以产品为中心。所以,在品牌传播沟通中能让消费者更好地从中体验娱乐,感受一种时尚的生活态度,而不仅仅是一场球赛,一种产品。

● **思考与练习**

1. 什么是广告新媒体?

2. 谈谈数字技术与新媒体的关系。
3. 广告新媒体的特点是什么?
4. 谈谈新的生活方式与广告方式的关系。
5. 体验式广告传播的特点和优势是什么?
6. 试论无人机传播的发展前景。
7. 在数字化时代,如何体现整合策略的优势?

第八章

数字营销：数字分析与行为洞察

本章内容提要：随着互联网渗透率的持续提升，内容营销成为商家和品牌方的主要发力方向，广告主更加倾向于紧跟流量趋势进行精准投放广告，效果类广告增长迅猛，人工智能、大数据、深度学习和云计算等互联网技术正在深刻改变着广告行业的运作模式与广告产业竞争格局。同时短视频、直播电商等信息流增速更快的视频类营销有望成为主流广告形式。本章节将围绕人工智能和深度学习技术对于数字营销领域的影响展开分析，通过埃森哲、特赞及 Google PMAX 等案例，阐述如何通过技术手段帮助广告主完成从分析、洞察、内容产出到分发的数字营销全过程；并结合业内的产品与解决方案，分析埃森哲的数字营销解决方案，以及特赞的追踪内容资产生命周期的产品矩阵。

第一节 什么是数字营销？

20世纪60年代，加拿大媒介专家麦克卢汉预言了"地球村"的到来，即所有现存的信息和知识可以随时随地地进行交流，人可以轻易地与他人沟通，人同时成为信息、资讯及知识的接受者和创造者。他这一全球性的伟大愿景在当时看来似乎是不可能的，然而随着个人电脑的出现、高速网络的接入、光纤网络的诞生及万维网的兴起，麦克卢汉的预言似乎成了现实。在麦克卢汉的理想世界中，每个人都能被接入一个可交互的全球网络之中，每个人都是传播者，可以创造、检索、储存及传播信息。生活在"即兴创作年代"，人们通过一种前所未有的方式生产着属于自己的信息。

在新媒体媒介场域中，大数据为我们提供了全新的思维方式和广告传播的逻辑。海量用户的数据收集和数据挖掘是互联网广告实现精准传播的基础。借助大数据技术工具，互联网广告从目标消费者精准定位、消费需求深度挖掘、投放过程精准可控、广告效果精准评估四个方面，全面实现了广告精准投放。在大数据驱动下的精准广告，颠覆了"以媒体和媒介为中心"的传统广告逻辑，实现了真正意义上的"以消费者为中心"。由此确立了精准广告的传播策略：广告目标上重视投放效果；善于利用技术手段提升广告体验和优化广告投放；营销方式上善用内容营销和关系营销提升广告效果。[①]

一、虚实有度，融会贯通

随着互联网、移动互联网、物联网、社交网络、电子商务等信息技术的普及应用，人们生活在"全方位无缝式"的数字新媒体空间内，由数字网络构建的"虚拟"空间和人类世界的"真实"生活不断交融，人们在不断接受和消费各类信息数据的同时，本身的生活和行为习惯也以数据的形式留存于新媒体空间内。大数据的核心特征即"一切皆可量化"，人类的语言文字、声音影像、生活消费、地理位置等都能以数据的形式记录和收集，甚至连人与人的沟通和联系、经历和情感也可以数据化。例如出行软件、地图软件等将人的位置数据化，Facebook、微信朋友圈等社交网站将人的关系数据化，推特（Twitter）、微博等平台将人的观点和情绪数据化。[②] 至此，以海量的、非结构化为特征的互联网用户及其行为轨迹的数据构建了全新的传

[①] 倪宁，金韶. 大数据时代的精准广告及其传播策略：基于场域理论视角 [J]. 现代传播（中国传媒大学学报），2014（2）：99-104.

[②] 维克托·迈尔—舍恩伯格，肯尼思·库克耶. 大数据时代：生活、工作与思维的大变革 [M]. 盛杨燕，周涛，译. 杭州：浙江人民出版社，2013：105-126.

播环境，并成为新媒体场域中拥有巨大潜在广告价值的特殊"资本"。无论是广告主还是媒体，都可以通过数据平台，找到最适合自己的目标用户群。①

二、数据的价值重塑广告运作方式

数据的价值在于分析。大数据是信息社会特有的技术、方法和工具，通过对海量数据进行分析，获得具有巨大价值的产品和服务信息，或深刻的消费洞见。基于大数据技术，可以对新媒体场域中的"惯习"，即用户的网络消费习惯和行为模式进行深入研究。

互联网站利用Cookie技术捕捉和定位用户ID，同时锁定该ID，追踪用户在各网站（新闻信息类、电子商务类、休闲娱乐、生活服务类等）的行为轨迹。首先，通过不同类型的网站的数据聚合，以零散片段拼合出该用户的人口统计学特征、地域属性、兴趣喜好和消费习惯等完整连贯的用户信息；其次，再通过该用户在社交媒体上的注册身份和互动分享内容，判断其身份特征、生活方式和关系圈子；最后，再借助移动互联网技术把用户数据的追踪分析进一步拓展到移动终端，结合其实时的地理位置，绘制出更立体、更实时的用户行为。由此，通过跨平台、跨设备、跨应用的海量用户及其行为数据的整合，通过精准定位、动态追踪和关联分析，最终真实、准确、完整、实时地描绘出用户的自然属性（人口统计学特征、时间、地点）、社会属性（兴趣喜好、消费习惯、人际关系等），以及短期与长期行为图谱。大数据技术实现了对用户属性和用户行为模式的精准判断，使广告精准投放有了清晰的目标和实现的基础。

三、用户、媒体、广告主——竞争与共生同在的多元关系

数字技术正在驱动着广告服务的方式发生变化，数字技术也正在重塑着全球广告的营销模式。麦克卢汉所提出的人类被"重新部落化"的概念，在数字时代的广告传播中表现出了"去中心化"与"重新中心化"、"去中介化"与"重新中介化"的传播特征。

（一）流量即资本

中国人民大学新闻学院倪宁教授提出了新媒体场域概念，广告主和媒体都在直接争夺互联网用户。在新媒体场域②中，用户资源是广告主和媒体竞争的核心资源，也就是"资本"。广告主既可以通过传统广告的投放方式，即借助媒体来获取用户关

---

① 戴维·斯沃茨. 文化与权力：布尔迪厄的社会学 [M]. 陶东风，译. 上海：上海译文出版社，2006：122.
② 倪宁，金韶. 大数据时代的精准广告及其传播策略：基于场域理论视角 [J]. 现代传播（中国传媒大学学报），2014（2）：99-104.

注，也可以借助社交媒体平台，以自媒体的方式直接生产信息和用户直接互动，为用户提供媒体化的内容信息服务体验，还可以通过在线广告交易平台直接购买用户。

（二）平台和用户的平等互动

媒体与用户的关系也不再是传统的"自上而下"模式，而是"一对多"的线性关系，是个体和个体间的"一对一"互动。比如微信小红书平台上的媒体账号都与个体用户之间实现直接、实时的互动。用户可以主动选择关注的媒体账号，获取信息（内容）和服务，直接发起私信对话和回复评论。社交平台的成熟和普及为媒体与用户搭建了平等、交互的传播关系。

（三）"关系"和"圈子"是精准投放的敲门砖

社交网络平台（Social Network Services，SNS）为海量用户构建了不同的"关系"和"圈子"，让具有不同地域属性、身份属性、兴趣爱好、生活方式的用户群，自主建立起不同的交互关系。例如我们常见的抖音、小红书上面的"本地推送"就是根据地域进行推送。还有豆瓣上的兴趣小组，这些线上的小组因为社交媒体网络而在线上结缘，是传统线下社交的线上延伸。这些"圈子"和"关系"具备专业化（Instagram 的照片分享）、专题化（豆瓣上的各种兴趣组）、工具化（Keep 等各种签到应用）、服务化（大众点评网等位置和商家服务）的特点。对于广告主来说，须把握新媒体场域中的用户关系，并利用好用户所在的"关系"网和"圈子"进行广告传播，这是对用户的更深层次的精准把握和传播。

第二节　大数据、人工智能、深度学习技术驱动新媒体营销

新的传播场景使得以大数据技术和人工智能技术为支撑的计算广告陆续出现，随之逐渐盛行，至此广告服务方式发生重大变化。

一、人工智能、深度学习和机器学习

（一）人工智能

2004 年约翰·麦卡锡（John McCarthy）给出了人工智能（AI）的定义：这是制造智能机器，特别是智能计算机程序的科学和工程。它与使用计算机了解人类智能的类似任务有关，但 AI 不必局限于生物可观察的方法。[1] 斯图尔特·罗素

---

[1] John McCarthy. What is Artificial Intelligence[EB/OL].[2022-08-19].http：//www-formal.stanford.edu/jmc/.

(Stuart Russell)和彼特·诺维本（Peter Norvig）随后出版了《人工智能：一种现代方法》，成为 AI 研究的主要教科书之一。在该书中，他们探讨了 AI 的四个潜在目标或定义，按照理性及思维与行动将 AI 与计算机系统区分开来。

人类方法包括像人类一样思考的系统，像人类一样行动的系统。理想方法包括理性思考的系统，理性行动的系统。就最简单的形式而言，人工智能是结合了计算机科学和强大数据集的领域，能够解决问题。它还包括机器学习和深度学习等子领域，这些子领域经常与人工智能一起被提及。

（二）深度学习和机器学习

由于深度学习和机器学习这两个术语往往可互换使用，因此必须注意两者之间的细微差别。如上所述，深度学习和机器学习都是人工智能的子领域，深度学习实际上是机器学习的一个子领域（图 8-1）。①

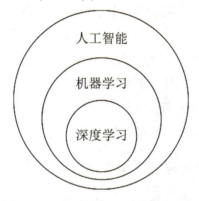

图 8-1　人工智能、机器学习和深度学习的三者关系图

深度学习实际上由神经网络组成。深度学习中的"深度"是指由三层以上组成的神经网络，包括输入和输出，可被视为深度学习算法。这通常如图 8-2 所示：

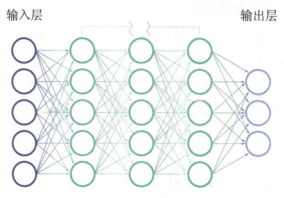

图 8-2　深度学习神经系统网络图

---

① IBM.人工智能(AI)[EB/OL].(2020-06-03)[2022-08-19].https://www.ibm.com/cn-zh/cloud/learn/what-is-artificial-intelligence.

深度学习和机器学习的不同之处在于每个算法如何学习。深度学习可以自动执行过程中的大部分特征提取，消除某些必需的人工干预，并能够使用更大的数据集。我们可将深度学习视为"可扩展的机器学习"，正如 Lex Fridman 在同一 MIT 讲座中所指出的那样。① 常规的机器学习，或叫作"非深度"机器学习，更依赖于人工干预进行学习。人类专家确定特征的层次结构，以了解数据输入之间的差异，通常需要更多结构化数据以用于学习。

"深度"机器学习则可以利用标签化的数据集，也称为监督式学习，以确定算法，但不一定必须使用标签化的数据集。它可以是原始格式（如文本、图像）采集的非结构化数据，并且可以自动确定区分不同类别数据特征的层次结构。与机器学习不同，深度学习不需要人工干预数据的处理，使用户能够以更有趣、更多元的方式扩展机器学习。

人工智能现已大量应用，其中围绕数字营销而逐渐成熟的推荐引擎功能也已逐渐成熟，并被多个行业头部公司使用并融入他们为客户所提供的解决方案及产品中。同时，AI 算法使用过去的消费行为数据，帮助发现可用于制定更有效的交叉销售策略的数据趋势。这用于在在线零售商的结账流程中向客户提供相关的附加建议。在本章的第三节、第四节、第五节，我们将以埃森哲、特赞和谷歌为例，分析这些企业跟数字营销相关的业务战略、产品及解决方案。

二、人工智能和大数据在数字营销中发挥的作用

大数据技术是精准投放的实现基础。其实现的原理主要通过目标消费者的精准定位、消费需求的精准挖掘、广告投放的精准可控、广告效果的精准评估这四个方面来实现。

（一）目标消费者的精准定位

传统广告的运作方式，广告主和媒体对目标消费者的判断都不够精准，具有模糊性，广告主依据对媒体受众群的大致预判，来评估媒体价值然后分配广告预算。因为缺乏数据的量化评估，目标人群常常无法定位准确。而在互联网、移动互联网平台应用大数据技术却能够对目标消费者及其行为轨迹进行全面记录和动态追踪，再通过数据挖掘（机器学习）和相关联的分析，对目标消费者进行精准定位，即能准确地找到消费者。这既能准确获取某个（或某类）消费者的性别、年龄、地域、身份等人口统计学属性，还能通过他们的浏览记录、搜索行为、评论推荐、电商购物、社交分享等行为举止获知其兴趣爱好、消费习惯、人际关系等社会属性；同时，

---

① Lex Fridman. MIT Deep Learning Basics：Introduction and Overview[EB/OL].（2019）[2022-08-19]. https://deeplearning.mit.edu.

可以借助移动互联网技术，通过移动终端采集用户的使用行为，进而精准获取其时间和位置数据。从"找对人"（获知其自然属性和社会属性）进而"找到人"（获知其时间和地点），大数据使互联网广告投放具有极强的针对性和精确性。

大数据技术除了能精准地找到消费者，还能通过消费者的行为轨迹精准判断消费者在特定时间的消费情境。消费情境是指消费行为发生时的环境因素，主要包括时间环境、地理环境、社会影响、购买目的、购买前的情绪或状态，是实现从消费需求到消费行为的最终步骤。通过移动设备"定位"服务和"签到"的应用，能获知目标消费者所处的地理位置；通过目标消费者在社交网站上与他人的交流互动，能获知其人际关系；通过目标消费者搜索的关键词，能获知其购买目的；通过目标消费者的社交媒体的观点的表达，能获知其情绪状态。

基于目标消费者及其消费情境的精准定位，广告主可以实现适时、适地、根据需求进行推送，收到更具有针对性和匹配度的广告效果，即"正确的人""正确的时间""正确的地方""正确的需求"。

（二）对消费者需求的精准预测

大数据计算的核心是建立在相关关系分析法基础上的预测，即把数学算法运用到海量数据上，量化两个数据值之间的数理关系，通过相关关系的强弱来预测事物发生的可能性[1]。大数据的预测功能源于海量数据的集成处理和关联分析。具体到广告传播上，大数据根据消费者的"行为轨迹"，分析其消费需求，能够进一步判断其关联需求，挖掘其潜在需求，对其消费需求进行预测；再通过具有针对性的关联推荐，促成有效购买和消费。例如，瑜伽健身服装品牌 Lululemon 通过大量消费者的购买记录进行分析，发现很多首次购物的消费者更倾向于搭配全套的瑜伽服饰。核心产品一定是品牌主打的瑜伽裤，并搭配瑜伽上衣和瑜伽内衣。于是 Lululemon 推出了为初次购买的客人搭配捆绑销售的方式，直接带动了这三款产品的销量。

电商网站非常擅长消费需求的挖掘和预测，从而进行精准推送和关联推荐。比如亚马逊的推荐营销系统，它的销售转化率高达 60%，这也是亚马逊常年占据美国访问量最高的网站前三名的主要原因。亚马逊的网站，从首页推广到各品类商品展示，再到点击某个商品详情，最后到加入购物车、下单结算，整个在线购买流程的各个环节，都嵌入了通过数据分析而生成的针对特定用户的商品推荐。此外，亚马逊还拥有功能强大的邮件营销系统，根据用户曾经的浏览和购买行为，推送最符合其消费需求和能带来最高购买率的商品目录和打折信息。亚马逊抓住一切机会让"推荐转化率最大化""购买机会最大化"，就是基于大数据"关联分析"原理，挖

---

[1] 维克托·迈尔—舍恩伯格，肯尼思·库克耶．大数据时代：生活、工作与思维的大变革 [M]．盛杨燕，周涛，译．杭州：浙江人民出版社，2013：105-126．

掘和预测其消费需求，提升效果转化的广告营销方式。①

（三）广告投放过程的精准可控

广告投放过程中，大数据技术还能进一步提升广告交易操作的精准性和精确性。搜索引擎广告、重定向广告、展示广告三种领先的广告技术就是其典型应用。

搜索引擎广告是指广告主根据自己的产品或服务设定关键词，自主定价投放广告，当用户搜索到该关键词时，根据竞价排名原则展示相应广告，并在用户点击广告后收费。搜索引擎广告是根据用户对搜索引擎的依赖和使用习惯，在用户主动搜索信息时尽可能将营销信息传递给用户。在越来越追求个性化消费的时代，用户越来越多地通过搜索行为主动表达其个性化需求，广告主对关键词进行定位和关联，就可以精准捕捉其消费需求，优化关键词策略，拟订创意广告语，提升广告效果。

另外，广告主通过自由竞价和按点击付费的机制，可以灵活掌握和支配广告预算，在投放过程中，根据点击效果优化关键词策略，根据预算调整广告投放量，提升每笔广告预算的投资回报率。

重定向广告（Retargeting）是对网络广告定向技术的提升，依据某用户之前的网页浏览行为，把特定的广告在该用户浏览其他页面时重新推送到该用户面前。重定向广告主要应用于电商广告，将用户浏览过但没有购买的商品广告，通过定位技术，再次推送给用户，促成其购买。重定向广告不仅能精准定位用户，并且可以针对该用户展开后续的推广活动，对其浏览但未成交的产品广告进行改良优化，对其曾经购买过的同类商品进行重复推广，从而显著提升广告从点击到购买的转化率，提升每笔广告预算的投资回报率。通过对广告展示位置的控制、目标用户的一对一获取、广告投放费用的点对点核算，广告主实现了对整个广告投放过程的精准可控。②

基于大数据的精准广告实现了从媒体价值到消费者价值的彻底转变，其核心逻辑就是"以消费者为中心"。广告主或广告公司都可以直接围绕以数据追踪和标注的"个体消费者"本身展开。基于互联网、移动互联网聚合的用户及其行为数据，针对个体消费者进行动态追踪和精准定位，针对其消费情境和消费需求展开分析，进行最具有针对性和匹配度的广告推送并精准分配和使用每一笔广告预算，提升广告效果，再根据广告效果的精准评估实时调整广告策略。大数据技术让广告传播形成了一个精准、实时、可控、反馈的闭环模式。在这个模式中，媒体是谁已不重要，媒体只是用户行为留存和记录的渠道和载体，用户才是最重要的资源。

---

① 倪宁，金韶. 大数据时代的精准广告及其传播策略：基于场域理论视角 [J]. 现代传播（中国传媒大学学报），2014（2）：99-104.

② 同上。

(四) 广告效果的精准评估

广义的广告效果是指广告传播效果，通常是指具有说服动机的广告信息对受众心理、态度和行为的影响，即广告传播活动在多大程度上实现了广告目标；同时也包括广告信息带来的一切影响和后果。[①] 狭义的广告效果是指广告所带来的销售效果。广告传播效果是以广告的接触、认知、态度、记忆等间接促进销售的效果为衡量依据，而不单纯以销售情况为标准来衡量评价广告效果。但消费者心理、态度的变化效果直接影响着购买行为的发生，即广告传播效果决定广告销售效果，销售效果是传播效果的最直接体现。

虽然广告销售效果是广告的终极目标，却是传统广告最难衡量的环节。美国广告学家 E. S. 刘易斯早在 1898 年就提出了 AIDMA 理论，认为消费者从接触到信息到达成购买，会经历 Attention（引起注意）、Interest（引起兴趣）、Desire（唤起欲望）、Memory（留下记忆）、Action（购买行动）五个步骤，前四个步骤都属于消费者认知和心理层面的效果，其效果测评方法主要是传统的实验法和现代比较流行的认知神经科学实验法，而销售效果的衡量却因为缺乏数据支撑和对接具有延迟性、间接性和模糊性。

2005 年，日本电通广告公司提出了网络消费 AISAS 理论，即 Attention（引起注意）、Interest（引起兴趣）、Search（搜索）、Action（消费或行动）、Share（分享）五个步骤，后三个步骤搜索、购买、分享是互联网和移动互联网时代广告销售效果的分解和延伸，为广告效果的进一步分解和衡量提供了极大的启发。大数据将广告传播效果和销售效果的量化评估提升到前所未有的高度。广告业界对互联网广告效果评价指标主要是"点击率"（Cost Per Click，CPC）和"转化率"（Cost Per Action，CPA）两个基本指标。点击率是衡量广告是否有吸引力和说服力的基本指标，聚焦于广告的传播效果，是广告传播对消费者认知和心理层面产生效果的直接体现；而转化率是指受广告影响而形成的用户购买、注册或信息需求（询问或搜索等），转化率已经相当接近于广告的销售效果。大数据能够量化从广告展示到用户点击再到下单购买的数据转化，精准核算出广告投入总量的效果转化率，从而帮助广告主优化广告传播策略，降低广告预算的无效损耗，提升投资回报率（ROI）。

(五) 重视内容营销和关系营销

让广告成为内容。《Facebook 效应》一书中提到 Facebook 的两大愿望，一是连通整个世界，二是让广告成为内容。传统广告的概念中，广告与内容是严格区分

[①] 王沛. 广告心理效果与评价 [M]. 北京：科学出版社，2008：11.

的，内容满足受众的信息需求，广告则与内容争夺受众的注意力资源。而大数据时代的精准广告，实现了"找对人""找对时间""找对地点""说对话"，广告真正实现了基于需求的精准推送，对每一个消费者都是个性化的信息提供，更适时、适地、适度，更艺术化地满足目标消费者的需求。因此，广告变成了有价值的内容，广告和内容的边界开始交融，呈现广告内容化、广告信息化的趋势。

对于内容营销的重视体现在精准化的内容推送，与其说是内容，实则是边界模糊之后的广告。越来越多的广告主借助社交媒体平台和自媒体的方式，直接生产内容，和用户直接互动。看似内容实则广告的"推送"，有些像传统杂志中的 Editorial Content（编辑内容），是披着内容外衣的广告。广告和内容边界的日渐模糊衍生出了管理内容的数字资产管理平台，后面会以特赞为例具体说明。

让用户传播广告。关系营销、社交分享已经成为互联网、移动互联网平台的基本功能。前文对新媒体场域的分析中提到，用户在社交网络（SNS）上构建了不同的"关系"和"圈子"，具有不同地域属性、身份特征、兴趣爱好、生活方式的用户，自主建立起不同的交互关系。关系营销，就是善于利用用户所在的"关系"网和"圈子"，让用户通过分享，自主进行广告的扩散式传播。让用户接受内容（广告），并自主扩散传播内容，影响他的朋友，将新媒体广告传播的效果提升到前所未有的程度。

第三节 数字分析——埃森哲的数字营销解决方案

案例：埃森哲

精准营销的概念在 2004 年被杰夫·萨宾（Jeff Zabin）和格莱士·布雷巴克（Gresh Brebach）首次提出。他们认为精准营销是指捕获、管理并分析消费者的相关数据，在分析结果的基础上洞悉营销战略的要点，之后将这些战略要点付诸实施，以促进企业与消费者进行更为有效和有力的互动。[①]

计算广告需要整合和匹配三个相互关联的广告生产服务环节：先进行数据采集和运算，从数据源开始给用户贴标签，从定性和定量研究中发现用户的需求并排序；然后建模，从数据分析中按照统计学和数学理论建立模型；最后进行动态实时用户

---

① Jeff Zabin, Gresh Brebach. Precision Marketing: The New Rules for Attracting, Retaining, and Leveraging Profitable Customers[M]. New York: John Wiley & Sons, 2004:2.

场景匹配。通过这些环节可以制定更有针对性的营销方案，从而提升营销效果。①这一节我们将通过埃森哲的数字营销解决方案来分析人工智能和深度学习是如何影响、重塑营销模式，为客户打造以品牌为核心的数据内容中台的。

埃森哲的人工智能数字营销解决方案，通过预先构建集成的解决方案依托于独有的数据和人工智能模块，与客户现有的基础架构搭配使用，并简化定制来快速解决各种特定挑战，从而提升数字体验回报，达到与实际体验相同的水平，最终协助对企业的体验业务进行全面数字转型。数据显示通过人工智能优化数字营销会带来多维度的数据增长，其中包括：市场营销投资回报率的提升幅度达到30%；通过更个性化的交流提升销售额的幅度达到200%；通过"下一项最佳购物建议"或"下一项最佳行动建议"实现的转化率增长达到40%—50%；整体购物满意度当中净推荐得分的增加值高达15%。②

一、通过 AI 赋能更快、更灵活的数字营销创意

埃森哲开发的 C360 平台（Consumer-360 Platform），打造了一个实时的、360度的用户视角，捕捉识别最高价值的成交机会及案例。个性化引擎（Personalization Engine）生成并使超个性化的消费者行为洞察规模化，同时实现自动优化活动、内容和产品的功能。首先，通过最佳体验平台（Next Best Experience Platform）预测并提供下一个最佳反馈，以增加交叉销售和追加销售，提高产品收入，同时提高客户满意度。其次，通过归因平台（Attribution Platform）将每一次互动的影响归结转化为销售或其他预期关键绩效指标（KPI），并优化内容以争取最大化的投资回报率（ROI）。

对应竞争日益激烈的市场变化，人工智能可以从三个方面为企业提供数字营销的支持，分别对应捕捉、分析和定制。

首先，提供客户全面画像，通过开发实时的数据架构创建信号及标签生成最佳的反馈和报价，从而确保与客户的持续互动。其次，通过细颗粒度的 ROI 衡量系统，精细、全面地衡量全渠道反映，以全面了解客户体验，从而确认生产最高投资回报的渠道。最后，超个性化，通过使用人工智能增强的解决方案，协调不同的数据记录，并利用全渠道定位，提供高度关联客户的产品和体验。③

---

① 张殿宫，张殿元. 技术·制度·文化：数字时代中国广告创新的影响机制 [J]. 社会科学战线，2021（10）：155-164，282.
② accenture. 人工智能的影响力 [EB/OL]. [2022-08-19]. https://www.accenture.com/cn-zh/services/applied-intelligence/solutions-ai-marketing.
③ Accenture.Solutions.AI for Marketing [EB/OL]. [2022-08-19] https://www.accenture.com/_acnmedia/PDF-148/Accenture-Solutions-AI-Marketing.pdf.

二、从触点驱动的体验（CX）到价值引领的体验（BX）

多年来，伴随着数字革命，营销和服务触点上的客户体验（Customer Experience，CX）的重要性日益凸显。互联网和智能手机的普及使得企业需要利用技术，在客户体验旅程中设计新颖多样的交流互动。虽然很多企业在完善客户体验方面已经取得长足进步，但同时也令其变得过于同质化、缺乏差异性。这使得企业难以清楚判断客户体验的投资回报水平。

埃森哲认为企业不应以自我为中心，只在流程和系统上打造品牌，而是需要展开更加全面的变革。品牌方必须不再将触点视为体验的起点和终点。每次与品牌互动时，客户都抱有自己的目标、问题、需求或疑问，以及对于快速、轻松实现成果的期望。眼下，受消费者和企业决策者转变的双向驱动，体验的重要性正再度被提起。这场复兴促使企业超越"触点驱动的体验（CX）"考量范畴，透过更广的体验视角重新构思整体业务，帮助企业达成预期目标。因此，无论规模如何，也不论是成熟品牌或初创机构，企业积极拥抱这一思维模式转变，不仅能够满足客户需求、成为其生活不可或缺的组成部分，还可以发现新的市场机遇，同时做好充分准备，未来面临任何挑战都将持续增长、充满耐力且与时俱进。

信息渠道如此之多，且如此方便，无论是对品牌还是对渠道来说，如何赢得消费者的注意力，进而赢得忠诚度，成为一个巨大的挑战。[①] 消费者在线上花费更多的时间，对直观、联系紧密、个性化的数字体验有着更高的期待。通过人工智能为市场营销提供解决方案。面对市场日益激烈的竞争，特别是后疫情时代带来的"新理性主义的"消费观，深入了解用户比以往任何时候都更加重要。人工智能和算法所缔造的用户数据中台旨在把个性化的体验规模化，从而增加产品生命周期的价值，同时帮助品牌精确量化每笔营销费用的回报，保持低支出、高增长，而且还能推动持续的迭代和改进，基于客户行为的细微变化自动优化营销活动与渠道的绩效。

触点驱动的体验（CX）的核心是围绕产品与服务来优化客户的触点。其架构范围包括前端技术、渠道优化、客户关系管理和营销、销售及服务职能。价值引领的体验（Business of Experience，BX）的核心是围绕目标满足人们的需求。其架构范围在 CX 的基础之上还增加了目标和价值、创新、产品和服务、员工体验和交付模式。作为 CX 的进化升级，BX 是一种更加全面的方法，支持企业以客户为导向，随着全球经济活动的重启，在后疫情时代重新点燃增长引擎。在过往的 20 年，企业对于"以客户为中心"的定义过于狭隘，仅局限于一组客户触点，因此就多方

[①] accenture. 迈向美好生活：埃森哲 2022 中国消费者洞察[EB/OL]. (2022-01-22) [2022-08-19]. https://www.accenture.com/cn-zh/insights/consulting/2022-china-consumer-insight-overarching.

面来看，BX 是一种必然的发展结果。

从营销和品牌的角度比较 CX 思维和 BX 思维我们可以得出，CX 思维的目标是"使人们获得某种产品或服务"；BX 思维的目标是"创造人们心目中的理想产品与服务"。企业的塑造品牌进化之路应该明确地认识到品牌建立在体验之上，这种体验应将客户与他们的需求紧密联系起来，而非反向思考。

三、埃森哲创新性数字营销的流程

（一）重塑品牌体验

为了取得成功，企业必须活化品牌目标，在整个客户中推动价值和差异化、品牌目标最大化。企业需要建立独特的品牌宗旨，打造标志性品牌，以极具影响力的创意理念和营销策略为品牌注入蓬勃活力；利用创新赋能创意，打造独树一帜的创意体验，并利用数据、人工智能和自动化技术优化创意，进而推动新的互动机遇和业务增长。同时，企业需创建基于数据和洞察的动态化内容体系，随时随地与客户展开互动，激活、优化始终一致的品牌叙事，并在整个客户旅程中交付全渠道体验。

（二）提高营销绩效

营销人员应该将无效的费用节省下来进行再投资，由此提高营销团队的绩效并大规模创造更有针对性的体验。营销人员利用源数据发现新的增长契机，从而提高客户生命周期价值，并使用人工智能和数据分析，大规模生成个性化的内容和体验，随着时间推移不断增进绩效，激活潜藏的需求来源，推动增长并优化营销活动和渠道表现。团队应该跨渠道快速展开实验和迭代，准确、透明、精细地找到决定性因素。

（三）提升营销效率

企业应该不停地更新技术和工作流程，从而提高效率、壮大规模，切实满足市场的需求。依托云环境构建面向未来的数字化基础设施，连接并优化企业现有的技术堆栈。企业数字化营销的基础设施能够创建实时的全方位客户视图，并解锁营销技术投资的潜力，快速、大规模地制作高质量内容。平台自动生成并定制高性价比内容，使企业了解如何跨越所有渠道无缝地分发内容，同时使用机器学习技术实时更新和优化内容，开展高效、规模化、有明确目标指向的营销活动。企业应在平台上构建由数据驱动的营销和媒体活动，并进一步通过人工智能实现运作自动化以提高资源效率。很多创意科技公司都围绕此概念推出了垂直化的产品。我们将在下一个部分用特赞的案例做进一步说明。

第四节 行为洞察——特赞的内容资产生命周期的产品矩阵

案例：特赞

特赞作为国内领先的设计与人工智能商业落地推动者，致力于搭建创意内容的数字新基建，实现创意内容生产、管理、流转、分发的数据化、平台化、智能化，通过内容体验驱动品牌增长。① 曾经，企业在做内容营销的时候会有以下常见的两种想法：一种是认为内容营销是少花钱办大事，比如一条爆款刷屏的电视广告片（TVC）；另一种认为内容可以成为品牌和消费者之间的连接器，通过在不同社交媒体上引发讨论达到击穿不同圈层人群的目的。内容的角色也随着广告行业的发展在发生着变化。PC 时代内容是流量的中心；移动互联网时代内容是媒介的连接器；泛社交时代内容是用户的标签；算法时代内容是生意的催化剂。

一、品牌的创意内容也正在经历数字化转型（图 8-3）

图 8-3 创意内容的数字化转型思维图

根据麦肯锡的研究报告，品牌的创意内容正在经历数字化转型，打造内容供应链已成为所有先进品牌追求的方向。品牌应该建构内容的数字新基建，以进行内容的数字化转型，实现通过内容驱动品牌增长的商业目的。只有当内容变成企业的战略层级，才能让品牌有足够的竞争力。我们一起来看以下几个趋势。

---

① 特赞. 为什么特赞[EB/OL].[2022-08-19].https：//www.tezign.com/page/why-tezign/？tztype = 特赞官网.

（一）未来所有的公司都是内容公司

未来 90% 的品牌，一定是内容公司，一定是把对于内容的创作放到一个非常核心的一个位置。品牌围绕产品的特点和特性打造创意推广活动（Campaign），每一个 Campaign 都用至少半年以上的时间去演绎、发酵和实施。用敞开的、多元的内容去构建一个与消费者持续对话的通道，并在对话中创造非常一致的品牌体验。

（二）留量比流量更重要

另一个重要的趋势便是，相比之前一味更看重"流量"，品牌正在更加明智地重视"留量"——在流量吃紧的环境下，除时效性之外，品牌应更加注重的是"沉淀性"（留存），包括了内容的沉淀，以及用户的沉淀。因此，优化私域营销的流程、提升内容与用户的沉淀是品牌尤其重视的运营目标。

（三）使用工具创造内容、管理内容

以抖音为例，2021 年单月作者数峰值高达 700 多万，年度增长高达 170%。以美妆行业为例，其营销所需的内容体量的增长已经远远快于品牌方自身的人力和营销预算的增加，这就形成了一个品牌内容运营壁垒。如果品牌方自己承担内容创作者的人力成本，那么预算就难以控制，同时也无法满足新媒体矩阵运营所需的多元化的优质内容，这就需要推行有效的内容管理战略去破解这个壁垒，填补内容需求和供给之间的缝隙。相比传统的内部（in house）及外包，此类行业的营销人员需要用更智能的方式去创造内容和管理内容，引进 DAM 这类管理工具。

二、算法时代的内容营销

根据某行业平台 2019 年到 2020 年所有广告素材生命周期的变化来看，一条广告素材在被投放以后，它被用户喜欢和点击的时间正在变得越来越短。（图 8-4）

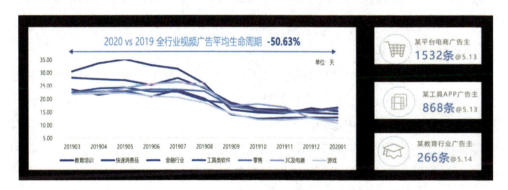

图 8-4　2020 vs 2019 全行业视频广告平均生命周期比较图

广告素材在平台衰退的速度正在变快，这意味着品牌需要在更短的时间内生产出更多的内容，以不断填补用户喜新厌旧的需求。以前广告更像是艺术品，现在广

告正在变成快消品。在逐渐成熟的 5G 时代，万物互联，线下媒体有可能会被接入算法。所有的媒体都会面临千人千面的情况，每个人会对应一个特殊的定制化广告。这种情况下，内容的生产能力会决定生意的增长效率。

在这种时代背景下，内容创作的逻辑、供应链和成本都会发生变化，这也是特赞一直在坚持的理念：内容必须能被智能化地、技术性地生产出来；内容有可能在 AI 的帮助下和人进行协同创作；内容的成本有可能会无限增高。如何智能化生产内容？如何与 AI 协同进行创意生成？在内容成本无限增高的趋势下如何提升内容效率？企业如果开始思考并实践以下五点也许能在算法时代找到一席之地。

（一）开启内容战略

在不断变化的算法世界中，企业需要开启内容战略以进行生存。内容应该被当成一种战略级别去对待，因为内容已经从广告这个单一的层面进化到渠道、产品甚至组织的层面上了。

（二）渠道的碎片化

线上渠道变得日益复杂，品牌可能需要和大 V、KOL 的合作渠道，还需要在抖音、微信、小红书等媒体渠道运营。当所有的媒体都成为渠道的时候，品牌运营渠道的逻辑也需要做出相应的改变——要从收租的模式转移到共赢的模式。

（三）依赖产品的内容

现在用户消费不仅仅是刚需消费，一个口红摆在那里如果不是迪奥等品牌的话消费者可能不会买，这就是个性匹配的需求。渠道品牌可以解决它的需求匹配问题，但整个实体产品没有办法解决，比如说运动饮料，但是品牌可以压缩产品的包装周期。品牌可以将产品包装像抖音一样运营起来，味全果汁依靠包装文案赢得满堂彩的案例我们还记忆犹新。所以未来市场部需要为你的产品进行内容赋能，让产品变成一个高度内容的载体，形成一种新的动销模式，这是未来的一种趋向。

（四）组织的变化

如果品牌想要满足高效的内容输产及多维度层级，组织必须发生天翻地覆的变化。内容型组织必将诞生，一切生意都是内容生意。这种变化会有几个很明显的标签，比如说新部门，组织内部会产生内容中台来动员销售部去动销；组织内部会有内容架构师这一新角色，内容架构师会把顶层的逻辑梳理成特别细的逻辑，串联出所有产品的调性、秉性，达成新的技术和新资产。

（五）内容型数据

目前数据给人更多的是理科的范畴，但未来企业可能会使用文科的内容型数据来分析受众。比如说有人在看到一个感人的广告片后下单，这个内容标签就会标明他是情绪易感人群。内容在营销市场的占比越来越高，人们对信息的需求越来越多，内容的生产量越来越大，内容的标签化、数据化均可以提升企业内容的效率和商业价值。

三、特赞的内容资产生命周期的产品矩阵

特赞作为企业级的创意内容数字新基建，围绕企业内容资产的生命周期，打造了连接企业内外内容生产、管理、分发及分析的数字化平台，提升品牌内容资产的生产与流转效率，助力品牌以内容驱动增长。（图 8-5）

（一）内容资产生产（特赞创意商城）

creativesku.com 上汇聚了全球 50 000⁺创意方，300⁺标准化创意服务单元。在这里，品牌可以像逛天猫一样，多、快、好、省地调用创意能力，收获创意自由。

（二）内容资产管理（内容管理 DAM）

特赞的内容管理系统（Digital Asset Management，DAM）打造了企业内容素材存储—审核—协作—分发的内容中心，连接内容创作者、管理者、使用者和消费者。

（三）内容资产分发（私域内容中心）

针对企业关注的私域内容运营，特赞推出了基于私域内容的人群标签管理、内容分发计划引擎、科学分析内容价值、生产优化营销内容等产品功能与服务。

（四）内容资产分析（内容洞察 TCA）

特赞内容洞察（Tezign Content Analytics，TCA）在系统化沉淀品牌内容资产的基础上，提供数据驱动的品牌内容洞察，赋能品牌优化内容生产与营销策略。

除此之外，特赞也在持续探索内容和数据结合后更多元的内容应用场景，不断赋能美好内容体验。

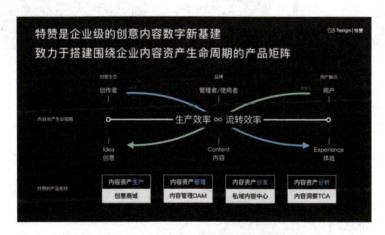

图 8-5　特赞企业内容资产生命周期矩阵图

四、特赞的 DAM 与客户案例

特赞内容管理 DAM 是中国首个系统化的 DAM 产品，入选了全球知名独立技术和市场调研公司 Forrester MRM 报告，是亚太区唯一被收录的内容科技厂商。品牌可通过使用 DAM 系统，一站式完成内容资产的智能化管理及识别、搜索、推荐、分析和优化，从而提升品牌内容资产管理与流转的效率与一致性，实现内容充足、准确、合规、有效。

案例1：联合利华——统一内容管理和分发，建立集团内容中台（图 8-6）

作为全球领先的快消巨头，联合利华面对碎片化的营销现状，与特赞一同打造了 UniDAM 智能内容管理系统，建立集团内容中台。"它就像一个生态系统（基础设施）一样，链接媒体大数据，打通采购系统，帮助我们清楚看到内容有没有、对不对、用没用、好不好、剪没剪。"联合利华集团前资深总监、数据及数字化营销负责人 Alence Lee 表示。

图 8-6　联合利华内容管理分发后台图

客户痛点：

流量越来越贵：需要花更高昂的代价，去购买被稀释的流量；渠道越来越碎：用户分散在淘宝、微信、小红书、抖音等各个平台上；各品牌内容越来越多：如何才能高效地管理、审核、分发、优化、复用海量内容？

特赞为联合利华提供了内容管理 DAM+私域内容中心+内容洞察 TCA 的整体解决方案，帮助联合利华：

（1）打造品牌创意内容货架：一站式安全存储企业数字资产，行为数据可追踪。

（2）保障品牌内容合规：结合人工智能，一键审核海量待投放内容素材，维护品牌形象。

（3）提高内容分发流转效率：标签化管理创意内容，精准分发到线上电商渠道、线下销售点位，让内容井然有序。

（4）赋能企业内外敏捷协作：根据项目实际情况，灵活设计协作审批流程，抓住 Go-to-Market 最佳时机。

案例 2：阿里巴巴——多元、高效的内容平台级采购和管理

作为领先的数字经济体，阿里巴巴（Alibaba）的营销创新动作也总是走在前面。而这些营销创新的背后是越来越高频的创意供给需求，以及阿里巴巴集团采购部门不断增加的压力。特赞为阿里巴巴提供了内容生产与管理的平台级对接解决方案，助力阿里巴巴营销增长的多元化、规模化和降本增效。

客户痛点：

内容创意寻源沟通效率低、内容制作成本高、质量参差不齐。阿里巴巴的市场采购部通常要花费超过 80% 的时间用于微型战役，与集团内部不同业务方反复沟通不同供应商信息和价格，内容制作成本也逐年上升，质量很难把控。

从 2019 年起，特赞为阿里巴巴提供内容生产与管理的平台级对接解决方案，帮助阿里巴巴集团 26 个 BU 高效完成营销创意服务，包括阿里集团品牌、阿里健康、阿里云、菜鸟、飞猪、盒马鲜生、聚划算、考拉、口碑、淘宝、天猫、天猫超市、天猫国际、天猫精灵、天猫体育、优酷等业务端。

（1）丰富供给：特赞平台有 5 万多个内容创作者。

（2）快速响应：下单到执行响应速度在 12 小时内。

（3）释放人力：释放需求对接 80% 以上的人力成本。

（4）精准匹配：项目一次成单率 95% 以上。

（5）高效高产：服务 26 个 BU，2021 年 800 多个项目，生产 12 000 多个内容。

（6）节省成本：2021 年全年节省 25% 以上的成本。

（7）质量保障：特赞被阿里巴巴采购联盟授予"最佳交付保障奖"。

做好内容是坚持品牌长期主义的关键，但是，提升内容的表现并非仅仅依靠创意设计师的匠心创作就可以实现。在传统模式下，纯粹地以人的主观判断为核心，来进行创意制作和优化是难以自证效果的。此外，在内容制作的环节中，品牌创意与营销团队也不得不面对苦思冥想、各执己见、经验主义等问题的困扰。而随着消费群体需求的日新月异、渠道的不断增加、内容形式趋于多元化和科技化（元宇宙类内容、3D 互动内容等），以及品牌营销战略转变，面对不断增长的营销内容体量及人为主观因素的干扰，品牌会越来越难以辨识内容与潮流背后的本质。品牌不能仅仅站在自身或者单一创作者的视角来判断内容是否可以成功，而是要通过事实数据来进行更加客观的分析判断。

第五节　数字营销的发展趋势——数字广告效果最大化

案例：谷歌（Google）

一、谷歌广告的营收领跑谷歌业务的总营收

谷歌作为全球数字广告市场的领导者，其公司的广告营收数据及业务板块的划分一定程度上代表着全球广告与数字营销未来的发展趋势。分析了解谷歌的产品业务结构和发展趋势，这对我国互联网广告行业的发展和数字经济转型升级具有重要参考意义。①

（一）谷歌广告首次突破年收入2 000亿美元

众所周知，美国搜索巨头Google是目前全球最大的广告平台。2021年，Google的母公司Alphabet的年报披露了谷歌广告（Google Advertising）全年的营收为2 094.97亿美元，这也是Google Advertising历史上首次突破年营收两千亿美元，收入同比增长42.59%，占到Google财报的全年总营收的81.31%。这一数字代表了用户对线上消费的依赖，同时也反映出后疫情时期美国互联网数字经济的复苏。② Google一家公司的广告业务收入超过2021年中国互联网广告与营销市场规模合计的11 608亿元人民币（数据来源：《2021中国互联网广告数据报告》）。

Google Advertising占到谷歌的绝大部分营收，其收入来源包括：Google搜索及来自Google搜索合作伙伴的默认或主动导流而产生的流量收入。Google Advertising的收入还包括来自其他Google拥有的及由Google运营的产品如Gmail、Google地图、Google Play、YouTube Ads（其中包括所有来自YouTube全平台的营收收入）、Google Network（其中包括通过Google Network在AdMob移动广告平台、AdSense广告联盟，以及Google Ad Manager上获得的收入）。

---

① 顾明毅，郑子涵. 后疫情时代的谷歌：首家广告收入超2 000亿美元的互联网公司［J］. 中国广告，2022（5）：42-48.
② Alphabet. 2021财报［EB/OL］.（2022-02-01）［2022-08-19］.https：//www.annreports.com/alphabet/alphabet-10k-2021.pdf.

(二)谷歌广告的收入与相关因素指标

Alphabet 年报指出,谷歌广告收入的增长,与"支付点击(Paid Click)"、"点击成本(Cost Per Click)"及"展示量(Impression)"、"展示量成本(Cost Per Impression)"的改变密切相关。以上几个指标为下列因素所影响,并会持续地因为这些因素而发生改变,这些因素包括:

(1)广告主的竞争及关键字;
(2)广告质量、形式、送达和规范的变化;
(3)触达设备的变化;
(4)外汇汇率的变化;
(5)广告主希望根据他们管理广告的方式进行付费;
(6)基本的经济情况,其中包括新冠病毒的影响;
(7)季节性影响;
(8)相比成熟的市场,多个广告垂直业务板块及频道上新兴市场的流量增长。

二、PMAX,谷歌广告的新增长引擎

(一)Google Advertising 的产品结构与 PMAX(图 8-7)

图 8-7 Google Advertising 产品结构图

Google 目前的业务虽然已经拓展到人工智能、生命科学等众多领域,但其广告收入仍占据总营收的绝对主导地位,我们有把握说是 Google Advertising 的业务收入在支持 Google 发展 AI 人工智能、生命科学和元宇宙等新业务部门。从 Google Advertising 的产品结构来看,Google Advertising 的产品包括搜索广告、展示广告、视频广告、购物广告、发现广告与智能广告六大类。自 2021 年下半年开始,谷歌也将以往的搜索广告、视频广告、展示广告、购物广告、发现广告等进行整合,推出了新的广告类型——效果最大化广告(Performance Max,PMAX)。目前,购物广告加入 PMAX 广告中,成为最重要的组成部分。谷歌 PMAX 推动了全球市场上数

字广告效果最大化的新一轮竞争。除此之外，Google Cloud 也成为泛广告业务中最抢眼的收入组成部分。

整合后而形成的 PMAX 是一种新的基于目标的广告类型，它允许谷歌效果广告的客户通过单个广告访问其在 Google Advertising 可用的所有的广告资源。PMAX 旨在补充广告主基于关键字搜索的广告，帮助广告主在 YouTube Ads、展示广告、视频广告、购物广告、搜索、Gmail 和谷歌地图等 Google 的所有渠道及所有产品中找到更多的转化客户。PMAX 同时可以帮助广告主根据其指定的转化目标定向提升广告的转化效果，实时优化多跨渠道的投放效果，从而实现更多的转化和价值。围绕广告主特定的投放目标，PMAX 最大化地整合了谷歌在价格建议、优化预算、消费者行为学习、广告创意、品牌营销素材管理等方面的高度自动化和智能性的能力，为广告主提供全业务链条的数据支持。

（二）PMAX 的优势

1. 协助广告主触达更多可转化的客户

PMAX 通过系统关键字的设定来确认广告的投放目标，协助广告主最大化地提升转化次数并优化转化效果。PMAX 可以协助广告主通过 Google 的全产品线和谷歌广告业务生态吸引潜在客户。通过 Google 的深度学习能力和人工智能技术的使用对消费者的意图和偏好进行了解及锁定，结合广告主的受众画像，PMAX 有能力为广告主挖掘到新的客户人群。

2. 推动更多业务价值的实现

PMAX 突出人工智能和深度学习能力，整合谷歌全生态数据，推动优化广告展示量，其强大的匹配功能通过数据分析，准确评估哪些渠道、形式、内容的创意或创意组合更适用于什么样的受众。

3. 助力丰富的洞察力

PMAX 所生成的营销资产报告可以为广告主的创意管理提供有效数据，通过这些数据，广告主可以清晰地知晓哪些创意、什么形式的创意正在积极影响 ROI 等绩效指标；提供新的见解、意见，追踪分析创意数据及投放反馈数据，为广告主提供前瞻性的战略性信息。

（三）PMAX 与谷歌广告的自动化

Google Advertising 通过深度学习来发展广告主的业务。广告主只需要围绕业务本身的需求对应添加数据信息，例如此次投放的预算、周期时长、投放目标、转化比例等信息，Google Advertising 会自动为广告主匹配潜在客户，并给出最有效的投放价格和最适合的广告形式，从而最大化地提高广告的投放效果。而归因技术的介入可以帮助广告主在 Google 全生态广告资源中匹配出最佳方案，PMAX 更是通过深度学习使得广告主可以通过单一或多个广告激活 Google 全生态广告资源。

三、联手合作伙伴 Google 搜索营收迅速增长

（一）更依赖网络的消费者促使品牌广告支出全面增长

2020 年新冠疫情暴发以来，广告主为了应对消费者在特殊时期对互联网更大的依赖性，对互联网广告的支出也全面增长。Google 的首席财务官 Ruth Porat 认为，谷歌搜索广告业务的增长反映了消费者强劲的在线活动和广告主对谷歌广告生态的信任。随着后疫情时代的到来，全球经济在 2022 年开始逐渐重启，品牌主希望利用这一机遇，加大在线广告的投放力度，教育、娱乐、旅游、金融服务等业务也逐渐回归正轨。其中旅游业作为 Google 搜索广告的重要收入来源，其强劲复苏带动了旅游及相关服务业的广告投放量的增加，这也是 2021 年度谷歌搜索广告收入增长的保障。

谷歌搜索广告的业务增长还受益于电商业务的驱动，它是跨境电商与品牌全球化发展必须使用的渠道。其积极加强与电商平台的合作，开放、接入第三方平台，为品牌方提供更多流量，这也是谷歌抗衡亚马逊等竞争对手的主要手段之一。2021 年，谷歌宣布与加拿大的电商平台 Shopify 进行深化合作，此合作意在为 Shopify 平台上的 170 万个商户（多为零售商）开启谷歌广告生态的绿色通道，使他们可以通过 Google 搜索接触到更多与其匹配的潜在消费者。

（二）扶持零售业广告投放

零售业主导着谷歌在线广告业务，针对疫情消退后广告主投放需求的增长，Google 采取了以下举措以方便零售商的广告投放。在社交媒体、流媒体平台信息流广告价格涨高的环境下，谷歌的搜索广告为广告主提供了更高的 ROI，并联动谷歌广告生态资源展现出了其优质的性价比。通过人工智能、深度学习等技术的干预，谷歌将搜索广告打造成为高度成熟、高度智能和精准匹配的广告类别。Google 旗下的多个产品组合，Google 搜索、Google 地图、Google 发现、YouTube 等，可以驱动用户从发现需求到在线下单完成营销的全闭环。无论是对在线电商还是全渠道零售商户来说，Google 都是便利的传播与渠道交易系统。[①]

谷歌对零售业的支持也体现在展示广告业务。谷歌广告生态包括 AdSense、AdMob 和 AdManager。Google 在 PC 端通过 AdSense 对对接合作网站进行投放，同步在移动端通过 AdMob 进行移动 App 的投放，针对外部的广告联盟，通过 Ad Manager 获取更多流量。可以说，AdSense、AdMob 和 Ad Manager 是谷歌广告

[①] 栾丽娜. Google 迎战疫情，搜索广告升级 [J]. 中国广告，2020 (11)：54-57.

投放的铁三角。展示广告与搜索广告相比，其针对性虽比不上搜索广告，但是其优势在于价格的性价比更高。如将展示广告和搜索广告两者组合投放再进行营销推广，展示广告可以带来非常高的投资回报。这满足了长尾市场中众多中小广告主的投放和营销需求，也使得 Google Network 广告收入得以持续稳定地增长。

四、YouTube 成为谷歌广告的业务新增长点

（一）YouTube 全年会员费收入 50 亿美元

2021 年，YouTube 广告收入为 288.5 亿美元，同比增长 45.89%，几乎是 2019 年广告收入 151.5 亿美元的两倍，整体业务量增长势头迅猛。YouTube 广告收入目前占谷歌广告总营收的 13.77%，同时 YouTube 广告收入正在以每年 30% 以上的比例增长，成为谷歌广告业务的全新的增长点。YouTube 是谷歌与社交媒体广泛竞争并获取新生代用户的流量入口，是全美访问量第三的网站，仅次于 Google 和 Facebook。YouTube 在美国的月租费是 9.9 美元，全年会员费约 120 美元。YouTube 全球服务也有部分 Premium 会员用户来自美国以外的国家，其收取的费用略低于美国。由此预估 YouTube 的 Premium 会员费接近每年 50 亿美元。[①]

（二）YouTube 上线短视频品牌 Shorts 对标 TikTok

YouTube 的使用率已从 2019 年的 73% 上升到 2021 年的 81%，全球用户每天观看 YouTube 视频的累计时长超 10 亿小时。2020 年以来，受疫情变化及播客潮流的影响，YouTube 当前全球月活用户已超 20 亿，这为品牌和商家吸引潜在消费者提供了诸多机会。很多品牌通过在 YouTube 上的广告投放不仅渡过了市场的艰难期，而且顺势完成了品牌的国际化进程。

短视频作为全球增长最快的互联网应用之一，抖音（TikTok）的先发优势明显，统治地位显著，YouTube 的短视频业务起步较晚，在短期内仍难追赶。YouTube 在 2021 年 3 月推出了新的短视频平台 Shorts 来对抗 Facebook 的 Reels 及 TikTok 的市场竞争。YouTube 旗下的 Shorts 平台依靠在视频运营领域的经验快速增长，流量持续提升，截至 2022 年 2 月 1 日，每日在全球范围内的浏览量超过 150 亿次，用户规模已经基本成型。目前 YouTube 正处于业务高速增长的红利期，随着疫情退去，线下生活逐步恢复，YouTube 的营收将产生变动，目前谷歌也在大力挖掘 YouTube 生态更深层次的商业潜力，比如 Google 正在布局针对家庭终端的 YouTube TV 和 YouTube 音乐业务来提升用户的覆盖率，探索多元的营收模式，以及增加广告投放的渠道。同时随着电商购物功能的铺开与 YouTube TV 业务的推进，

---

① 顾明毅，郑子涵. 后疫情时代的谷歌：首家广告收入超 2 000 亿美元的互联网公司 [J]. 中国广告，2022（5）：42-48.

YouTube 未来的业务体量仍值得期待。①

（三）UGC 与 YouTube 电商

YouTube 平台从成立之初就得益于 UGC（User Generate Contents）内容的强大原创力。平台发展至今，以 UGC 内容为持续主导，同时发力电商购物功能，YouTube 目前已经形成了良好的商业生态，其新推出的购物功能获得了喜人的成绩和快速扩张，越来越多的用户开始通过 YouTube 来购买商品和服务。而内容+电商的模式所支撑的业务增长也值得期待。

2021 年，YouTube 平台上的创作者也达到了新高，全年收入达到 1 万美元的 YouTube 频道数量同比增长超过了 40%。平台将广告收入的 55%分给相应的创作者，1 万次有效观看量带来的广告收入大约在 80—150 美元之间。YouTube 还将可以插播广告视频的长度限制从 1 分钟放宽到 7 分钟，从而让创作者们获得更多收入。

五、新技术赋能广告投放

谷歌使用人工智能及深度学习技术对广告投放业务进行支撑，技术的介入覆盖业务整个闭环。借助 AI 算法自动生成广告，生产创意和内容，开发 Smart 智能广告，助力广告主更精准地进行广告投放，从而推动 ROI 的不断提升。

（一）Smart 智能广告平台优化广告投放体验

无论是在搜索广告、视频广告，还是展示广告中，广告主都需要自行创建广告，设置竞价策略，选择受众群体，这一系列操作程序相对复杂，对于新手来说较为困难。谷歌的 Smart 智能广告平台能够帮助广告主在投放过程中自动优化数据的设定和策略的实施，并提供智能出价策略以匹配广告主的定制化转化率需求，极大地方便了广告主的投放。谷歌 Smart 智能广告平台的存在为广告主投放自行组建团队，提供了 PaaS（Product as a service）智能广告位购买的全新基础设施服务。

（二）通过技术控制流量获取成本

流量获取成本（Traffic Acquisition Costs，TAC），是互联网平台用于衡量收入成本的关键指标，TAC 成本越高，互联网公司的利润就会越低。如果一个互联网公司的 TAC 常年处于增长状态，则可能对长期利润率和投资回报率产生负面影响。正因如此，Google 的母公司 Alphabet 将 Google 的 TAC 上升作为投资建议中的"风险因素"之一。用户的流量成本 TAC 是所有数字营销行业最重要的运营成本，互联网平台也不能例外。

---

① 顾明毅，郑子涵. 后疫情时代的谷歌：首家广告收入超 2 000 亿美元的互联网公司 [J]. 中国广告，2022（5）：42-48.

Google作为数字互联网巨头,是用户搜索的天然入口,但即便如此公司也需要为非Google内部的流量支付TAC。财报显示,2021全年Google的TAC获客成本为455.7亿美元,与2020年的327.8亿美元相比增加了39%。从2020年开始,因为新冠肺炎疫情影响,全球供应链持续紊乱,企业面临着成本上升的压力,于是纷纷开始缩减营销支出的规模,流量获取成本增长的背后反映出其产业供应链的压力,但从整体上来看,这一成本仍然是可控的。而由于人工智能为首的技术干预,TAC的成本有望进一步得到控制、削减。

● 思考与练习

1. 大数据、人工智能等技术如何优化广告的精准投放?
2. 品牌数字化转型的趋势有哪些?
3. 触点驱动体验和价值驱动体验的区别是什么?
4. 支撑Google广告业务收入快速增长的业务板块是哪个平台?
5. 什么是Google广告的PMAX?

第九章
行动力：公益广告的未来

本章内容提要： 公益广告作为一种社会传播方式，在社会主义精神文明建设中发挥着重要的作用。本章以我国公益广告的产生与发展为核心，介绍中外公益广告运作与管理模式的差异，解析以央视春晚插播的公益广告为重点的中国特色公益广告品牌。学习者应该认识到：公益广告是呈现国家文明程度与民众思想道德水平的重要标志，在促进价值认同的过程中，在展现社会责任的同时，离不开全民的共同参与。

第一节 公益广告概述

一、公益广告的概念、形式与特征

（一）公益广告的概念

公益广告是指不以营利为目的，为维护社会公德，帮助改善、解决社会问题，而组织开展的广告活动，主要内容有道德、教育、环境、健康、交通、公共服务等，涉及人们当前关心的社会问题，与社会公共利益密切相关。公益广告须包括两个核心要义：一是必须代表广大人民的共同利益，符合公众意愿；二是作为一种广告形式，必须要具备广告的传播形态和创意形式，通过传播来表达公众诉求。

长久以来，我国的公益广告传递着以真、善、美为核心的道德理念，给予人们精神鼓励或警示提醒，其作为社会公益事业的重要组成部分，不论是在地铁站、公交车站等公共场所，还是在电视、广播、互联网等平台，早已融入人们的生活中，成为一道无处不在的风景。

一方面，公益广告以它独特的感染力潜移默化地影响着人们的日常行为，其作为公共文化服务体系中的重要组成部分，理应承担起传播社会主义核心价值观、促进精神文明建设的重要任务。另一方面，文化的繁荣发展亦需要强有力的文化治理理论加以引导，以弘扬正气和凝聚力量。新时代的文化思潮需要公益广告的支持，使民众的整体素养和文化自信稳步提升。

（二）公益广告形式

1. 按广告发布者身份划分

以广告发布者的身份来分，公益广告可分为三种类型：

其一，由媒体直接制作发布的公益广告，如电视台、报纸、广播电台等。作为其政治责任和社会责任的体现，2012年，我国中央电视台（简称央视）广告经营管理中心面向全球征集公益广告3 000余支，制作、播出公益广告130多支，播出频次总计近20万次，播出时段总价值超过20亿元。

其二，由社会专门组织机构发布的公益广告。比如联合国教科文组织、联合国儿童基金会、世界卫生组织、国际野生动物保护组织分别发布过"保护文化遗产""保护儿童有受教育权利""不要歧视艾滋病人""保护珍稀动物"等公益广告，这类公益广告内容题材大多与发布者的职能有关。

其三，由企业发布制作的公益广告。比如波音公司曾发布过"使人们欢聚一堂"，爱立信发布过"关怀来自沟通"等公益广告。这些公益广告不仅能促进企业文化建设，提升人员素质，还能为企业扩大知名度，提升美誉度，塑造良好的企业形象。

2. 按广告载体划分

从广告载体来看，根据发布媒体属性不同，可分为电视公益广告、报纸公益广告、户外公益广告，如车站、巴士、路牌上的公益广告和互联网公益广告。

3. 按广告题材划分

从公益广告题材上分，可分为政治政策类，如欢庆新中国成立 70 周年、建党 100 周年、脱贫攻坚、反腐倡廉、乡村振兴等；节日类，如"五一劳动节""教师节""重阳节""植树节"等；社会文明类，如讲文明树新风、保护环境、节能减排、关心残疾人等；健康类，如反对吸烟、全民健身、爱护眼睛等；社会焦点类，如打假、扫黄打非、禁毒等。

（三）公益广告的特征

1. 公共传播性

公益广告是公共传播的一种形式，公共传播是指政府、企业及其他各类组织，通过各种方式与公众进行信息传输和意见交流的过程。公共传播是信息在当代社会的一种传递方式，具有社会现代性的特征。公益广告从初期定位偏重于政府宣传的工具到现在的观念营销，跟我国的社会环境变迁密不可分。未来中国还将处于转型期，公益广告的公共传播属性将愈发明显。

2. 社会效益性

如果说商业广告是以营利为目的的针对产品与服务的营销传播，那么公益广告与之相比，最大的区别就是它高度关注人民群众的根本利益，而不是商业利益。虽然其传播的内容是为了受众接受其观念，具有诱导性，但其所有的信息皆是围绕公众的利益而展开，其公益性是不言自明的。[①] 它不以营利为目的，始终关注人在社会中的发展，以人在社会中应有的世界观、价值观和人生观为准则，衡量人在社会系统中的所为和所不为，从而为人与人、人与社会、人与自然和谐相处提供指引。也正是因为注重社会效益，才推动公益广告不断发现与公众关切的社会问题，引导公众对社会问题的关注和理解。

3. 主题现实性

作为非商业的广告，公益广告面向大众，反映社会问题，具有较强的社会代表性。吸烟有害健康、环境保护、关爱孤独症儿童等主题反映的不仅是当事者本身的诉求，更多的是号召社会大众意识到问题的重要性。这些主题来自人民的日常生活，

---

① 张明新. 公益广告的奥秘 [M]. 广州：广东经济出版社，2004：111.

反映出真实的社会矛盾，具有社会的共性，能有效地引起大众的共鸣，引导大众关注公益广告事业发展。

4. 有机系统性

公益广告具有有机系统性，是多部门有计划、有组织、有系统地发起的工作，已经形成公益广告组织、话题体系、传播体系、运营体系和规制体系"五位一体"的模式。在党和政府的领导下，充分整合了政府、媒体、社会的资源，形成了稳定、有序、可持续发展的社会传播的互动形式，构建了自上而下、多层次交叉的公益广告传播体系。

5. 思想教育性

当今，大众传播媒介已经成为我们生活中不可缺少的部分。从历史上看，公益广告一直都是思想教育的有机组成部分。在我国的教育体系中，学校通过各种媒介、教学过程和社会实践，将公益广告渗透于思想教育全过程；同时公益广告直接面向广告公民，通过大众媒介和广告策略，将社会主义核心价值观、党和政府的公益理念向公众传播，使人们在潜移默化中接受思想政治教育的熏陶。

6. 通俗易懂性

商业广告的表现形式和内容需要符合目标受众的特点，而公益广告面向的是公众，受众文化程度和理解能力不一，所以公益广告的制作必须通俗易懂，不仅要求在内容的传播上具有普遍意义，还要求在传播的形式上也要通俗简洁，传播语言平易近人、通俗易懂。

第二节　我国公益广告的产生与发展

公益广告指的是不以营利为目的、为社会公众切身利益和社会风尚服务的广告，旨在关注、倡导及切实影响人们对于社会问题的态度及行为，维护社会与公众的利益，宣传主流价值观，促进价值认同。

在我国，公共宣传早已有之。晚清时期，西方广告观念传入，广告一度称为"告白"。中华民国时期，全国各地出现了大量抵制日货和推销国货的布告、标语牌、传单和启事等，实际上这些也具备公益广告的基本属性。近现代以前，公益广告活动时有时无，数量和发布次数较少，物质形式比较简陋。进入现代以后，我国的公益广告表现为带有公益性质的社会广告，大多是对历史事件或社会形势的即兴回应与号召。在土地革命时期，"打土豪、分田地"的口号，即是老百姓的政治诉求。战争时期的"打倒日本帝国主义""解放全中国"等宣传口号旨在启蒙民众、团结革命力量与智慧，取得革命最后的胜利，在当时起到了很好的革命宣传作用。

新中国成立初期，我国公益宣传发展的进步体现在对团结人民、教化民众方面的作用，其发布媒体主要为广播、报纸、街头标语及横幅等。该时期的公益广告基本上跟随国家政策，将国家的理念传播到全国各地。此时的公益宣传为社会经济建设起到了不可低估的作用，公益宣传的发展适应于社会生产力的发展，公益宣传向国家建设方向靠齐。"一人参军，全家光荣"的口号家喻户晓，有助于培养和树立公民的公德意识及社会责任感。

1978年十一届三中全会召开，我国实行改革开放的基本国策，并进行市场化的摸索，公益广告开始向多元化的形式发展。1979年10月，首都机场的壁画是我国历史上第一次大规模的艺术创作，同时也开启了公益宣传新纪元。由画家们创作的《森林之歌》就是面向环境保护的公益宣传。1984年，由文化部、中国文联、中国美术家协会主办的"第六届全国美展"上，首次设置了宣传画展区，有关公益主题的宣传画《绿，来自您的手》和《信息——开发人类智力的契机》双双获得金奖。1984年7月8日，由《北京晚报》、八达岭特区办事处、《北京日报》、《经济日报》、《工人日报》联合举办的"修我长城"的赞助宣传活动，也具有公益广告的性质，使"爱我中华、修我长城"这句广告语深入人心。

我国最早的电视公益广告是1986年贵阳电视台播放的"节约用水"广告，由贵阳市节水办公室与贵阳电视台合作摄制。该广告播出后，在贵阳市民心中引起强烈反响。在广告播出的第四季度，贵阳市自来水消费量比上年同期减少了47万吨，被看作是拉开中国具有现代意义的公益广告的序幕。同年11月，在第二届全国优秀电视广告评选中，广告专家唐忠朴提及贵阳电视台"节约用水"广告时首次提出"公益广告"的概念，指出它是电视广告的全新类型，不同于商品广告、企业广告和服务广告。随后我国吸纳西方公共服务广告的理念，开始摸索现代公益广告理论的建构。

1987年10月26日，在"提醒、规劝、批评"六字方针的指导下，中央电视台开播《广而告之》栏目，每天播放1—2次，每次播放时长为30秒或一分钟。《广而告之》栏目播出了大量契合社会现实、主题多样、传播效果较好的电视公益广告。[1] 这是中国公益广告史上第一个电视公益广告栏目，揭开了我国公益广告发展史上的崭新篇章。公益广告概念从此深入人心。

1997年8月，中共中央宣传部、国家工商行政管理总局、国家广播电影电视部、国家新闻出版署联合发表的《关于做好公益广告宣传的通知》，首次以政府规范性文件形式对公益广告媒体发布提出具体要求，文件规定了电视媒介在19：00—21：00时间段，每套节目发布公益广告时间应不少于商业广告时间的3%。国家工

---

[1] 刘林清，和群坡. 公益广告学概论 [M]. 北京：中国传媒大学出版社，2014：30.

商行政管理局于1996年、1997年在全国范围内开展主题公益广告月活动，组织广大广告主、广告经营者、广告发布者继续开展公益广告活动，充分发挥了广告在社会主义物质文明和精神文明建设中的积极作用，有效地引导了公益广告事业的发展，得到了社会大众的支持，树立了公益广告的良好形象。1998年起，公益广告以服务中央工作大局为中心，以解决社会热点问题为宣传内容，推出"下岗再就业"等主题公益广告活动，在我国取得了较快发展。

进入社会发展的新时期后，我国社会生产力水平提高，使得公益广告的数量及形式都比此前多了数倍。在新时期，我国着力于社会主义精神文明建设，公益广告的内容涉及"中国梦、生态文明建设、美丽中国建设"等多个方面，且其渠道和形式覆盖了广播电视等传统媒体，互联网等移动新媒体亦成为公益广告展示的舞台。进入21世纪，公益广告的创作汲取中华传统文化精华，传播社会主义核心价值观，内容创作涉及公民生活、思想建设的各个方面，几乎任何一个关系到国计民生发展的重要关头，都会有公益广告出现。公益广告凭借其"短""频""快"的传播特点，成为"宣传社会价值的新工具"。

我国公益广告的发展与社会生产力发展水平相适应，随着经济的发展而发展，我国传播技术的革新也成为推动公益广告发展的重要力量。改革开放前，我国的生产力水平并不高，科技水平也较为落后，当时的媒体传播途径主要为报纸、广播或人际的口语传播，所以新中国成立前的公益广告以宣传口号为主，在之后一段时间于广播、报纸及街头标语和横幅上陆续出现。由于传播技术条件的制约，公益广告的形式及传播途径终究也受到极大的限制。改革开放后，我国将工作重心放在了发展经济上，同时大力发展自身科学技术。到近些年来，传播技术有了极大的进步，互联网的兴起带动了移动自媒体的发展，使公益广告不再限制于广播与报纸，其利用移动自媒体为载体，有了多样的形式与渠道，公益广告的内容核心亦随之而进步。

根据公益广告刊播方式、刊播机制、广告主题的变化，我国公益广告的发展大致可以划分成以下四个阶段，详见表9-1。

表9-1 我国公益广告发展概况

时期		特征
第一阶段 （1977—1985年）	萌芽期	社会转型期的产物，主题和内容呈现较强的意识形态属性
第二阶段 （1986—1993年）	发展期	以《广而告之》为代表栏目，得益于中央电视台权威性强、覆盖率广的优势，产生广泛的社会影响与良好的社会效果

续表

时期		特征
第三阶段 （1994—2000年）	成长期	以规模化组织创作、相对集中的公益主题活动为主
第四阶段 （2001年至今）	创新期	在运作模式、主题选择、创意表现、创作时效、投放媒介等方面正进入不断突破阶段

第三节　中外公益广告运作与管理模式的差异

各国公益广告的历史发展有不同的进程与特征，并与其特定的社会环境、经济环境和文化环境有密不可分的联系。对中外公益广告的对比有助于我们客观地审视中国公益广告发展情况及与其他国家之间的差距，也有利于吸收其他国家的成功经验。

一、国外公益广告的运作

现代意义上的公益广告，肇始于第一、第二次世界大战时的美国，旋即受到西方国家英、法等国的青睐。在20世纪六七十年代又受到日、韩等国的大力追捧。而我国公益广告发轫于改革开放之初，经过四十余年的发展，已经成为一种卓有成效的传播工具。

（一）美国

现代意义上的公益广告在美国的产生源于第一次世界大战时发动民众的战时需要。为了激发必胜信念，鼓励民众为国家做贡献，时任总统威尔逊亲自宣布组建"公共资讯委员会"（Committee on Public Information，CPI），并任命新闻从业经验丰富的乔治·克里尔担任该委员会主席。在乔治·克里尔的领导下，美国新闻、电影、广告及知识界共同担纲，开展了针对社会大众的"广告美国"的全国性的战争动员。在这一场声势浩大的传播活动中，由于经济下行而处于被动地位的广告业却发挥了十分重要的作用。众多企业制作了大量不同题材的广告，以战争公债、征兵、战士信息保密、号召妇女进工厂等主题来进行战时动员，例如征兵海报"美国需要你"印刷了400多万张，产生了强大的号召力与感染力。这些广告在战时发挥了巨大作用，为广告业赢得了好评。有媒体在总结"一战"成功经验时特别提到广告的价值，并指出："战争是广告打赢的，还有战士与军火。"

在第二次世界大战爆发之初，美国广告界成立了"战时广告理事会"（War Advertising Council，WAC），开展众多以爱国主义为主题的广告传播活动。当时，WAC创作发布的广告主题超过了100个，有三分之一的杂志广告题材是战时爱国广告。

1942—1945年，WAC总计完成10亿美元媒体费用的广告，其中有400万美元被用于推销战争债券，共有8 500万人购买了这种债券。此外，WAC还在帮助招募商船选手、号召妇女参加军工行业生产等方面发挥了积极的作用。

上述资料表明，美国公益广告的发展是由战争因素驱使推动的。从当时的美国广告业来看，这是一种完全不同于以往商业广告的新型广告，它立足于国家意识形态的宏大叙事，弘扬爱国主义，倡导民众以实际行动为国家分忧解难。第二次世界大战以后，"战时广告理事会"更名为"广告理事会"（AD council），专门从事全国性公益广告的组织与协调工作。作为非政府组织，该机构成员由来自广告界的专业志愿者组成，活动资金来自募捐和基金会的捐助。公益广告的主题不再受政府的影响，而是接受社会的申请，然后由理事会批准进行投票表决，获得四分之三以上的票数方可通过。创作主题也由战争转向公共的社会话题，如种族、宗教、弱势群体等。美国公益广告行业发展至今，其稳定性得益于美国成熟的公民意识和较为发达的社会发展程度。

（二）英国

在英国，公益广告又称为公共服务信息，归类于公共服务、公共传媒或政府公关等领域。其发展源自第二次世界大战，战时信息部解散后，英国内阁办公室成立了中央新闻署（Central Office of Information，COI）来负责政府的传播活动。COI帮助英国政府执行了许多有关政府信息发布的具体活动，且重视整合营销和数字营销。20世纪80年代，英国贸工部推行的"单一欧洲市场"营销活动，就是一个运用印刷品、广播、商业展览等多种整合营销手段的经典案例。除COI主导整个公益广告事业外，媒体、企业、民间慈善机构也参与其中。英国广播公司（British Broadcasting Corporation，BBC）每年都会留出一定的频道空间播放公益广告。英国广播电视协会（National Association of Broadcasters，NAB）每年都会监督旗下电视广播台，确保有一定量的公益广告播放。社会企业和非政府组织以募捐慈善的方式筹集资金，参与公益广告创作，帮助人们理解并参与。

（三）日本

日本公益广告的发展源自20世纪70年代，日本公共广告机构（Advertising Council，AC）成立于1974年，是日本最大的、不以营利为目的的社会义务服务公共团体。其运作是典型的以企业为主导的方式，不接受政府的拨款，所有经费一部分来自企业赞助，一部分来自会员的入会费，会员是公益广告的投资人、创作者和发布者。AC 在日本广告界享有很高的威望，能够加入 AC 意味着企业影响力已经发展到一定的阶段，所以不少企业以加入 AC 为荣。

因不受政府拨款，AC 对公益广告主题创作有自主决定权，在确定每年的创作主题时，会提前采取问卷调查的方式，从各个会员单位中选出一定数量、具有代表性的 20—60 岁公司职员及其家属作为调查对象，以准确地把握社会迫切需要解决的社会问题，如网络语言暴力、关爱母亲等。这使得广告所营造的社会动员气氛非常浓厚。此外，日本公益广告的创作风格细腻，诉求明确，善于用感人的创意将公众吸引到社会公益事业中来。[1]

（四）韩国

韩国公益广告事业的主管机构是韩国公益广告协会，成立于 1981 年，由 15 名代表成员组成，囊括来自学界、业界和政府三方的代表，隶属于韩国放送广告公社。韩国放送广告公社为公益广告制作提供资金支持，而由民间专业代表进行决策。在选题上，韩国公益广告协会根据每年实施的"公益广告主题国民民意调查"结果确定年度主题，并且通过公开征集和比稿的形式确定广告制作公司，经过试映后才会正式发布。另外，该协会在每年上、下半年举行两次"公益广告事后评价调查"，以获得公益广告的效果反馈，并为下次广告活动展开提供指导。

总体来说，外国的公益广告更偏向于公共服务广告，在外国已成常态化运行，创意和制作由专业机构或人员执行，对投放的媒体有比例的要求，社会各界也在资源上有所倾斜，每年都能稳定产出一批较高水平的公共服务广告。

二、中外公益广告管理模式的差异

公益广告是我国特有的概念和组织传播形式，与政治宣传在很大程度上是合而为一的，并没有清晰的界限。我国与海外国家强调的公共服务广告有本质区别，具体在发展时长、创作主题、管理规范、监管惩处等方面呈现较大差异。

（一）发展时长差异

学界普遍认为，1942 年美国战时广告委员会的成立标志着公益广告的诞生。英国公益传播的起点是从 1942 年中央新闻署作为执行机构负责政府部门的公共传播。1974 年日本公共广告机构开始正式负责日本公益广告的运行和管理。1984 年，韩国的公益广告协会开始作为韩国公益广告事业管理机构。

而我国的公益广告始于改革开放，基于当时政府治理中的"精神文明""物质文明"两手抓的现实需求，从 1978 年 8 月的《关于做好公益广告宣传的通知》首

---

[1] 刘林清，和群坡. 公益广告学概论 [M]. 北京：中国传媒大学出版社，2014：184.

次以政府规范性文件形式开始对公益广告发布提出规范性要求，中央电视台、贵州电视台，《北京日报》《经济日报》等媒体陆续播放或刊登了一些公益性质的广告。1998年、1999年与2002年我国陆续出台相关通知，为公益广告规范管理提供依据。直至2015年9月新版广告法的出台，首次在法律中对公益广告做出规定与说明。2016年3月《公益广告促进和管理暂行办法》正式执行，使我国公益广告管理逐渐走向规范道路。

（二）创作主题差异

从公共服务广告的发展历程中，我们不难发现，其他国家涉及的主题大多贴近现实生活、反映社会尖锐问题，甚至会采取事先调查的方式去调研选题，从而保障公益广告的创作主题能够准确反映公众的精神文明需求。由于我国公益广告发展历程不长，目前发展处于起步期，主要由国家行政命令统一指挥，呈现出较强的意识形态属性。由于我国与其他国家存在民族差异性，故在公益广告的创作中带有强烈的中国特色，在具体的运行管理中仍未把企业、广告公司、媒体充分调动起来，形成良好的营销传播模式。公民在其中的参与度较低，公益广告的选题、制作和发布还未能与公众建立紧密的沟通与联系。我国常见的公益广告以说教为主，表现形式较为单一，广告制作的表现力不够，其创意度和美感不及商业广告。

（三）管理规范差异

其他国家的管理政策呈现出全方位的模式特征。美国实行广告管理机构、行业自律、第三方广告审查委员会和社会监督共同作用的管理策略。英国的公共服务广告则形成了与国家政策相协调的特征，且英国广播公司与英国广告管理协会在管理和运行公共服务广告中起到了重要的作用。日本公益广告是由行业组织为主导，企业作为参与主体，社会公众为辅助的运行机制，主要依靠企业的自觉实现对公益广告模式的管理。韩国公益广告政策由国家制定，在韩国公益广告协会的资金支持下，其内容创作空间较为自由。

我国《公益广告促进和管理暂行办法》中第四条指出，公益广告活动在中央和各级精神文明建设指导委员会指导协调下开展，其中对每种情况的直管部门都做了明确的规定，体现出自上而下的管理特征。相较外国的管理政策，这凸显出以国家为主导、其他参与者协作的发展模式。

（四）监管惩处差异

其他国家对公益广告的界定、要求及监管惩处较为严格，在法律中明确规定违反规范的情景。在英美国家，监管机构频繁地对相关广告作品进行核实，若违反规范将严惩不贷。在韩国，《放送法》《放送法实施令》《关于广播节目等时间安排的告示》等法规规定韩国公益广告具体的播放要求，违反相关规定将直接影响电视机构的运营许可资格。我国有关公益广告的监管惩处正处于完善阶段，《公益广告促进和管理暂行办法》第九条明确指出广播电台、电视台、纸媒和网站等各媒体平台对公益广告的最低播放数量，包括时长与版面等，要有一定的公益广告的数量保证。但第十五条指出公益广告活动如违反本办法规定，由有关部门予以处罚或者批评、劝诫和责令改正，并未提及具体的处罚条款，也没有为违法的情景进行界定。

第四节　我国公益广告的运作与管理

一、我国公益广告的运作主体和运作体系

21世纪以来，我国公益广告逐渐步入有计划、有组织、相对体系化的发展阶段。我国公益广告从孕育之初就带有强烈的政治政策宣传色彩。1986年以来，尽管公益广告运作主体随着经济、社会等环境的变化不断做出调整，日趋多元化，然而，我国公益广告的运作仍然处于"强政府"状态之下。中共中央宣传部等政府部门对公益广告活动进行了统筹规划，通过上传下达的形式，每年定期组织计划性的公益广告活动，逐渐发展为我国现行公益广告运作模式。

（一）运作主体

运作主体是公益广告的组织者和推动者。我国公益广告现行运作主体模式及职能如下。

1. 政府主导

我国公益广告运作机制整体体现出以政府为导向的特点，党政部门在公益广告运作过程中担当领导者、组织者、管理者与激励者的角色（图9-1）。目前，党和政府参与公益广告运作的主要方式有以下几种：一是统筹规划公益广告组织的建立与发展；二是审批、决定公益广告主题及活动的开展；三是监督与管理；四是激励发展。

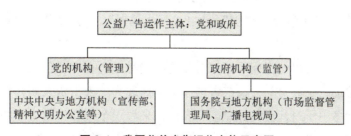

图9-1　我国公益广告运作主体示意图

2. 媒体主导

媒体是公益广告传播的主要推动者，中央电视台、《人民日报》等在掌握舆论导向的同时，积极贯彻党和政府的计划与指令，在配合国家政策要求下为社会主义精神文明建设服务。

主流媒体在公益广告运作过程中发挥了重要作用。以中央电视台为例，自1987年《广而告之》栏目创立以来，央视始终坚持将社会效益与经济效益相统一，积极参与到公益广告制播等多个环节中，不仅促进公益广告活动的开展，还制作出了大量优秀的公益广告作品。主流媒体参与公益广告运作具有以下特点：一是担当政府政策执行者的角色，积极配合政府工作需要；二是结合社会热点，引导社会主义精神文明建设；三是平衡公益广告制播，实现媒体良性经营。

互联网新媒体是参与公益广告制播的重要力量，它集速度快、互动性强等特点，形成公益广告传播新趋势。此外，新媒体还丰富了公众了解和参与公益广告活动的方式，例如，微信朋友圈内嵌入的公益广告使微信用户接触公益广告更便捷、更及时。

3. 企业主导

企业在参与公益广告活动中承担双重社会责任。一般而言，企业始终以追求利润为目的，因此，企业参与公益广告制播活动一般基于两种动机：一是借助公益广告来展现企业的社会责任感，以树立企业正面形象；二是通过公益广告冠名等方式为企业做宣传。

企业是公益广告活动的重要力量。企业具有商业广告方面积累的丰富经验，不仅创意新，而且还有丰厚的资金作为支撑。在公益广告制播过程中，企业还十分注重公益广告营销策略，摆脱政府与媒体的宣传色彩，因此企业制播的公益广告往往能形成亮点，吸引受众。

4. 其他社会组织及个人主导

党和政府、媒体、企业之外，其他社会组织也在为我国公益广告事业的发展贡献着力量。此类组织不受政府管制，也不以营利为目的，公益广告的价值观与其工作目标相吻合是促进其参与公益广告的主要动机。此外，突发性事件等也是促进组织积极参与公益广告活动、为社会效益服务的重要因素。例如，经典的公益广告语"没有买卖就没有杀害"是由"野生救援"组织拍摄完成的保护鲨鱼的公益广告。

比较而言，个人虽然作为传播者与接受者两种角色存在，但在公益广告运作过程中的力量较弱。个人参与公益广告创作主要体现为个人出资来制作和投放公益广告，其动机大多出于对社会美好愿望的表达，来源于个人在日常生活中对社会问题的感悟。在传播方式上，个人参与公益广告的传播方式越来越倾向于网络等新媒体形式，如 2012 年 9 月发布在智联招聘网站上的"钓鱼岛是中国的"公益广告片引起网友热议等。同时，受众态度也影响了公益广告的创作与传播。

（二）运作体系

公益广告的运作依托于一定的运作体系来保证协调性与有效性，公益广告制播与公益广告活动的开展往往需要各个体系的规范运作和有效配合。概括公益广告作用与影响的模式，我国公益广告运作体系是组织管理体系、参与体系、规范体系与传播体系四者间的联动。

组织体系极大地体现了我国党和政府部门的主导性作用，通过相关部门制定方针政策，引导公益广告发展方向，并对公益广告整体运作模式进行规划和指导；参与者体系则由上述政府、企业、媒体、其他社会组织及个人构成，是公益广告及公益广告活动的推动力量；规范体系，即通过相关法规等措施的实施，对公益广告进行监管；媒体的众多传播渠道及形式则构成传播体系（图 9-2）。

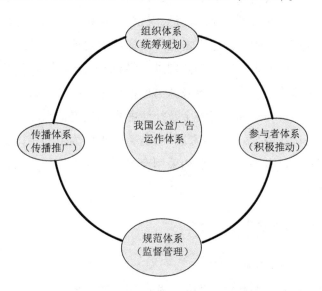

图 9-2　我国公益广告运作体系示意图

二、我国公益广告运作的新特点

（一）传播主体多元化

党政机关在公益广告传播过程中占据绝对领导权，由政府发布的公益广告往往通过主流媒体传播，包括政策发布、政治宣传、精神推广、道德和价值观塑造等。媒体分为主流媒体与外围媒体，前者多数充当政府喉舌的作用，与政府公共信息传播相一致。企业则是以宣传和塑造企业形象为目的，担当一定的社会职责。其他组织及个人往往体现了公益意识的发展程度，自发性更强。

目前我国公益广告更多依靠政府传播，多呈现政府与主流媒体联合传播的形式，央视在这一过程中往往担任"领头羊"的角色。相对商业广告的传播而言，公益广告传播者比较多元化，因此，不同的传播需求与途径也使得公益广告传播过程相对不明晰。

（二）传播媒介多样化

以发布在"中国公益广告网"上的公益广告进行分类，我国公益广告分为五种媒介形式，分别是影视类、平面类、广播类、户外类、网络类。

媒介方式多样化成为公益广告传播适应时代发展的一大趋势。可以看出，在传统媒体占据公益广告传播优势的同时，网络等新媒体类型也在丰富着公益广告的传播样态。

（三）筹资经费多元化

中外基于不同的发展情况形成了不同的公益广告筹资模式，具有各自的募资渠道。以党和政府主导型的我国公益广告运作机制，其经费来源的途径和渠道同样体现出了政府的巨大作用。中国公益广告运作的资金主要依托于政府拨款形式，也存在媒体投资、企业赞助或出资、广告公司进行经费的支持，以及其他社会组织或个人捐款等形式；美国的公益广告经费来源与广告委员会的性质相承，主要依靠社会力量，包括通过组织宣传形式募集资金及社会各界的捐赠，媒体捐赠是重要形式之一；英国公益广告运作资金以政府拨款和服务费用收取为主，相比我国，其政府拨款更加具有计划性；日本公共广告机构采用会员制方式，其经费来源主要是会员缴纳会费及企业赞助等。

三、公益广告的问题分析

（一）市场化运作程度低

与美国、日本等国家的公益广告运作相比较，中国政府介入公益广告的运作最多，政府投入也最多，但是中国公益广告的发展，无论是数量、质量，还是运作水平都和发达国家有较大的差距。究其原因，主要是市场化运作的良性发展机制仍没有建立，影响了中国公益广告的健康发展。

受公益广告自身限制，不以营利为目的，与商业逐利的本质相反，因此资金来源问题是公益广告发展中不可避免的重要问题。在欧美国家，电视台播出的公益广告大多是国际性或全国组织机构发布的，如联合国儿童基金会、全国健康协会、国际红十字会等。而一些大公司更是在发布商业广告的同时，不遗余力地制作公益广告，如IBM的"四海一家"，这些公司不直接宣传自身产品，而是突出强调企业的社会责任意识和爱心，树立企业良好高尚的社会形象。

我国的公益广告大多是政府指令，然后媒体制作发布。公益广告的策划与制作过分依赖政府的支持和政策的规定，企业及团体很少参与其中，广告的发布受到限制，很多媒体并不热衷，发布的公益广告题材大致相同，对公益广告并没有深刻的认识。因此，我国公益广告还需要更多企业的大力支持。与此同时，只有公益广告自身强大起来，才能吸引更多的企业、社会团体、有力量的个人参与其中。

（二）地区之间差异悬殊

　　我国公益广告发展呈现较大的地域差异，在不同级别城市、地区发展之间表现出不平衡的发展态势。不同城市和地区的公众对公益广告的态度在认识、情感、行为上存在显著的差异。对公益广告的态度随着城市对外开放程度、经济发展水平有所不同。在经济发达地区，由于竞争激烈、生活节奏较快，人们对寄居的城市缺乏归属感，对公益广告的关注度较低，公益广告对他们的情感、行为的影响力较小。

　　公益广告在城乡之间发展极不平衡，乡村公益广告缺少人性化因素。相比城市，偏远乡村居民获得信息渠道较为狭窄。在农村可以看到的公益广告多为标语式宣传。有些标语未能从受众的角度出发，给人带来强硬、冷酷的印象，不但无法起到宣传教育的作用，反而容易引起受众的反感和抵触情绪。

　　公益广告在发布上应该考虑到地域的不同特点。公益广告关注点也应该考虑到不同的受众，但现在很多公益广告主题相似，模式雷同，特有的地域问题并没有受到特别关注。目前，大、中城市的公益广告发布相对比较多，而小城市发布的相对较少。

（三）创作手法单一，题材保守

　　我国公益广告经过三十多年的发展，已经取得了很大成就。现在公益广告制作水平和普及程度都有了突破性的进展。但是广告创作主题比较单一、题材不丰富的问题依旧存在。公益广告是以服务大众为目的的，它关注的问题大多是社会普遍现象，而我国公益广告的创作题材比较少，与社会现实需求的适应度不高，不能够直接有效地反映大众最关注的社会现象。

　　我国公益广告具有公共传播性、社会效益性、主题现实性、有机系统性、思想教育性、通俗易懂性等六大特征，但整体内容缺乏创意性和针对性。美国的公益广告是世界上最发达的，比如防止虐待儿童运动、防止家庭暴力、招募爱心教员、防止艾滋病、预防犯罪等，都是针对美国社会实际情况的公益广告。而且美国在更加宽松、开放的人文环境下，容许发布一些相对于我国公众来说较敏感话题的公益广告。我国也可以试着把热点问题作为公益广告的题材，可以通过公益广告的形式对于热点问题做一个正确的引导，引起人们高度关注社会热点问题。但一个好的公益广告可以带给人们深度的思考。

公益广告时刻关注着社会人生，促进人与社会的和谐。目前，公益广告的内容还集中在道德和感情层面上，有些方面公益广告语的表现力度还不够大，如宣传遵纪守法方面，以及更为本质的问题在公益广告中尚未涉及。我国公益广告在内容题材上亟须深度挖掘热点问题，使创作形态和主题多样化，各层面、各领域的作品丰富化，这才是老百姓真正需要的内容，也是公益广告继续坚持努力的方向。

随着互联网的高速发展，互联网广告海量的属性也为我国网络公益广告的管理带来挑战。我国网络公益广告在内容方面较大的问题就是同质化现象严重，缺乏创新，公益网站的大部分内容还是复制、搬运自传统媒体，内容原创性不高，主题、类型也与传统媒体的公益广告大致相同。在宣传国家政策、核心价值观、遵纪守法等较为宏观的内容时，没有根据网络受众的特征调整传播策略，传播方式和传播内容与公众生活有一定距离，没有深入基层民众，没有贴近生活。而像生态资源、生命安全、思想道德建设等长期存在的社会问题，需要社会公众的持续关注。这类日常性主题在长期的公益广告传播中出现频次较高，虽然广告作品数量繁多但是同质化现象严重，固定单一的广告内容使受众容易产生审美疲劳，继而对此类主题产生抵触心理，大大削弱了广告的传播效果。

我国网络公益广告在表现形式上还是以图片、视频广告为主，没有充分利用网络的媒介优势，网络的互动性也没有得到最大限度地发挥，使得网络公益广告的传播成为一种表面形式，在网络与公益的结合中没有实现"1+1>2"的传播效果。

网络相较于传统媒体，可最大化地运用多媒体技术丰富广告表现形式，像富媒体广告中的游戏广告、三维广告、Flash广告，以及国外优秀公益广告案例中经常运用的互动型广告等都可以增强传播效果。

第五节 我国公益广告的未来

一、互动式公益，激发全民更多善意

20世纪20年代，美国传播学家李普曼在《公众舆论》中提出拟态环境的概念，指出大众传播活动形成的信息环境，并非客观的镜子式的再现，而是大众传播媒介经过对信息的筛选、组织和加工，重新整合并加以结构化后向公众展示的信息环境。这种环境能够对人的意识、观念和行为产生深刻的影响，本质上表现出信息

经加工后所产生的思想倾向,以及引导公众对信息的选择和认知。公益广告作为大众传播载体,能够营造思想教育氛围和社会舆论的环境。

全民的共同参与在我国公益广告未来发展中至关重要。我国的社会公众整体公益意识薄弱,个别公众对公益广告存在着认知偏差,将公益广告看作政府机构、主流媒体的宣传教育工具,容易产生抵触心理。根据选择性接触机制,人们倾向于接触自己感兴趣的或有认同感的信息,这种心理会促使人们在众多信息中对公益广告选择性忽视,影响广告的到达率和接受率。通过梳理网络公益广告的发展现状,我们发现在内容制作和传播形式上还是以图文、视频为主,这些传统的形式不利于提升受众的兴趣度与参与度。带有交互性的城市公共空间艺术是新光的艺术形态,能够吸引公众进行长时间的互动,具有强烈的聚集人气与吸引注意力的功能。[1] 一些专家学者、广告制作方在访谈中多次提及要在公益广告中强调互动性,而在受众对网络公益广告接触情况的调查中,多数受众没有接触过甚至完全不了解什么是互动广告,与国外的普及度相比,国内目前对互动型广告的普及率处于较低的水平,受众主要还是以一个接受者的身份接触广告信息,缺乏参与感和代入感,长此以往,不利于社会群体主动参与公益传播的积极性。

媒介技术的进步推动着中国广告业的发展。伴随科技的进步,新媒体已经得到越来越广泛的应用,从而为中国公益广告发展提供了必要的有效的传播载体。如何利用新媒体的互动性激发更多善意,是未来值得关注的方向。

"公益创意季"是字节跳动公益和巨量引擎联合发起的"全民共创公益活动",以"爱佑童心""天才妈妈""善待动物倡行者"三个公益项目系列作品的形式于抖音正式上线。越来越多的抖音达人开始围绕三大公益主题,号召平台内容创作者加入,开始进行短视频创作,通过讲述公益故事、科普公益信息、呼吁公益行为等方式,以自身的力量将善意传递给更多人,带动更多人参与公益活动。

内容创作者"本喵叫兔兔"从开始拍摄短视频到现在,围绕"关爱毛孩子,让领养代替购买"的主题创作短视频,已经救助和领养了140多只流浪猫。在"善待动物倡行者"项目中,她以公益召集人的身份,探访了北京幸运土猫领养中心,并通过主题短视频创作,让大家了解了流浪动物的领养不仅是情谊,更多的是责任。另一位内容创作者邱奇遇实地探访了北京的流浪动物小院,并创作了发人深省的视频短片。在短片中,他以优美感人的创意文案代替流浪动物们向大家喊出自己的期待:"我没有想到被收养的它们见到我会这么开心,只有它们背着我,不闻不问。当它们转身我才知道,原来它们拿到的剧本,也有裂痕。它们也懂,难过的一面要背着人。不爱打架的它们早已学会了放低姿态,是啊,太凶的灵魂怎么会被爱。这

---

[1] 萧冰,王茜.公益广告的设计与视觉传播力[M].上海:上海交通大学出版社,2020:110.

个角落是它们最后的一张底牌。那天有一只看不见的灵魂，对着天空练习了无数遍的亲吻。你看啊，它也盼着有一天，重新找到一个爱它的主人。"

先心病是威胁我国5岁以下儿童健康的主要疾病，但鲜有人知道，得益于医学技术的进步，先心病的手术成效已经获得了极大的提高。在"爱佑童心"的项目中，"厨房历险记""开心好奇妈"等创作者，通过实地探访治疗中的先心病儿童，告诉大家这一病症背后的真相：先心病并不可怕，平均两万元的手术费用，就能帮助一名儿童重获健康。

在中国妇女发展基金会发起的"天才妈妈"项目中，内容创作者利用镜头带领大家体验远在贵州大山深处的女性非遗技艺传承人是如何依靠枫香染、侗布、红绣等非遗手工艺谋生，助力"天才妈妈"们带着才华走出大山，走进你我的生活。

在短视频盛行的时代背景下，每次公益的互动，都是善意的发扬光大。一次探访拍摄，能让更多人知道流浪动物们的真实困境。一次主题创作，有望让更多人知道先心病虽然可怕，但不难治愈。一次投稿任务，或许可以让非遗技艺走出大山。互动式的公益，不仅降低了公众参与公益的门槛，也吸引了更多的个人力量，凝聚起每一份爱心，让每次微小的互动，都能传播无限的善意。

近年来，国内不乏优秀的网络公益广告作品，像百雀羚推出的《你应该骄傲》、支付宝公益推出的《了不起的新年愿望》都获得了广泛的社会认可。但不可否认的是，我国网络公益广告目前仍然面临着整体制作水平较低、优秀作品数量少的窘况。究其原因，大部分制作方在主观上对网络与公益结合的形式缺乏深刻的认识，还是按照旧有的公益广告制作模式进行创作；在客观上受制作人员的专业能力限制，没有充分利用网络的媒介优势创作出更有创意、表现形式更丰富的公益广告作品。

因此，公益广告需要全民参与，共同推动我国公益广告的发展。

二、共同承担社会责任，关注人、环境与社会

在西方国家，公益广告最重要的一个目的是唤醒公众对突出的社会问题的了解、关注和反思，影响他们对这些问题的看法和态度，改变他们的行为和做法，从而促进社会问题的解决或缓解。其中一类是公共广告（Public Advertising），是由社会公共机构如绿色和平组织、动物保护协会等社会团体针对他们所关心的社会问题发布的各种广告。另一类是意见广告（Opinion Advertising），这多是企业集团针对各类社会现象，阐述企业的态度。这是一种企业形象广告的外延，表明了企业在社会中的个性。外国企业在20世纪80年代初就意识到公益广告的价值，可口可乐每年会以数亿的投入来制作公益广告，日本松下制作的公益广告远比其商业广告要多。

现代公益广告在我国起步较晚，作为一项公益事业，公益广告的参与主体还是

过于单一，还是以电视媒体及政府为主，企业和社会团体或因资金、技术、资源等方面的局限，参与不到公益广告的制作与传播中。而一些专业的广告公司通常则是以代理或与政府合作的形式来参与实践，其能发挥的功能受到了极大的限制。

相比之下，底子薄、资金少的广告公司不仅在商业广告市场被极端地"边缘化"，也因其资源和资金的匮乏无力甚至无意参与公益广告，加之我国广告从业人员结构仍处于调整期，从业人员的专业水平仍有待提高，其对中国元素和公益广告的认知、实践能力及所拥有的社会、文化资源与媒体相比相去甚远，造成了广告公司在中国元素公益广告中作用的缺失。

在我国，除政府外的其他公益广告参与主体在公益广告传播活动中没有明确自己的职责定位，主体意识缺失，参与程度低，制作投放网络公益广告的积极性明显低于商业广告。企业投入公益广告的能力和热情都不足。时至今日，中国经济发展尚在快速发展阶段，大部分中国企业家仍在创业之始，受主观、客观因素制约，对公益服务的资金投入较少。要使我国公益广告能长期稳定发展下去，企业尤其是大企业要成为公益广告的主体。

对于企业而言，公益广告宣传是其实现商业效益和社会效益不可多得的良机，但由于并未形成广泛认可的企业参与公益广告的合理模式，企业借"公益广告之名，行商业广告之实"遭到强烈的质疑，重大活动中以塑造与传播国家、民族整体形象的中国元素公益广告大多绕开企业参与，以防公益广告成为变相的商业广告。

从长远利益考虑，虽然公益广告不能为企业带来直接的经济利润，却可以带来无形的利益。公益广告是一种向善的力量，是企业履行社会责任的表现，有助于提升企业形象、提高品牌影响力。作为一种无形的力量，公益广告甚至比纯粹的商业广告更能吸引人。企业落实社会责任，实现企业经济责任、社会责任和环境责任的动态平衡，关注人文、环境等共同话题，并为其做出努力，反而会提升企业的竞争力与社会责任感，为企业树立良好的声誉和形象，从而提升企业的品牌形象，增强投资者的信心，也更加容易吸引到企业所需要的优秀人才，并且留住人才。

公益广告在中国这几十年的发展，经历了从萌芽到发展、繁荣的过程，一些耳熟能详的公益广告至今还深深地留在人们的记忆中。公益广告作为一种高层次的广告形式，自有它不可估量的特殊的社会价值，它发挥着规范社会行为、改善社会风气、创造良好社会环境的作用。公益广告的长远发展离不开政府、企业和个人的共同参与，参与主体应该意识到承担社会责任的必要性，勇于承担责任，关注人、环境和社会的和谐。

第六节　中国特色公益广告品牌——
央视春晚插播公益广告案例分析

2016年的《公益广告促进和管理暂行办法》以法规的形式鼓励公益广告的发展。中国范式的公益广告主要是根植于中国传统文化，形成了一种特有的文化现象，依附于其所属的民族文化而存在。当前，公益广告作为社会主义精神文明建设的重要组成部分，一方面，在追求社会效益的同时也在不断承担传承和发扬中华优秀传统文化的责任；另一方面，中国源远流长的传统文化是公益广告的文化根源，在一定程度上也影响着公益广告的制作和发展，在公益广告制作中运用中国传统文化元素更容易引起受众的情感共鸣，达到理想的传播效果。因此，公益广告和中国传统文化密不可分、相辅相成，在制作公益广告时创造性地运用传统文化元素具有重要的意义。

央视作为国家级电视台，在创作和传播公益广告上不遗余力，利用独特的传播媒介，通过"创—制—插"经验推广，打造央广公益广告品牌价值，实现了央广公益广告的高速和高质量发展。[①] 春晚公益广告已连续播出多年，以"团圆""亲情""家国"等主题传播中国人在新春共同的情感共鸣，在激起民族情感和价值观教化上发挥出重要作用，已经形成独具特色的中国公益广告品牌。

一、构建家国情怀和亲情团圆

《孟子·离娄上》："天下之本在国，国之本在家。"不难看出，自古以来，家庭在我国具有崇高地位。而国的概念，正是家的拓展与升华。虽然我们常说"国家国家，有国才有家"，但想要了解"家国情怀"，必须从组成国的最小单元，即家庭开始。

现阶段有许多广告企业都在使用亲情文化策略，该文化深深藏于家庭伦理中。这种建立于亲情文化之上的广告被称为家庭伦理广告，通过对其进行深度分析得出，当代融入家庭伦理文化的广告具有一种以亲情为中心，逐层触及社会大众日常生活的趋向。家庭文化广告包含游子情感等内容，将这些内容融入广告中，能使广告与相关者产生共鸣，从而达到成功让人接受产品或服务的目的。这一点在广告中得到了鲜明的记录，比如20世纪90年代著名的"孔府家酒"广告中，阿春在众人焦虑

---

① 中国传媒大学，全国公益广告创新研究基地. 中国公益广告年鉴（2014年—2019年）[M]. 北京：中国广播影视出版社，2020：103.

的期盼中下飞机回到家，给家人带回国外的衣衫鞋帽，然后坐在镜头前，向观众们缓缓说出那句耳熟能详的广告词——"孔府家酒，叫人想家"。

2017年春节前，苹果发布以"新年制造"为主题的广告视频，这些视频都包含了我国年文化的气息，在强调"中国元素"上都下足了功夫，融入了不少中国文化。苹果借助中国人对春节浓浓的家国情感，来宣传新款iPhone及配套应用的魅力，因而其内容更容易被我国民众接受。

央视春晚公益广告聚焦中国特色和时代特征，抓住中国人的家国情怀进行情感传达，在传达之上起到文化传承作用，对提升国民的国家身份认同感有不言而喻的作用。其每一年拍摄制作都有不同的广告公司参与，有国际4A公司如麦肯·光明有限公司，也有本土公司如琥珀传播等。对于每一年的选题，各家广告公司都会使出浑身解数，在表达上都注重真实性的叙事和高度凝结的故事情节，通过这些叙述凝聚社会共识，引起公众的共鸣。如2018年狗年春晚中的公益广告：

《家国兴旺》：通过狗狗的视角，将翘首远望、忘年之交、不负众望、喜出望外、充满希望、新年愿望、人丁兴旺、家业兴旺和繁荣兴旺等富含年味的场景集合在一起，突出了家人间期盼团圆的急切，浓浓年味使每个观看的人心头一热。

《中国印 中国节》：以出生婴儿的脚印、中国制造的钢印、朋友圈点赞亲人合照的印记、结婚证上的盖印、舞狮师傅为新年舞狮点上的红印等对中国人有着特殊含义的印记组成的片段，浓缩了中国人盼望的幸福生活，唤起观众内心对于国家发展的认同，以及对家庭温暖的渴望。

《家香 家乡》：通过家乡美食的专属味道、练字时书墨的味道、森林里清新的味道等载有温暖记忆的几种味道，将在外的游子之心带回了家，感受来自家人的温暖和陪伴。家乡有家香，闻香更念乡。团圆的味道对于每一个人来说都是珍贵的记忆。

二、聚焦年文化符号系统

（一）2013年蛇年春晚《迟来的新衣》

汪正年夫妇（打工者）从广州出发骑摩托车回到贵州石阡，与两年没见的孩子团聚，骑乘1351千米，只为亲手给老家的孩子穿上新衣。这新衣不仅是年文化的一部分，更是出门在外的父母对孩子的牵挂。

（二）2019年猪年春晚《过年篇》

"过年好！"是春节走亲访友最常用的招呼语，广告以"过"字拼起不同寓意的画面，将"过年好""过火""过招""过奖""过人""过坎儿""过硬""过生日""轻舟已过万重山""过瘾""点赞过万""过好日子"等展现中国风采、人民幸福生活、富有年味的几个片段组合在一起。其中，"70 岁过生日"寓意祖国 70 周年华诞，寿桃蛋糕、红色穿搭、家人团圆坐圆桌等文化符号为本片增添了喜气。

（三）2022 年虎年春晚《虎年大吉》

片中展现了"国画虎""青花瓷虎""布艺虎""水墨虎""窗花虎"等多种独一无二的形象，通过与实拍人物和场景的巧妙融合，各种"虎"将整片精巧串联，浑然一体。同时，每一个虎的形象在场景中都具有美好的寓意，助力人们实现美好的愿望，带给人们力量和勇气，结合年轻的画面风格和动画元素，形成一条既有传统内涵又酷炫新潮的春晚公益广告。片中也出现了许多具有年文化的符号，例如年夜饭、"年年有余"、红色新衣、窗花等。在传递新年祝福的同时，更展现出一个国家、一个民族的精神力量。从影片开篇到结尾都穿插了童谣歌唱，歌词的内容紧贴传统文化和社会主旋律，既歌唱新年的到来，也歌唱我们伟大时代的新面貌和新风尚，在听觉上力求让观众也能够感受到虎年的欢乐气氛。

三、传承中国传统文化

（一）2014 年马年春晚《筷子篇》

从努力适应筷子的上海小姑娘，到盼望亲人回家的四川王大爷，尤其是"多个人多双筷子"是对生活最为真实的还原，里面既有文化传承，更有血脉亲情。

此则广告由麦肯·光明制作，由启迪、传承、明礼、关爱、思念、睦邻、相守、感恩八大主题构成，以筷子作为线索，叙述不同中国人的故事。筷子作为中国人饮食中必不可少的一部分，承载了中国传统文化。"多个人多双筷子"是百姓生活中邀请他人来家里做客常用的语句。麦肯·光明对生活细节的捕捉，使观众从中获得共鸣，营造了春节温馨团圆的美好氛围。

（二）2017 年鸡年春晚《包住篇》

选取了几个具有中国传统意义的场景，如红包压岁、抱拳敬礼、包饺子等。"包"，代表着长辈对后生的祝福和期许，就像中国人在表达情感时的含蓄，外表并不明显，但内里什么都有，包住的是美满，是心意，温暖。

（三）2022 年虎年春晚《在一起》《妈妈的幸福年》

《在一起》"在一起"是中国一个非常传统的价值观念，从小我们中国人就懂得，一家人要在一起团结友爱，相互扶持，这也是春节返乡及团聚的精神意义。影片将"在一起"的概念穿插在春节及这一年关于物、人和记忆中，这些元素的汇聚体现了中国春节自古以来传承的仪式感，让观众对于过年的情感随画面流淌，随后自然过渡到"中国红"和"好日子在一起"的家国情怀中，收尾升华地展现出祖国强军实力,是祖国和人民"在一起"的坚强后盾。

本片前半部分用一种微观的视角、细腻的情调拍摄雪和花、笔和纸、饺子和醋、汉服等中国的节日元素,让观众在温暖的回忆中感受中国传统文化深厚雍容的美,近距离刻画出人民幸福快乐和文化自信的状态;后半部分在"中国红"和"好日子"的爱国情感升华中展现出一系列新时代新成就,如大湾区港珠澳大桥、现代化国防强军、祖国安定富强的壮美画面,让观众感觉到"家和国在一起"的内心富足和安全,一股强烈的民族复兴自豪感油然而生。

让我们在一句句文案和场景中再次领略传统之美,年节之暖:

> 雪和花在一起。
>
> 笔和纸在一起。
>
> 红包和新衣在一起。
>
> 老和小在一起。
>
> 技艺和记忆在一起。
>
> 饺子和醋在一起。
>
> 健康和快乐在一起。
>
> 年夜饭和春晚在一起。
>
> 中国红和好日子在一起。
>
> 家和国在一起。
>
> 中国年,我们在一起。

《妈妈的幸福年》以母女情感为纽带,在春节回家团聚的过程中,透过写实的生活细节刻画出一个个生动而感人的母亲形象,用温暖的影像折射出妈妈对女儿无时无刻的挂念,以及每个漂泊在外的儿女对母亲、对家的无比眷恋……在一个个女儿回家的旅途中,我们看到了全面小康、看到了乡村振兴、看到了国家富强!影片中,有在城市打拼被忙碌填满的妈妈;有为闺女爱吃的腊肉在烟熏火燎中忙碌却心甘情愿的妈妈;有每天守在电话旁,天天去女儿回家的路口看着、念着的妈妈……

无论女儿多忙,无论妈妈多大,无论妈妈和女儿相隔多远,她们始终心连着心,有些爱虽然没说出口,却在彼此的心中无比清澈。

在中国,类似的家庭有千千万,他们诉说的团聚与感动,折射出这个幸福的大时代。在温暖的背景音乐中,一句"妈妈的爱,幸福的年!"为这个温暖的故事告一段落。绚烂的烟花在深蓝的夜空中绽放,汽车在宽阔的大路上疾驰,高铁纵横穿梭在这片富饶的土地,青山绿水,乡村振兴,14亿人民共赴小康,为世界描绘出新时代富强中国的美丽画卷。

让我们在一句句文案和场景中再次领略妈妈的爱、幸福的年:

小时候，妈妈的怀抱就是天。
长大后，天涯路远是思念。
灶台、桌边，现在的你守在电话前。
他方、行囊，如今风景掠过是归乡。
守候相望，望不尽牵挂长。
万语千言，抵不过一句："妈，我回来了！"
妈妈的爱，幸福的年！

● 思考与练习

1. 公益广告的创意手法有哪些？
2. 如何看待中华传统文化元素在公益广告中的表达？
3. 新媒体时代如何提升青年网民对公益广告传播的作用？
4. 公益广告为何自上而下看似"很热闹"，自下而上看却"动力不足"？
5. 如何让更多公民积极参与公益广告的创作与传播？

参考文献

[1] 陈月明, 金涛. 文化广告学 [M]. 北京: 国际文化出版公司, 2002.

[2] 艾·里斯, 杰克·特劳特. 定位 [M]. 王恩冕, 于少蔚, 译. 北京: 中国财政经济出版社, 2002.

[3] 金定海, 韩志强. 互动与移动: 中国广告发展趋势建构 [M]. 太原: 山西人民出版社, 2016.

[4] 高萍. 广告策划与整合传播: 案例教学 [M]. 北京: 中国传媒大学出版社, 2018.

[5] 李劲, 李锦魁. 情感营销 [M]. 北京: 经济管理出版社, 2005.

[6] 姚曦, 李斐飞. 精准·互动: 数字传播时代广告公司业务模式的重构 [J]. 新闻大学, 2017 (1): 116-124, 152.

[7] 赵曙光. 幻影注意力: 基于眼动实验的植入式广告效果研究 [M]. 上海: 复旦大学出版社, 2014.

[8] 裴彤. 新文创时代故宫文创的品牌特色研究 [J]. 传媒论坛, 2020 (13): 136, 138.

[9] 申定阳.《上新了·故宫》: 让文物活起来——浅析 IP 时代博物馆文化创意产品开发 [J]. 传播力研究, 2019 (20): 19.

[10] 潘泽宏. 公益广告导论 [M]. 北京: 中国广播电视出版社, 2001.

[11] 王云. 公益广告十四年 [M]. 上海: 上海书店出版社, 2011.

[12] 吴来安. 融入"家"文化: 央视公益广告的文化传播符号分析 [J]. 新闻大学, 2018 (2): 138-148, 155.

[13] 汤劲, 刘恒. 我国公益广告文化传播的新趋势: 以央视公益广告为例 [J]. 中国广播电视学刊, 2015 (10): 118-120.

[14] 丹尼斯·麦奎尔, 斯文·温德尔. 大众传播模式论 [M]. 祝建华, 武伟, 译. 上海: 上海译文出版社, 1987.

[15] 戴元光, 邵培仁, 龚炜. 传播学原理与运用 [M]. 兰州: 兰州大学出版社, 1988.

[16] 朱智贤. 心理学大词典 [M]. 北京: 北京师范大学出版社, 1989.

[17] 车文博. 心理咨询百科全书 [M]. 长春: 吉林人民出版社, 1991.

[18] 中国大百科全书总编辑委员会《心理学》编辑委员会,中国大百科全书出版社编辑部. 中国大百科全书·心理学 [M]. 北京:中国大百科全书出版社,1991.

[19] 张国良. 传播学原理 [M]. 上海:复旦大学出版社,1995.

[20] 菲利普·科特勒,凯文·莱恩·凯勒. 营销管理 [M]. 15版. 何佳讯,于洪彦,牛永革,等译. 上海:格致出版社,上海人民出版社,2016.

[21] 马歇尔·麦克卢汉. 理解媒介:论人的延伸 [M]. 何道宽,译. 北京:商务印书馆,2000.

[22] 胡钰. 大众传播效果:问题与对策 [M]. 北京:新华出版社,2000.

[23] 威廉·阿伦斯. 当代广告学 [M]. 7版. 丁俊杰,程坪,苑菲,等译. 北京:华夏出版社,2001.

[24] 王宁. 消费社会学 [M]. 北京:社会科学文献出版社,2011.

[25] 尼克·史蒂文森. 认识媒介文化:社会理论与大众传播 [M]. 王文斌,译. 北京:商务印书馆,2001.

[26] 何修猛. 现代广告学 [M]. 上海:复旦大学出版社,2001.

[27] 高志宏,徐智明. 广告文案写作:成功广告文案的诞生 [M]. 2版. 北京:中国物价出版社,2002.

[28] 黄文博. 关于创意我有意见 [M]. 北京:企业管理出版社,2002.

[29] 黄升民,黄京华,王冰. 广告调查:广告战略的实证基础 [M]. 2版. 北京:中国物价出版社,2002.

[30] 何佳讯. 广告案例教程:趋势与战略 [M]. 上海:复旦大学出版社,2002.

[31] 丁柏铨,蒋旭峰,夏文蓉. 广告文案写作教程 [M]. 上海:复旦大学出版社,2002.

[32] 陈培爱. 中外广告史:站在当代视角的全面回顾 [M]. 2版. 北京:中国物价出版社,2002.

[33] 张更义. 报纸广告实务 [M]. 北京:经济管理出版社,2002.

[34] 陈龙. 现代大众传播学 [M]. 苏州:苏州大学出版社,2002.

[35] 国家工商行政管理总局广告监督管理司. 工商行政管理案例精评·广告监督管理卷 [M]. 北京:工商出版社,2002.

[36] 希夫曼,卡纽克. 消费者行为学 [M]. 7版. 俞文钊,肖余春,等译. 上海:华东师范大学出版社,2002.

[37] 徐智明,高志宏. 广告策划 [M]. 北京:中国物价出版社,1997.

[38] 杨梨鹤. 广告文案传真:广告文案写作指南 [M]. 汕头:汕头大学出版社,2003.

[39] 余小梅. 广告心理学 [M]. 北京:北京广播学院出版社,2003.

[40] 董明伟. 问卷设计手册 [M]. 北京：中国时代经济出版社，2004.

[41] 张惠辛. 价值过亿：人性策划的故事 [M]. 北京：华夏出版社，2004.

[42] 倪宁. 广告学教程 [M]. 北京：中国人民大学出版社，2009.

[43] 佐藤卓己. 现代传媒史 [M]. 诸葛蔚东，译. 北京：北京大学出版社，2004.

[44] 国际广告杂志社，北京广播学院广告学院，IAI 国际广告研究所. 中国广告猛进史（1979—2003）[M]. 北京：华夏出版社，2004.

[45] 陈培爱. 现代广告学概论 [M]. 北京：首都经济贸易大学出版社，2004.

[46] 邱颖. 现代广告学 [M]. 北京：中国财政经济出版社，2004.

[47] 沙尔坦·克默尼. 大师论营销 [M]. 邵丹，邬金涛，译. 北京：华夏出版社，2005.

[48] 小卡尔·迈克丹尼尔，罗杰·盖茨. 当代市场调研 [M]. 10 版. 李桂华，等译. 北京：机械工业出版社，2018.

[49] 赵琛. 中国广告史 [M]. 北京：高等教育出版社，2005.

[50] 蒋旭峰，杜骏飞. 广告策划与创意 [M]. 北京：中国人民大学出版社，2006.

[51] 曾振华，胡国华，黄清华. 广告学原理 [M]. 广州：暨南大学出版社，2006.

[52] 黄合水. 广告调研方法 [M]. 厦门：厦门大学出版社，2006.

[53] 余明阳，陈先红. 广告策划创意学 [M]. 3 版. 上海：复旦大学出版社，2007.

[54] 钟旭东，朱焱. 市场营销学 [M]. 成都：西南财经大学出版社，2007.

[55] 丁俊杰，康瑾. 现代广告通论 [M]. 2 版. 北京：中国传媒大学出版社，2007.

[56] 胡晓云，张健康. 现代广告学 [M]. 杭州：浙江大学出版社，2007.

[57] 张国良. 全球化背景下的新媒体传播 [M]. 上海：上海人民出版社，2008.

[58] 宋仙滔. 论事件营销在广告传播中的运用 [J]. 新闻世界，2010（2）：56-57.

[59] 郑伶俐. "凡客体"与网络事件营销及传播策略 [J]. 新闻前哨，2010（12）：60-61.

[60] 骆靖，宋倩，王笑楠. 网络环境下事件营销策略浅析 [N]. 企业导报，2012（07）.

[61] 李霞，王蕾. 广告策划案例教学 [M]. 北京：高等教育出版社，2008.

[62] 李志红，蒋宏伟. 广告策划与创意 [M]. 北京：中国轻工业出版社，2014.

[63] 崔银河. 广告学概论 [M]. 北京：中国传媒大学出版社，2007.

[64] 蒋旭峰，杜骏飞. 广告策划与创意 [M]. 2 版. 北京：中国人民大学出版社，2011.

[65] 刘宝成，张玲潇. 广告策划与创意 [M]. 北京：清华大学出版社，2014.

后 记

《创意、视觉、营销、传播——理解广告》一书于 2021 年获江苏省省级重点教材（新编）项目立项，经过编写团队的努力，书稿已经完成，本书也即将由苏州大学出版社出版。

作为本科生规划教材，《创意、视觉、营销、传播——理解广告》一书的定位是作为首批国家级一流本科课程和首批江苏省省级一流本科课程"创意、视觉、营销、传播——理解广告"的配套教材和在线学习材料的有益补充。

"创意、视觉、营销、传播——理解广告"课程关注广告学科与新一轮科技革命和产业变革交叉融合，整合了广告新媒体研究、文化创意产业、广告策划与创意、广告消费心理学等多门课程的内容，以"学界+业界"的讲师阵容，确定了"广告：营销传播"等六大板块、10 讲内容（每讲包括 4—5 个微视频），总计 60 余个教学视频、50 余个经典广告案例视频，以及大量非视频资源（PDF 文件、Word 文件和 PPT 等），并建立了试题库。课程以"自主性、过程化和互动性"为特点，采用线上学习、课堂面授、小组学习、小组展示，线上/线下互动相结合的混合式教学模式，每学期安排不少于 6 次的线下课及小组见面等环节。该课程从 2013 年开课至今，分别在中国大学 MOOC、清华大学"学堂在线"及深圳大学 UOOC 联盟等国内主流 MOOC 平台上线，2022 年上线国家智慧教育平台（高等教育平台）。课程每一期开课的在线学习人数均达 3 万余人，全国 60 余所高校的学生在线选修该课程。

目前，该课程的自编教材依据在线开放课程的微课视频文字讲稿整理而成。文字讲稿虽能暂时起到替代教材的作用，但是它仅仅是微课视频内容的配音稿文字版，相比教材，缺少系统性和宏观性，也缺少正规出版社出版的教材带来的权威性和公信力。所以，在自编讲稿的基础上，我们拿出了这本全新编写的教材。

本书的书名中，"创意、视觉、营销、传播"四个重要的关键词，不仅可以概括广告的本质特征，还集中展现了本书主要的章节内容。教材与国家级一流本科课程同名，更有利于教材的推广和应用。本书的编写团队基本上是首批国家级一流本科课程团队的原班人马，都具有丰富的教材编写和课程教学经验，有力保障了教材质量。胡明宇老师撰写了第一章、第五章；刘昱希老师撰写了第二章、第四章、第六章和第九章；王静老师撰写了第三章；董博老师撰写了第七章和第八章。全书统稿由胡明宇老师完成。

本教材内容立足课程的"大学生文化素质教育课"性质，章节内容也紧密对应课程每一讲内容，共分为九章。

《第一章　广告：营销传播》：围绕"营销"和"传播"两个关键词，讲述广告的本质特征，帮助学习者初步认识广告现象。

《第二章　广告策划：从静态到动态》：从广告策划的概念出发，主要解读了广告策划的实质、广告策划的依据、广告策划的流程与内容；介绍了"互联网+"背景下广告策划的变化与趋势走向。

《第三章　广告创意与创新思维：一个系统工程》：主要围绕"广告创意"和"创新思维"两个关键词，就广告创意的定义和特征、创新思维的核心与分类、创新思维在广告领域的应用等问题展开论述。

《第四章　互动广告：创新设计》：重点论述互动广告的产生背景，数字技术发展为媒介格局和互动广告的发展带来的影响，对互动广告的类型与特征、大数据时代下互动广告的创意和设计进行了简要介绍。

《第五章　比较广告：比什么与怎么比》：围绕"比较广告策略"展开论述。比较广告，既是一种创意表现策略，也是一种定位策略。越是竞争激烈的行业，比较广告就越常见。同时，不同国家对比较广告有着不同的法律规制。

《第六章　植入式营销：创新与挑战》：通过介绍植入式营销的起源与发展，植入式营销的多元形态，就元宇宙背景下的植入营销、跨界植入营销等前沿内容展开论述。

《第七章　新媒体广告传播：技术与创意的融合》：重点论述新媒体和广告传播之间的关系。首先简要介绍了新媒体的发展，数字化技术的发展给媒介格局带来的变化及给广告活动带来的深刻影响。本章还对微博和微信原生广告、信息流广告、虚拟现实广告（AR/VR/MR）做了简要介绍，并结合案例分析了新媒体广告选择应考虑的因素和广告媒体组合的有效形式，从而揭示了新媒体广告的发展趋势。

《第八章　数字营销：数字分析与行为洞察》：围绕人工智能和深度学习对于数字营销领域的影响展开分析，通过埃森哲、特赞及 Google PMAX 的例子，阐述并举例说明如何通过技术手段帮助广告主完成从分析、洞察、内容产出及分发的数字营销全过程。

《第九章　行动力：公益广告的未来》：以我国公益广告的产生与发展为核心，介绍中外公益广告运作与管理模式差异，解析以央视春晚插播的公益广告为重点的中国特色公益广告品牌。

从教材的定位和内容特色来看，本教材具有以下几个特点。

（一）教材定位准确，内容体系完整，目标读者清晰

教材内容立足课程的"大学生文化素质教育课"性质，以"专业性+通俗性"为原则，关注广告学科与新一轮科技革命和产业变革交叉融合，整合了广告新媒体研究、文化创意产业、广告策划与创意、广告消费心理学等多门课程的内容，教材内容体系完整。教材目标读者群清晰，在校大专院校学生和在线学习课程的社会学习者是本教材庞大的潜在读者群。

（二）教材导向鲜明，"课程思政"功能显著，内容前瞻性突出

教材编写团队将习近平总书记关于"广告宣传也要讲导向"的重要论述融入教材编写和案例选择过程中，发挥教材"课程思政"的功能。例如，教材结合近期国家对娱乐圈乱象和"饭圈"乱象的整治，引导读者正确看待和认识广告代言人现象。教材还加入AR/VR/MR（增强现实/虚拟现实/混合现实）及AI（人工智能）等新媒体、新技术应用的典型广告案例。

（三）教材案例丰富，时效性和典型性强，与在线内容有机结合

以本书第八章为例。本书第八章围绕人工智能和深度学习对于数字营销领域的影响展开分析，通过埃森哲、特赞及Google PMAX的例子，阐述并举例说明如何通过技术手段帮助广告主完成从分析、洞察、内容产出及分发的数字营销全过程，并结合业内的产品与解决方案，分析埃森哲的数字营销解决方案，以及特赞的追踪内容资产生命周期的产品矩阵。书中提到的埃森哲、特赞及Google PMAX案例的实效性和典型性都非常强。类似这样的案例，教材每一章都有。另外，从2013年至今，"创意、视觉、营销、传播——理解广告"课程已经连续在线开设9年。每一次开课，学习者都在互动讨论区分享很多时效性强、典型性突出的广告案例。我们选择了其中不少经典案例作为教材案例。这样一来，教材的内容与在线内容就有机结合在一起。在本教材下一轮修订时，我们还将更多地采纳由课程学习者在线分享的精彩案例。

省级重点教材《创意、视觉、营销、传播——理解广告》编写团队

2022年8月